安徽省高等学校"十二五"省级规划教材

普通高等学校经管类精品教材

连锁门店店长管理实务

主　编　时应峰　马凤棋

副主编　姚　玲　方　芳

王　敏　郑　丽

编写人员（以姓氏笔画为序）

马凤棋　王彩虹　王　敏

方　芳　时应峰　张　静

郑　丽　姚　玲

中国科学技术大学出版社

内 容 简 介

本书通过模拟连锁企业门店店长的工作情境，从店长工作所涉及的门店选址能力、商圈调查投资评估能力、配送管理能力、采购管理能力、供应商关系管理能力和领导能力等方面入手，明确店长这一工作岗位的操作规范和工作职责，并通过实际工作环境的模拟训练提升学习者的门店管理能力，帮助其最终成为具有门店经营管理能力的高素质店长。

本书注重各种门店管理能力的演练，注重实践性，为在职的或将要提升的店长快速提升个人素质、专业技能与经营管理能力，提供了一整套专业、系统、完备、切实可行的岗位能力培养方案，是零售企业推动连锁经营的实用工具书。本书可作为零售企业的店长培训教材，也可作为职业院校专业教材使用。

图书在版编目(CIP)数据

连锁门店店长管理实务/时应峰，马凤棋主编. —合肥：中国科学技术大学出版社，2014.8
ISBN 978-7-312-03495-4

Ⅰ.连… Ⅱ.①时…②马… Ⅲ.连锁店—经营管理 Ⅳ.F717.6

中国版本图书馆 CIP 数据核字(2014)第 179560 号

出版 中国科学技术大学出版社
安徽省合肥市金寨路 96 号，230026
http://press.ustc.edu.cn
印刷 安徽省瑞隆印务有限公司
发行 中国科学技术大学出版社
经销 全国新华书店
开本 787 mm×1092 mm 1/16
印张 17.25
字数 420 千
版次 2014 年 8 月第 1 版
印次 2014 年 8 月第 1 次印刷
定价 32.00 元

前　言

近年来，国内零售市场不断对外全面开放，外资零售企业与本土零售企业的竞争愈演愈烈。商业零售竞争的焦点实际上在于门店，而一个优秀的店长能够提升30%的店面营业收入，店长作为终端店铺的灵魂，在店面的日常经营运作中发挥着至关重要的作用。店铺的规划管理、经营创新、突出特色等，都要靠店长统筹安排，随机应变。

怎样培养店长的职业素养与管理能力，是我们长期以来研究的一个重要课题。本书围绕店长工作的岗位职能进行体例设计、素材遴选与语言表述，充分体现了任务导向和职业需求。通过模拟连锁企业门店店长的工作情境，从店长工作所涉及的团队建设、店面管理、商品管理、供应商管理、客户管理、安全管理、门店绩效管理等方面入手，使学习者熟悉店长的工作实务和工作流程，达到通过实际工作环境的模拟训练提升门店管理能力的目的。

本书由安徽工商职业学院时应峰、福建农业职业技术学院马凤棋任主编，由安徽工商职业学院方芳、马鞍山职业学院郑丽、合肥财经职业学院王敏、长沙职业技术学院姚玲任副主编。具体编写分工如下：时应峰编写了项目一；姚玲编写了项目二；马凤棋编写了项目三；合肥财经职业学院王彩虹编写了项目四；郑丽编写了项目五；马鞍山职业技术学院张静编写了项目六；王敏编写了项目七、项目九；方芳编写了项目八。最后，全书由时应峰和方芳统稿、审核完成。安徽省徽商红府连锁超市有限责任公司副总经理余晓哲通审全书并提出了宝贵意见。

本书注重店铺各种门店管理能力的演练，注重实践性，为在职的或将要提升的店长快速提升个人素质、专业技能与经营管理能力，提供了一整套专业、系统、完备、切实可行的岗位能力培养方案。本书可作为零售企业的培训教材，也可作为职业院校教材使用。

由于编者水平有限，书中难免存在错误和不足之处，欢迎读者批评指正。

编　者

2014年8月

目　次

前言 ……………………………………………………………（Ⅰ）

项目一　店长的定位 ………………………………………………（1）

任务一　店长的角色定位 …………………………………………（3）

任务二　店长的基本素质与岗位职责 ……………………………（9）

任务三　店长的日常作业流程与工作重点 ………………………（16）

任务四　店长的职业规划 …………………………………………（21）

项目二　团队建设 …………………………………………………（27）

任务一　连锁企业组织结构设计 …………………………………（28）

任务二　员工的招聘与培训 ………………………………………（33）

任务三　员工的考核与激励 ………………………………………（37）

任务四　打造高效团队 ……………………………………………（41）

项目三　店面管理 …………………………………………………（50）

任务一　店面外观设计 ……………………………………………（52）

任务二　门店内部设计 ……………………………………………（61）

任务三　门店商品陈列 ……………………………………………（69）

任务四　门店氛围营造 ……………………………………………（78）

项目四　商品管理 …………………………………………………（90）

任务一　商品定位、商品结构与品类管理 …………………………（92）

任务二　订货管理 …………………………………………………（99）

任务三　收货管理 …………………………………………………（104）

任务四　退货、调拨管理 ……………………………………………（114）

任务五　盘点管理 …………………………………………………（118）

任务六　存货管理 …………………………………………………（125）

任务七　损耗管理 …………………………………………………（127）

项目五　促销管理 …………………………………………………（136）

任务一　促销活动设计 ……………………………………………（138）

任务二　促销成本控制 ……………………………………………（145）

项目六　供应商管理 ………………………………………………（152）

任务一　供应商开发步骤 …………………………………………（154）

任务二　供应商的选择 …… (155)
任务三　供应商的管理 …… (158)
任务四　供应商的评估 …… (164)
任务五　供应商的激励 …… (166)

项目七　客户管理 …… (172)
任务一　识别与认知客户 …… (174)
任务二　客户关系开发与维系 …… (181)
任务三　客户服务技巧与能力建设 …… (190)

项目八　安全管理 …… (198)
任务一　门店现场卫生与安全管理 …… (200)
任务二　货品防损管理 …… (214)
任务三　门店突发事件处理 …… (229)

项目九　门店绩效管理 …… (238)
任务一　门店绩效管理与绩效考评 …… (239)
任务二　门店绩效考核的主要技术与考核内容 …… (244)
任务三　门店绩效考评方案实施 …… (248)

巩固练习参考答案 …… (260)

参考文献 …… (269)

项目一　店长的定位

知识目标

1. 明确连锁门店店长的角色定位。
2. 掌握连锁门店店长应具备的资质与岗位职责。
3. 掌握店长日常工作流程。

能力目标

1. 能够根据不同的门店制定相应的作业流程。
2. 能够准确为自己定位，并不断提高作业管理水平。
3. 具备门店店长的基本素质。

素质目标

培养学生的团队领导能力，能与其他团队成员分工协作，并具备良好的组织协调和沟通能力。

职业指导

通过本项目的学习，培养学生作为高素质店长人才需具备的团队领导能力，使学生能够胜任与门店店长相关的职位，如门店经理、门店运营主管、门店店长、门店副店长、门店店长助理、门店储备店长等职位。

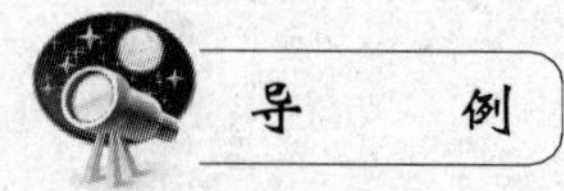

导　例

五星年投入千万培养员工，两店长获 2013 金牌店长

2013 年 11 月 14 日，由中国连锁经营协会主办的第十五届中国连锁业会议在成都举办。五星电器又有两名店长获得了大会评选出的“2013CCFA 金牌店长”奖，分别是五星电器合肥宿州路店长王春林、江苏泰兴卖场店长王光平，两名店长都由五星电器“店长学校”出品，擅长互联网时代创新营销，带领的门店在净利润率、销售增长率、人效、坪效等方面均有不错的表现。

“面对家电行业零售模式的不断变化，尤其是互联网大潮的冲击，永无止境的学习与不断的创新是制胜法宝”，金牌店长王春林今年方而立之年，已是五星电器安徽第一旗舰店宿州路店的店长，年销售额数亿元，今年 1～9 月门店的销售额、净利润同比增长都达到了 25%以上，远高于行业平均水平。2006 年大学毕业后就加入五星的王春林具有年轻人特有的闯劲和创新思维，非常热衷于新媒体营销。这两年他洞察到门店进小区开发潜在顾客面临进驻难、费用高、谋面难、时效短、无新意、工作推展效果越来越差等问题后，他运用逆向思维，进驻各大小区业主 QQ 群营销，“我们的核心员工对家电、家装、美食、旅游样样皆通，知识面广，乐于交流和助人，诚实守信，很快在各个群里获得了业主信赖。门店获得了有效的客流和销售，员工也收获了强大的人脉和广阔的知识面”。当微信风行后，王春林的营销阵地又扩大到了微信上，“顾客在哪里，我就在哪里”。今年“双 11”来了，实体店如何面对电商的冲击？王春林第一时间想到了“你敢比，我敢卖”的活动，鼓励顾客拿着手机到店内网上比价，店内下单，销量非常好。五星电器泰兴卖场店长王光平则是一名资深的老店长，泰兴卖场在他的带领下从 2010 年接手时的同比下滑，发展到现在的同比增长分部第一。他的特长在于有较强的人际沟通和外协管理能力，擅长整合供应商资源。2013 年 6 月，在他的资源整合下，泰兴店联合 TCL 彩电工厂倾销，一天就卖出了 875 台。

从 2007 年开始，五星已经连续七届、十余名店长获得 CCFA 金牌店长的殊荣，他们大多数是五星电器“店长学校”自己培养出来的。从 2004 年建立五星电器“店长学校”以来，五星电器已经培养出了 800 余名优秀零售管理人才，现有门店店长中 95%为“店长学校”培养出来的自有零售人才。在“店长学校”里成绩优异的店长，都已经成为五星在各个区域市场的中坚力量。

除了“店长学校”外，五星电器还有大学生“MT”培训计划、中层管理者培养计划、一线柜组长培训计划、家电顾问培训计划等，每年培训投入将近千万元，自主培养创新人才。除了培训外，五星电器还通过各类竞赛和奖励激励员工不断学习与奋进，如每年评选“销售、服务、管理”类一线明星员工，奖励国内、国外旅游。通过家电顾问竞赛及升级制度培养综合性零售人才。

（资料来源：联商网，http://www.linkshop.com.cn/web/archives/2013/271217.shtml，2013-11-14）

案例思考：

(1) 你认为金牌店长应具备哪些素质？

(2) 从案例中的金牌店长身上你学习到了什么？

(3) 如果你是该门店的店长，你会用什么方法提升门店的业绩？

任务一　店长的角色定位

店长是门店经营管理的核心力量，担负着公司各项经营指标达成及门店运营管理的职责，起着领导、协调、组织及落实的作用。无论是面对上级的考核还是下级的期待，店长都必须对门店的运营管理质量和自己负责。

总之，店长是门店的灵魂。

一、店长人才市场需求及薪资待遇情况

（一）店长人才市场需求情况

随着全球经济不断呈现出一体化趋势，连锁经营成为最为活跃的商品流通模式，在众多国家的零售业中居于主导位置。近年来，连锁经营模式在我国蓬勃发展，广泛应用于百货（超市）、餐饮、家居、汽车 4S 等行业。在连锁企业快速扩张的同时，优秀店长人才作为连锁企业经营的稀缺资源，已成为各企业的争夺焦点。据《2012～2013 年中国零售业人力资源管理蓝皮书》显示，店长、采购、物流管理、生鲜和营销策划人员依然是最大的人才缺口，而零售企业员工年均流失率也维持在 23%～35%的水平居高不下。

连锁门店“店长荒”

据 2014 年 5 月国内知名人力资源服务公司“倍智人才”在厦门发布的《2014 连锁行业门店增长潜力调研报告》显示，虽然今年过半零售企业将调高薪酬预算，但在零售企业比拼开店的背后，一场人才暗战也不可避免地拉开了。

据了解，在厦门，目前零售业应届本科毕业生毕业月薪一般在 1500～3000 元之间，而拥有 3～4 年的零售经验成为店长后，企业开出年薪大多超过 10 万元甚至 20 万元，但仍面临人才匮乏的尴尬。

“倍智人才”近日针对全国 60 个连锁企业的 5000 家门店展开的调查显示，今年零售企业员工，特别是店长的主动离职率仍呈现上升趋势。业内指出，一个店长的在岗时间平均只有 9 个月，而零售企业培养一名店长至少需要 3 年时间。

（资料来源：赢商网，http://fj.winshang.com/news-250227.html，2014-05-30）

（二）店长人才薪资情况

店长，作为零售行业前线的“指挥官”，对零售企业的经营状况好坏起着重要作用。据联商网对各零售业态门店店总、店长、副店长、店长助理进行的薪资调查显示：

(1) 40.2%的店长对目前的工作感觉压力很大，其中，女性的压力要大于男性，已婚店长的压力大于单身店长的压力。从业态来说，标准超市和大卖场店长的压力要比百货店店长的压力大。从年龄来说，31～35岁店长的压力最大。

(2) 店长目前的平均月薪为6414元，其中将近五成的外资控股企业店长月薪在8000元以上。男性店长的平均月薪高于女性店长的平均月薪；已婚店长的平均月薪高于单身店长的平均月薪；高学历店长的平均月薪高于低学历店长的平均月薪；大卖场和百货店店长的平均月薪高于其他业态店长的平均月薪。

(3) 年度总现金收入的64%来自基本工资；销售奖金或提成在百货店店长的年度总现金收入中占近10%，其中百货店、大卖场店长的年度总现金收入相对偏高。65.3%的店长希望未来12个月内现金报酬增加10%以上；各个业态的店长，对自己未来12个月内现金报酬增幅的期望大致相同；25岁以下的店长，期望自己未来12个月内的现金报酬增幅最大。

(4) 40.6%的店长认为目前工作中最需要的机会是学习/进修的机会；学习/进修的机会是各业态和各个年龄段店长都十分需要的。对于工作首要考虑的方面排前三的依次是工作挑战性、薪酬竞争力和工作稳定性。

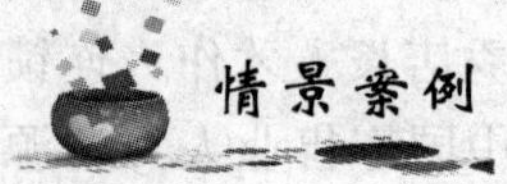

奥康集团十万年薪招店长

皮鞋专卖店的店长年薪十万元，你信吗？浙江奥康鞋业股份有限公司近日开出了这个诱人的价码，为新开业不久的奥康国际馆招聘店长。

奥康打出的这个“十万年薪招聘店长”的广告，近日在行业内引起了不小的轰动。据了解，相比目前温州鞋服行业店长年薪平均五六万元的水平，奥康此次开出十万年薪可谓高出了一大截。不仅如此，此次奥康国际馆招收的导购人员年薪也开到了6万元。

永嘉奥康鞋业营销有限公司负责人说，“高薪招工”的主要原因是公司新近推出的新商业模式运营的需要。他说：“奥康国际馆采用创新的品牌集成发展模式，除了奥康国际自有品牌外，还有多个国际品牌入驻，产品种类包括男女鞋、皮包、皮夹等，价格从500元到4000元不等。正是基于这样的定位，国际馆的销售人员不仅要拥有熟练高超的销售水准，还必须深刻理解店内售卖的各品牌的相关知识。目前这种人才很难找到，只能实行高工资招聘及培养。”

（资料来源：温州商报，2013-07-05）

二、优秀店长的角色定位

对门店而言，连锁企业门店店长是门店的最高负责人，是门店的灵魂，提升店面管理效果、提高团队战斗力、实现业绩增长等都是店长的职责。然而许多店长在对自己的定位是什么、该做什么、如何把店面做好等问题上感到非常困惑，科学的认识和方法显得尤为重要。因此，店长首先要进行正确的角色定位，即确定店长是做什么的。

（一）店长错误的角色定位

目前许多店长对自己的定位并不准确。以下是几种比较常见的错误认知：

1. 管家

有些店长把自己定位为管家，认为店里从销售到团队，事无巨细都要自己亲力亲为。他们每天从早到晚都忙碌于各种琐碎的小事，因此感觉非常劳累。

2. 保姆

有些店长把自己定位为保姆，除了管理销售、团队和店铺中的事务之外，还要为不够成熟的销售人员进行工作甚至生活上的辅导和引导。为了避免他们由于生活上的琐事导致情绪波动，店长要哄他们高兴，因此沟通时的措辞要拿捏得非常小心。

3. 掌柜

有些店长把自己定位为掌柜的，即老板不在时，店长要负责管理整个店面，使店员各司其职。

拥有以上几类错误定位的店长往往非常痛苦，他们既要考虑销售业绩，又要注意团队的士气和精神状态，还要解决店面内各种复杂的事项。在人际关系方面，既要向上级领导进行汇报，又要应付难缠顾客的异议，兼顾店面结账、统计甚至处理物流送货等问题。因此店长的状态就是“忙”、“茫”、“盲”。从开店到闭店都很忙，忙忙碌碌、非常辛苦，但由于没有明确的目标，忙碌往往会演变为茫然。上级对店面销售业绩和服务情况的要求和下级员工的琐事带给店长双重压力，使店长看不到店面未来的发展和出路，因此感到很盲目。

（二）店长的作用

店长处于非常关键的位置，主要有以下三种作用：

1. 承上启下

店长在将上级领导的计划付诸可执行计划的同时，还要带领团队合理而有步骤地实现这一目标，同时要对员工的工作状态和最终销售业绩负责。由此可见，店长起着承上启下的作用。

所谓承上，是指接受上级主管布置的工作任务；所谓启下，是指带领和启发团队成员，保证店面销售目标的实现，店面日常的运作和运营的合理化，以及应对顾客或上下级的突发事件。除了协调和处理上下游合作部门的关系之外，有些代理商或分销商还要兼任业务员的职位，因此更加要注重一步一个脚印地完成销售工作，使店面井然有序。

2. 承前启后

店长既要承接以往的工作，吸取相关的历史经验教训，又要考虑店面未来的发展，根据环境、市场和顾客需求的变化调整具体的工作方法。对于既是老板又是店长的人而言，还要考虑渠道的开拓问题，如工程、小区、家装、团购等。

3. 承点启面

第一，让店铺“承点启面”。“点”是指店长所在的店面，在小范围之内的影响力只是一个点。店长应当设法把自己的店面做成形象店或旗舰店，立足于点，着重发力，力图扩大到更大的范围，影响周围的区域。

第二，让员工“承点启面”。“点”是指店面的每一个员工。店长要将员工身上的优势发挥出来，让其他员工学习；将员工身上的缺陷总结出来，让其他员工规避。

第三，让工作“承点启面”。店长要总结工作中的每一件小事、每一个细节上的成败，通过分析整理形成一套规律性的工具和方法，取其精华、去其糟粕。

总而言之，店长的工作就是两件事——“管人”和“做事”，既要带好团队，又要保证自己和整个店面销售计划的完成。

（三）店长正确的自我定位

优秀的店长通常扮演以下四种角色：

1. 高飞鹰

店长要像一只“高飞鹰”——目标明确，树立、宣传品牌和文化及价值观。

普通销售人员关心的是自己的业绩和销售工作，店长除了关心自己的销售工作之外，更要关注整个团队的销售业绩和整个店面的运作情况。因此，店长只有站在比普通员工更高的位置上，才能拥有看得更远的能力。这种能力包含如下三个方面。

（1）统筹管理店铺的能力。店长要对如何管理店面做到心里有数，包括店面管理应该注重哪些事情、如何分解落实上级制定的销售目标、如何与团队沟通、如何合理制定每一位下属的销售目标、如何安排每日的店铺工作等，在日常运作之余还要统筹特殊的活动，如促销、争取目标客户等。如果店长本身就是老板，还要考虑更多要素，如当年的规划、营销的渠道情况和展开的方法等，这要求店长具备组织计划和策划方面的能力。

（2）宣传企业品牌和传播企业文化的能力。作为店面团队的领导者，店长必须比店员更加了解企业文化和团队信念，只有这样，才能带领出一支有战斗力的、属于自己企业的精英团队。因此，店长还担负着塑造企业文化、培养下属员工凝聚力、培训和教育新成员的任务，只有比普通员工水平更高、眼界更开阔、规划更宽广才能达到这个目的。

（3）预见店面业绩未来发展的能力。基于这种洞察力是当下的人所不能具备的，因此店长必须走一步看三步，在脑海中形成店面当月、当季、当年销售目标的清晰规划。毫无章法的店长会让员工变成无头苍蝇，不知何去何从，而优秀的店长则能有效合理地分配资源，使员工各司其职，让他们清晰地看到自己的发展方向。

2. 坐山虎

店长要像一只“坐山虎”——坐镇中庭，执行“家法”，带领出合格的团队。

店长就是店铺的核心人物，通过整合团队完成业绩，在店面中起到中流砥柱的作用。想要达到这一程度，店长必须具备以下两种影响力。

（1）权力的影响力。权力的影响力是指店长职位赋予的权力，包括管辖权、命令权、惩罚和激励权。所谓“国有国法、家有家规”，作为团队的领导者，店长要像坐山虎一样赏罚分明，按照规章制度处罚做出不当行为的店员，激励做出良好举动的店员。

权力的影响力的优势在于结果迅速，执行速度快。例如员工迟到，就立刻进行处罚，这样才能训练出一支服从命令的团队。缺点在于带有一定的强制性，作用时间比较有限，也未必能让员工心服口服。因此，店长在具备权力影响力的同时，必须兼顾非权力的影响力。

(2) 非权力的影响力。非权力的影响力来自店长的知识技能和人格魅力。要使员工真正心服，店长就要懂得与团队成员沟通的技巧，在适当时候采取关怀、鼓励、培训和教导等方式，为员工排忧解难、指明发展的道路。非权力的影响力更多来自于交流，是一个让人心悦诚服的过程。

非权力的影响力的优势在于持续时间较长，能让员工发自内心地完成店长布置的任务，更能让店长一劳永逸，不必事事叮嘱。缺点在于见效的速度较慢，过程比较漫长和复杂，需要一定的耐心。

3. 叼肉狼

店长要像一只“叼肉狼”——身先士卒，带领团队完成销售任务。

“叼肉狼”是一种能够打江山的将军式的角色。店长本身并非纯粹的管理者，除了承担店面管理责任、带领团队之外，也承担着完成一定销售业绩的任务。因此，店长更要身先士卒、以身作则，为店员做好表率，更有效地鼓舞其他成员。

首先，店长要具备销售实力。只有自己的销售实力足够强大，能够同客户进行很好的沟通，并把业绩做大做强，才能在店内起到榜样的作用。

其次，店长要带领好团队。在自己进行销售的同时，店长也要带领和培训团队成员完成销售业绩，帮助、鼓励和教导下属，让他们也成为商场上冲锋杀敌的强者。事实上，销售人员往往是需要培训的，即使拥有销售天赋的人也需要后天培训才能成为优秀的销售人员。因此，店长必须对员工进行一定的培训和教导。

孤军奋战的“叼肉狼”

有一个人是天生的销售人员，极具销售天赋，以销售成功为自己生活最大的乐趣——只要能拿下单子，他就觉得非常有成就感，甚至连周六周日也不休息。随着时间流逝，他不断成长，销售能力越来越强，绝大多数客户都能一举拿下，甚至包括一些非常难缠的客户。

不久后，有人请他出马，把一批新人交给他，期望他能带出一支优秀的销售队伍。这五六个新人事前都经过一定的考核，具备一定的素质。初次组成团队时个个满怀斗志、非常刻苦，无论是训练、开会还是情景模拟，都能踏踏实实地完成。这位销售天才接手两个月后，这些新人中就有几个状态变得低迷起来，甚至向上级诉苦：“我觉得我们不适合干销售。”一问原因才知道，原来那位销售天才自己的销售能力确实很强，但他忽略了整个团队的销售情况，缺乏培训部属的能力。

比如有一天，他决定带成员小李去见客户，让小李听自己如何跟客户交流。小李很高兴，觉得自己跟着领导一定能学到很多东西。谁知去了才发现，这位销售天才与客户侃侃而谈，说的内容都是经过多年沉淀的知识，新人小李理解每句话的用意都非常困难，更谈不上掌握这些技巧了。回来后，销售天才问：“小李，今天有没有收获？”小李连忙提出了自己的疑问。销售天才不但不解释，还非常生气：“你怎么这么笨？难得的机会你却什么都没学会，下次不带你去了。”于是再也没有人敢提出自己的问题了。

天长日久，这些小伙子都没有学到多少真正有用的东西，即使学到了也不够条理化和系统化。同时，他们看到了自己和销售天才之间的差距，自信心受到了打击，觉得非常痛苦，丧失了斗志。最可怕的是，他们养成了依赖心理，一旦出现难缠的客户，就让销售天才去谈，而销售天才以征服客户为乐趣，因此非常欣然地帮助下属去搞定客户。久而久之，团队水平非但没有丝毫提高，士气也跌到了谷底。一群雏鹰非但没有成为翱翔天际的大鹰，反而变成了一窝小鸡。

4. 看门狗

店长要像一只“看门狗”——忠于职守，打理店面内部杂务，保证店面的日常运营。

店长要将店面运营的各项杂务处理到位，如开店之前的准备，营业中的行为和闭店后的检查、组织打扫等。店长无需亲自承担这些工作，但要组织调配人手和资源来进行工作。除此之外，店长还需要上报计划、总结数据和财务性的内容、管理表单表格、协调和沟通好上下级部门和同事的关系。

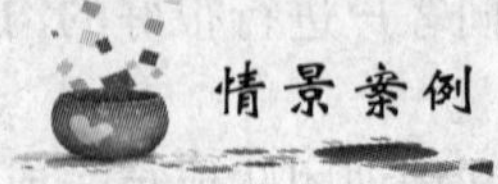

情景案例

7-ELEVEN 杰出店长的“八爪神功”

中国台湾 7-ELEVEN 桃源箱根门市店长张怡萍最擅长熟客经营，就算是第 1 次上门的过路客，也当成熟客般服务，凭借与人接触的热情，张怡萍在超商工作已超过 9 年，如何适应商圈特性，调整商品与行销，也成为她经营超商的重要策略。

张怡萍说，每当在门市上班时，就得像八爪章鱼一样，从补货、结账、取货到服务性业务等，每项都要迅速确实。店长除了要面对来自各方的顾客，也要与员工们相处，她认为处理好人的问题，是成为优秀店长的基本功。

她说，现在面对最年轻的员工是 1995 年出生的，这些仅有 16 岁年纪的学生们进入门市服务，除了要教导工作技巧外，还要对他们施以“心理战”，必须以鼓励的方式，带起年轻员工向前进步的动力。例如，年轻员工在补关东煮的食材时，动作稍慢了点，张怡萍不经意地过去，告诉员工今天关东煮卖得很好，都是因为关东煮被细心照顾，让色香味俱全，带动买气，员工听到后很开心，工作态度会更认真，因此创造了正面向上的良性循环。

除了对员工用心之外，张怡萍对顾客更会从对方的角度用心，从顾客与市场需求方面调整营业策略。不同商圈会遇到不同客人，对商品的需求也不一样，即使都是 7-ELEVEN 也会产生差异。例如设在百货公司内的门市，就可加强流行感、冲动型购买的商品，陈怡萍会借用百货公司的花车办特卖，用人型模特儿展示温感衣等。在社区型商圈内，顾客则较多为精打细算的主妇与学生们，因此微波食品的订货量要增加，民生必需品如卫生纸等促销活动可以多曝光等，甚至可以搭配赠送小礼物，借以刺激买气。

（资料来源：经济日报，2013-08-09）

任务二 店长的基本素质与岗位职责

一、店长的素质要求

（一）身体素质方面

店长最好是年轻力壮者，必须身体健康、强壮，能承受长期的工作疲劳及满负荷的紧张工作带来的压力。

（二）品格方面

领导者的品格包括：道德、品行、人格、作风等，优秀的品格会给领导者带来巨大的影响力。诚实的品格是门店店长最基本的素质要求，是一切能力的基础，店长必须注意品格与修养。

（三）性格方面

1. 积极主动

任何事情都积极主动地去面对，无论何时都主动迎接挑战，积极解决问题。

2. 忍耐力强

店内营业活动顺利进行的时候很短，而辛苦和枯燥的时候却很长。店长必须有足够的忍耐力去引导整个团队渡过一个又一个的难关。

3. 乐观开朗

乐观开朗的笑容总会像阳光一样照亮自己也照亮别人，店长良好的情绪会像春天的微风一样，使整个店铺的气氛焕然一新。

4. 包容力强

每个人都有失败和犯错的时候，店长要包容下属的过错，真心关怀和激励店员，陪伴其一起成长。

（四）技能方面

1. 具有优秀的商品销售技能

店长对于门店销售的商品应具有很深的理解，这对于门店营运水平的不断提高起着至关重要的作用，这就要求店长对门店销售商品具有客观理解和正确判断，尤其是对销售过程中所遇到的新问题或例外事项，必须有很强的判断力，且能迅速处理问题。

2. 具有实干的技能

店长身为管理者要指挥全体店员，让全店员工心服口服地接受指挥，就必须样样能干、样样会干、样样都干得好，具有实干的技能。

3. 具有良好的处理人际关系的能力

店长要十分注意与下属之间的情感关系。人与人之间，一旦建立了良好的情感关系，便能产生亲切感。在有了亲切感的人际关系中，相互的吸引力就大，彼此的影响力也就大。因此，店长拥有良好的处理人际关系的能力，对于门店营运与管理的顺利进行有着举足轻重的作用。

4. 具有自我成长的能力

店长应以自我管理能力为前提，随着企业的成长，培育自我成长的能力。因而，店长应该具有较强的自学能力，能从门店的管理实践中不断总结经验，充实自己。

5. 具有培训下属的能力

目前连锁企业的从业人员大多数是没有经验的非专业人员，店长身为教导者，应是下属的"师傅"和"老师"，并能使下属的能力得到最大限度的发挥。

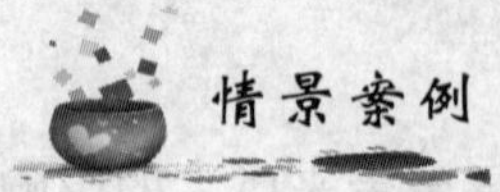

情景案例

小拇指汽修连锁：优秀的店长让门店更优秀

门店的优秀，可能需要得天独厚的地域优势、技术过硬的技师队伍以及强有力的营销能力等这些必要的条件，但优秀的店长却可以让门店更优秀。杭州滨江西行小拇指的曹夏钦店长就是最好的证明。

曹夏钦，拥有"70后"的务实和勤劳，热爱汽车行业，一直从事汽车修理事业。担任店长一职以来，曹夏钦致力于门店经营管理和业绩的提升，勤奋、创新，取得了不错的成绩，赢得了总部的肯定和重用。

全面接手门店管理之初，曹夏钦面临着很大的压力。门店业绩总是无法突破8万，曹夏钦和员工也做了很多的努力。无论是做营销，还是增加员工等，不仅没有提高业绩，反而增添了门店负担，一度只能勉强维持收支平衡。为此，曹夏钦大为着急，但苦无良策。

为改变现状，曹夏钦向小拇指总部求救，请教解困之法。总部在得知曹夏钦的困境之后，派人详细了解了门店的实况，建议曹夏钦参加总部举办的店长培训。回到门店后，曹夏钦就着手开始学以致用。曹夏钦首先从提高车间的工作效率入手，依照总部技师的薪酬管理办法，改变了车间"吃大锅饭，人浮于事"的局面，从而大大提高了车间员工的积极性，车间效率明显提高。

其次，曹夏钦及时调整门店的营销模式，积极与当地保险公司联系，加强合作。门店本着让客户省时、省心、省钱的原则，推出多种保险业务，并有针对性地开展促销活动。当月门店保单销售就突破5万，而且门店三成以上的维修车是借由保险公司推送的。

为进一步提升门店业绩，2013年，曹夏钦说服周经理响应总部形象升级的号召，对门店形象进行了升级改造。形象升级之后，门店焕然一新，彻底改变了以前"路边店"的面貌，维修车辆的档次提高，车主讨价还价的现象减少，业绩明显上升。多管齐下，目前在曹夏钦的带领下，门店的业绩已经突破10万。

（资料来源：凤凰财经，http://finance.ifeng.com/a/20140521/12381407_0.shtml，2014-05-21）

6. 必须具备连锁企业卖场管理的四种基本能力

四种基本能力即人事组织能力、沟通能力、门店规划能力、信息分析能力。能否做好卖场管理是考察一个店长是否具有较强综合能力的试金石。

情景案例

冲水点个赞,90后重庆美女店长让厕所也网络化

随着互联网深入生活,许多网络元素已经不只在屏幕上活跃,而是"接地气"地融入了生活的每个角落,哪怕是人们印象中与网络无关的厕所,也出现了网络的"痕迹"。

5月29日,市民徐先生就发现,石碾盘一家餐馆的厕所里,冲水也要"点赞"。徐先生告诉记者,这个"创意厕所"在餐馆的二楼,墙上贴着"上完厕所,请点个'赞'"的字样,而在右边的冲水阀位置也贴了一个红色的"赞"字,上完厕所按动冲水阀,就完成了一个"点赞"的动作。

某餐馆的厕所内贴上了网络潮流标语

不仅如此,在这家餐馆二楼的厕所内,还有免费的WiFi。在洗手间内,关上门一蹲下就能看到门后张贴的扫描二维码提示,根据提示的两个步骤,10秒钟便连上WiFi。这个创意是该餐馆店长、90后美女张年琴想出来的。张年琴告诉记者,她自己就是个"网络控",特别喜欢玩各种社交软件,"只要看到有朋友更新心情,我就会去点个赞"。

"餐厅开业的时候,我就有了'冲水点赞'的创意。"张年琴说,到店里来吃饭的人以"80

后”居多，许多客人都对这个“高大上”的厕所好评不断，“虽然‘冲水点赞’不是什么技术活儿，但是这种网络范却让人印象深刻”。

厕所门后的二维码

（资料来源：重庆商报，2014-06-04）

（五）学识方面

学识与才能是紧密联系在一起的。学识是才能的基础，才能是学识的实践表现。一个人学识的高低，主要表现为其对自身和客观世界的认知程度。在学识方面，门店店长最好要有一定的数理化基础，这实际上是要求其为复合型人才，主要包含以下几个方面：

(1) 具有能洞察市场消费动向的知识。

(2) 具有关于零售业的变化及今后发展的知识。

(3) 具有关于零售企业经营技术及管理技术的知识。

(4) 具有关于经营企业的组织制度、经营理念的知识。

(5) 具有关于销售管理等方面的知识。

(6) 具有关于教育方法和技术的知识。

(7) 具有计算及理解门店内所统计的数据的知识。

(8) 具有关于门店的计划决策方法的知识。

(9) 具有关于零售业法律方面的知识。

店长应是具有以上知识、技能、经验、性格、素质的人。但这些素质不是与生俱来的，因此店长需要认清自己的缺点或弱点，努力地改善和弥补，这样才可以不断提高自己的资质，得到下属的爱戴与尊敬，进而提高门店的经营业绩。

恒洁卫浴招聘启事

公司名称:广东恒洁卫浴有限公司　薪资待遇:面议

学历要求:大专以上　经验要求:3～5 年

招聘人数:10 人　工作区域:武汉—武昌

联系人:喻女士

联系方式:15002789921

岗位职责:

(1) 全面负责门店人、财、物的管理工作。

(2) 负责完成公司下达的销售目标,执行公司的营销策划案。

(3) 负责销售数据、各类资料统计上报。

(4) 负责控制门店物料损耗。

(5) 负责门店各种设备与设施的日常维护与保养。

(7) 负责门店内外的清洁卫生、安全、防火等工作。

(8) 负责及时、妥善处理顾客反馈。

(9) 负责协调与物业、工商、城管等相关部门的工作。

(10) 负责对门店人员的督导工作。

任职资格:

(1) 大专及以上学历,专业不限,能熟练操作电脑。

(2) 三年以上零售业管理工作经验,具有较强的店务管理能力。

(3) 精通团队管理、客户管理、商品管理、陈列管理、物流配送,熟悉店务的各项流程的制定、执行。

(4) 良好的沟通能力,极强的服务意识和责任感,能够承受较大的工作强度和工作压力。

(5) 年龄 28～35 岁且形象气质好。

面试地址:桥口区汉西下双墩金太阳建材城恒洁卫浴二楼。

面试时间:9:00～11:30,14:00～16:00。

面试时请携带学历证明,身份证复印件,1 寸照片一张。

(资料来源:腾讯亚太家居,http://www.jia360.com/2012/03060/17101.html,2012-03-06)

二、店长的岗位职责

店长的岗位职责如表 1.1 所示。

表 1.1　店长岗位职责说明书

岗位名称	店　长	所在部门	直营业务部
直接上级	区域督导	店长入职签字	
直接下级	导　购	职责认可日期	

本职:负责所管辖店面或专柜导购人员的日常工作指导、货品的安全、晨会召开等相关事宜的组织与开展。

职责与工作任务

<table>
<tr><td>职责一</td><td colspan="2">职责表述:开班前的相关检查监督工作</td></tr>
<tr><td rowspan="2">职责二</td><td colspan="2">职责表述:晨会的组织召开</td></tr>
<tr><td>工作内容</td><td>(1) 点名、签到
(2) 传达公司文件,包括通知、调令、促销活动操作方法等情况
(3) 宣布昨日营业额、达成率、今日营业指标等
(4) 对导购进行相关的日常培训讲解
(5) 带领导购练习公司客户接待等规范用语</td></tr>
<tr><td rowspan="2">职责三</td><td colspan="2">职责表述:根据公司的月销售任务,每月末制定次月、周任务,根据周任务制定日销售任务,并分解到每个导购</td></tr>
<tr><td>工作内容</td><td>(1) 尽量保证每一名导购都能按时完成日、周、月销售任务
(2) 如果没完成任务,领班要帮助导购找出原因并改进
(3) 领班自己要以身作则,确保销售任务的完成</td></tr>
<tr><td rowspan="2">职责四</td><td colspan="2">职责表述:促销活动期间,监督促销活动的实施</td></tr>
<tr><td>工作内容</td><td>(1) 关注促销活动的进展,提醒导购及时向顾客做好介绍与宣传
(2) 促销商品、促销价格标牌的摆放醒目
(3) 促销商品及时补货上架</td></tr>
<tr><td rowspan="2">职责五</td><td colspan="2">职责表述:处理营业中的顾客投诉及相关信息反馈</td></tr>
<tr><td>工作内容</td><td>(1) 端正自己的心态,认真听取投诉情况,并记录
(2) 不与顾客抵触,始终保持微笑,并认真讲解
(3) 不要轻意向顾客做出承诺,及时将问题反馈至直接上级
(4) 顾客反馈信息收集,并及时记录与反馈</td></tr>
<tr><td rowspan="2">职责六</td><td colspan="2">职责表述:要做到实时销售,领班要以身作则并监督店员</td></tr>
<tr><td>工作内容</td><td>每天按账盘点库存,确保库存与系统账目相符。如系统与库存数量不符,要及时与公司相关部门人员联系并解决</td></tr>
<tr><td rowspan="2">职责七</td><td colspan="2">职责表述:接收货品,安排人员点货验收</td></tr>
<tr><td>工作内容</td><td>(1) 查看外包装有无破损,无破损时方可收货
(2) 查看箱子外包装是否为公司指定封箱带,且无缺损时方可收货
(3) 店内点货按箱中出库清单,逐一点货
(4) 对照点货数量,审核 POS 单据,如有差异及时联系市场业务</td></tr>
</table>

续表

<table>
<tr><td rowspan="2">职责八</td><td colspan="2">职责表述:日常工作的落实与处理</td></tr>
<tr><td>工作内容</td><td>(1) 时刻维持店面卫生状况
(2) 收集与反馈相邻各竞争品牌销售、促销等相关信息
(3) 不断关注当前的销售情况,并及时告知导购,激励导购再接再厉
(4) 安排就餐期间的人员交接班工作
(5) 如实填写专柜考勤工作,按月上报
(6) 时刻检查货架上有无空缺商品,提醒导购及时补上
(7) 熟知专柜内的货品,如遇畅销款断码断号,及时通知公司物流部配货
(8) 对新员工进行相应的指导与培训,包括:日工作流程、礼仪、商品基本知识等</td></tr>
<tr><td rowspan="2">职责九</td><td colspan="2">职责表述:下班前的相关工作组织与安排</td></tr>
<tr><td>工作内容</td><td>(1) 安排卫生的打扫,并关闭相关电源
(2) 清点当日所开销售票据,并汇总当日的销售数据,确定补货单
(3) 组织导购下班签字
(4) 如为盘点日,组织好导购的盘点工作,只有在盘点数据记录完毕后,方可签字下班
(5) 如店长次日休息,应提前做人员代理安排,并做好相应交班工作
(6) 专柜锁好库房门,专卖店关门、上锁</td></tr>
<tr><td>店长必须履行的职责</td><td colspan="2">(1) 如特殊原因需要离职,必须提前一个月提出书面离职申请,在公司安排的交接时间内进行全面交接,并将双方交接签字确认表上交公司,公司财务凭交接清单发放当月工资。如无故旷工或不能在公司要求的时间内完成和配合交接,公司将取消当月店长资格,当月工资底薪降为初级店员,取消店长均提待遇,并记旷工处罚,一天三倍工资处罚,并对此行为做出处罚500元的处理
(2) 在试用期的店长,如特殊原因需要离职,执行规定同上
(3) 在月度盘点中必须做到账实相符,不得私自平账,如有内购款未及时上交公司,必须在盘点前一天上报公司,否则计算当月盘差,责任自负,如有营私舞弊,公司一经发现,撤销店长职务,追偿损失,并对店长进行500元处罚,从当月的工资中扣除
(4) 严禁私自卖单,事后退款,已经被公司发现,对店长处罚500元(店铺退货店长必须知晓,每月必须在退货小票上签字)
如以上职责不能履行,公司将取消店长级别,当月视同降级处理,并依情节严重程度处罚500~1000元</td></tr>
</table>

权限与责任
(1) 对下属员工工作的核查权 (2) 对下属员工的任免建议权 (3) 对下属员工的工作业绩的考核权

任职资格	
学历/专业	高中及以上学历
相关履历	一年以上店面及专柜管理工作经验,两年以上导购工作经验
入职店长已经阅读认可以上需要履行的职责要求	入职店长签字确认:

情景案例

快时尚引连锁模式管理新思：店长堪比CEO

“在中国，优衣库有40%的店长是从员工升迁而来。他们的收入是店员的10倍甚至更多。”中国首位服装行业战略专家杨大筠近日在微博中表示，在日本深陷业绩下降的窘境时，日本知名休闲品牌优衣库掌门人柳井正就是以上述方式，从而“化险为夷”的，并随即带动了一场服装行业的“快时尚”管理革命。

“一般而言，我认为店长的工作分为例行和信息管理两类。”时任某知名快时尚品牌店长的刘凯杰表示，店长每天必须处理很多事情，从开门开始，巡场、安排工作、接受总部指令，有时可能还要面对一些难对付的客人。

WE大中华区总裁金献忠表示：“一名优秀的店长的重要性对于企业而言有时等同于CEO。”金献忠认为，在连锁门店终端经过锻炼，进而成为公司管理层一员的人才，往往比一些“空降”的总经理更优秀，原因是前者的业务熟练度高，能更好地发现、了解并处理公司在各个环节的问题或潜在问题。从一个店员到成熟的店长最少要两年时间。期间，他们不但要经过轮岗的实践操作，还必须掌握零售企业门店管理知识的技能，熟知相关法律知识，能独立负责零售企业的单个门店，开展经营管理工作。目前而言，要获得经技术评定委员会评定的职业经理人执业资格也并非易事。

以ZARA、H&M、优衣库等为代表的“快时尚”品牌在近几年的发展足以用高歌猛进形容。

显然，随着行业势头共同猛增的正是这背后强大的用人需求，这也让中国零售业人才紧缺到了捉襟见肘的境地。据调查，目前中国商业从业人员约在8000万到1.3亿之间，然而，高层次和复合型的人才严重不足，零售业具有大专以上文化程度的各类人才只占3%。

（资料来源：每日经济新闻，2013-09-20）

任务三　店长的日常作业流程与工作重点

一、店长的日常工作流程

店长的日常工作流程如图1.1所示。

二、店长工作的重点

店长每日的工作很多，但其中有70%～80%是重复性的工作，仅有20%～30%的工作是属于非例行性的，所以店长须懂得用 80/20 法则来合理安排日常工作，这样就可以使卖场的管理达到正常运作并有一定的服务水准。

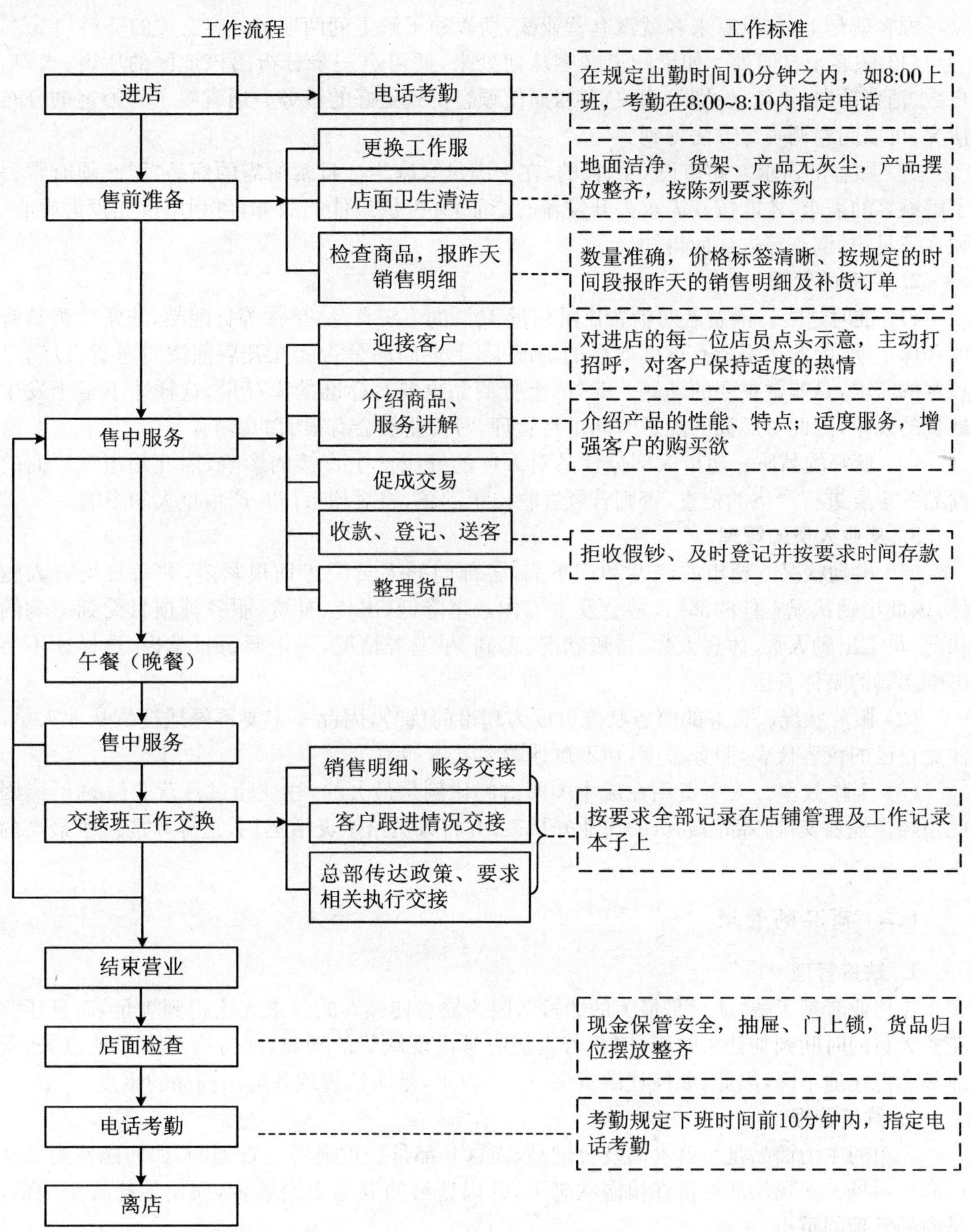

图 1.1　店长日常工作流程

（一）人的管理

1. 顾客的管理

顾客就是上帝，没有来客就没有营业额，所以须了解下列两项与顾客有关的资料：

（1）顾客来自何处。如果知道顾客从何处来，便可进一步分析出该地区的所得、人口、户数、消费动向、年龄、性别等相关资料，而使顾客得到更好的服务。通常要了解顾客的分布情况，可以问卷调查等方法得到。

（2）顾客的需求。超市设立的目的，在于满足家庭生活日常所需的商品，因此须时常去了解顾客的需求，才能按其需求去开发新的产品，并提供最佳的服务，可利用设立投诉中心、顾客意见箱、调查等方法而得知。

2. 厂商的管理

（1）准时送货。消费者对消费比重超过40%的生鲜食品、果汁等日配品，非常注重其鲜度和保质期，因此在不能有过度库存的情况下，上述商品是否能在开店前按时送货，以满足顾客的需求，是非常重要的课题。此外，干货商品也要有标准的库存量，这样才不至于发生缺货的现象，因此对厂商的配送时间进行管理，对营业额会有很大的影响。

（2）良好的品质。超市大部分食品对人体的健康产生直接的影响，因此超市对厂商的商品一定要进行严格的检查，否则若顾客吃出了问题，将对超市信誉产生重大的影响。

3. 从业人员的管理

（1）出勤状况。超市的经营利润不高，各部门的人员配置均很紧凑，并每日均有人轮休，因此出勤状况不佳的部门，常会发生工作效率降低，出货、补货、服务等项目受到影响的状况，员工出勤人数、休息人数、排班状况、迟到、早退等情况，一定要每日掌握，这样才不会影响卖场的整体营运。

（2）服务状况。良好的服务状况可成为超市的优势，因此一定要不停地提醒从业人员，注意自己的仪容仪表，服务态度，切不可让顾客觉得不满。

（3）工作效率。人事费用在成本中所占的比例是最大的，往往超过月营业额的6%，因此须经常规划安排各部门人员的作业安排表，并将人员给予灵活运用，这样才能产生最高的人效。

（二）商品的管理

1. 缺货管理

零售业者都了解“缺货是最大的罪过”，因为缺货使顾客的需求无法得到满足，而且还要花费大量的时间到别处去购买，因此若卖场时常出现缺货的现象，顾客必定大量地流失，营业额会急速地下降，因此，如何让缺货率在1%以下，是店长管理各部门商品的重点。

2. 鲜度管理

超市的主力商品是生鲜食品及日配品，而这些都是最重视鲜度管理的，如何能使商品从厂商—后场—卖场均能保持在恒温状态下，并以新鲜的姿态卖给顾客，而使损耗降至最低，是商品管理的重点。

3. 损耗管理

由于超市业竞争激烈，因此损耗高低也成为是否获利的关键，往往一个单位的损耗需要

5～6 个单位的销售才能够补回来，因此损耗管理是节流管理中相当重要的一环，损耗常由于进货不实、顾客偷盗、盘点不实等主因造成，因此，店长如何改善这些管理的漏洞，是内部管理控制的要务。

4. 活性化的表现

如何配合季节和促销活动，把商品的量感、关联性、生动性表现出来，让商品的回转加快，是店长指导卖场商品表现的重要工作。

（三）金钱管理

1. 收银管理

收银台是超市现金的出入口，也是现金管理最重要的地方，熟练的收银员，其收银差错率可控制在万分之四以内，而新进的收银员，其差错率往往是万分之十，若整个收银组的差错率不控制在万分之四以内，则一个月现金短溢的结果，以月营业额 1500 万元计，差异可达 9000 元，一年就是 1.8 万元，影响不小的，此外如常见的退货不实、伪钞、亲友结账短打等，都是店长要管理的重点。

2. 进货单据管理

进货的单据就是金钱，是日后付款的凭证，因此须正确管理，并以每天的收支差率（营业额－进货额）/ 营业额，来估算是否有异常的现象，店长应每日加强检查，防止人为疏忽、失误的产生。

（四）信息的管理

现大多数的 POS 系统都提供各种相关数据的分析，故店长应定时研析下列报表，以掌握营运动态：

（1）营业日报表（部门、时段、销售比、营业额、来客数、客单价、客品项、品单价）。

（2）商品排行榜（销售类别、销售量、交叉比率、回转率、毛利率、销售比重等）。

（3）促销效果比（营业额、来客数、客单价、促销品、毛利率等与促销前的差异）。

（4）顾客意见表（投诉项目、投诉数目、部门、支持项目、支持数目、支持部门等）。

（5）费用明细表（各项费用的金额、比重）。

（6）盘点记录表（部门的库存额、库存数量、回转率等）。

（7）损益表（营业额、毛利额、损耗额、费用额、损益额等）。

对于上述管理的重点，若各部门能充分地掌握并按要求彻底执行，则店面的事务必定能得到提高。

店长董国强：做一个艺术的管理者

22 年，对于超市发玉泉路店 43 岁的店长董国强来说，自己人生的一半已经给了零售，而且，这样的人生还将继续下去。2011 年，从百名店长中脱颖而出，董国强被评选为全国十佳金牌店长之一，对此，他谦虚地仅仅淡然一笑。

1989 年，21 岁的董国强进了北京一家国营副食店，虽然是普通的理货员，但他仍然兢兢业业，时刻准备迎接新的挑战。1997 年，国企改制，副食店并入超市发玉泉路店，董国强也随之成为超市发的员工，之后从主管到见习店长，从见习店长到店长，从小店到大店，董国强无论在什么位置，从来都是"在其位，用创意谋其政"。5 年前，因为在见习店长的位置上业绩突出，董国强被提拔为店长，并被派往超市发一家面积较小的门店锻炼，仅两年时间，董国强把那家小门店经营得颇有起色，随即被调往门店面积较大的魏公村店。

初来这家 3000 多平方米的门店，董国强做了一番调查，发现魏公村店的主要客群比较独特，因为魏公村附近高校林立，主要客群有 60% 都是北理工、民族大学等的学生，为此，他专门对魏公村店进行了一番整改。因考虑到学生对新品的敏感程度较高，只要电视上有广告，董国强就立即要求总部为自己的门店配送新品，尽管有时候总部没有这些品类；同时，在促销方式以及赠品的设置上，也投学生所好，专门挑跟学生有关、学生喜欢的小东西；另外，针对外国语学院的学生，董国强专门增加了进口食品。一年下来，魏公村店在学生中的口碑大大提升，更重要的是，魏公村店年销售额比以往提升了 20% 多。

自 2010 年起，超市发的店长开始实行竞聘制，董国强直接竞聘到了 4000 多平方米的玉泉路店店长。这家在超市发排名第二的门店一开始让董国强倍感压力，但是仔细观察后，客群以社区和大客户为主的特点让他迅速制定了各种策略，包括组织老年服务队，为老年顾客送餐，开通老年收银通道，并设有老年商品专区。此外，玉泉路店有一部分客群为政府部门职工，对商品品质要求较高，董国强增加了进口水果的品类，注重包装美观，再加上超市发已有的高品质肉类产品，基本满足这部分客群需求。

在引进联营商户时，董国强也下了一番功夫，在一层扶梯下面仅几平方米的地方，飘出了最吸引人的香味，那是超市发现场制作的香油和麻酱，吸引了许多顾客；在二楼西北角，由于此区域顾客较少，董国强引入了一个名为"一伍一拾"的连锁店，其个性的商品又为超市发聚集了许多年轻人。如此下来，玉泉路店的客流量激增了不少。

正是这些创意，加上今年创收 1.78 亿元的业绩，董国强顺理成章当选为全国十佳金牌店长。

能当选为金牌店长，与董国强的个人魅力也分不开。问起董国强的管理心得，他只说了两个字：真诚。"员工的内心都是非常敏感的，对待他们是否真诚，他们都可以感受得到。"在董国强眼里，超市无小事，员工的小事都是自己的大事，一定做到让员工满意。

他告诉记者，与新员工的沟通尤其重要，如果他们向自己请教任何问题，都得仔细回答，绝不能敷衍。如果遇到自己也不懂的问题，通常的做法是给员工承诺，过两天给他答案，言必信，行必果。有时候连员工自己都忘记了，但是董国强会找到他们并把查到的资料告诉他们。

董国强不仅与员工打成一片，他的好人缘让他甚至和许多陌生的顾客也交了朋友。有一位近 50 岁的顾客，董国强称之为大姐，因其诚恳和热忱，这位大姐几乎只来董国强的店买东西，并且为玉泉路店带来了一大批团购的客户。而同样的例子也不胜枚举。

6：30 到店，迎客、开晨会、看报表、巡店、解决各种突发事件……店长就是得每天不厌其烦地从事着这些繁琐的工作。谈及零售的辛苦，董国强表示自己早已习惯，不仅如此，妻子和已上中学的儿子也已经习以为常。

（资料来源：中华合作时报·超市周刊，2013-12-27）

任务四　店长的职业规划

零售业非常鼓励员工接受新的挑战，勇于开拓，善于创造。因此，对一个大/中专学历以上的普通店员来说，其成长空间是很大的。他们可以通过自己的努力和参加公司的培训，逐渐成为高级店员、见习主管、主管、副店经理、店经理、高级店经理。

目前由于店长人才紧缺，因此，对店长级的管理人才，企业会将其作为核心人才重点培养，除了设置企业文化培训之外，同时还配备了定期的专业的管理培训，以帮助他们更快地胜任工作。作为店长应该充分利用好这些机会努力学习和工作，并获得晋升。

店长的职业规划如图 1.2 所示。

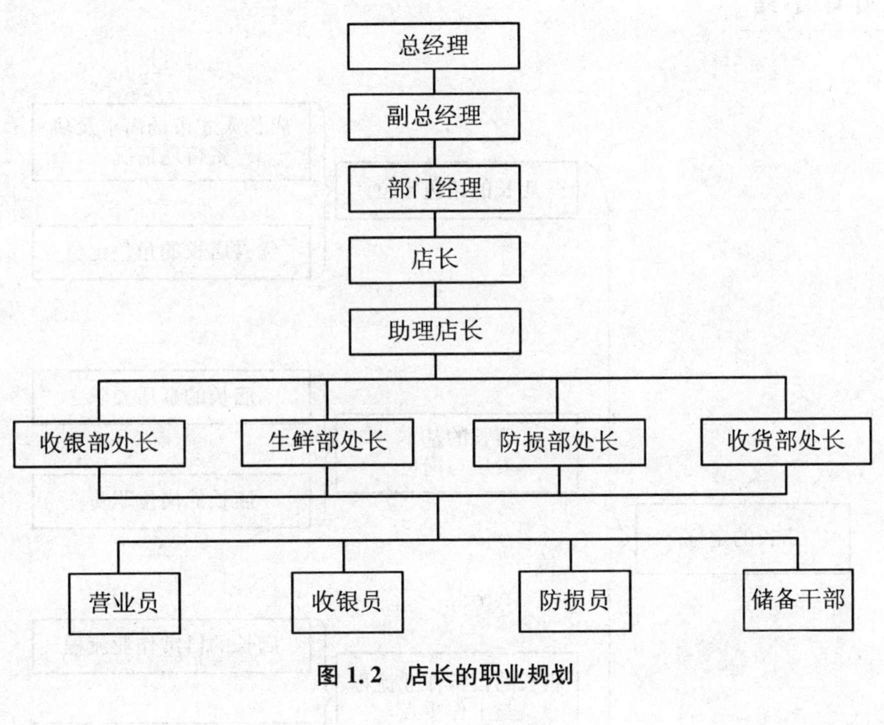

图 1.2　店长的职业规划

大四男生入职四个月当店长，月收入过万

对于正在找工作的学生而言，哈尔滨广厦学院会计专业的大四学生杨佳超无疑是幸运的。他用四个月的时间完成了从业务员到店长的跳跃，从只赚 800 元工资到月收入过万。杨佳超说，这是努力加运气的结果。

刚到公司的时候，杨佳超不熟悉业务，第一个月一套房都没卖出去。入职的第二个月，杨佳超决定给自己加码，每天拼命收集房源，随时准备带客户去看房。功夫不负有心人，2014 年 1 月份，杨佳超卖出了入职以来的第一套房子。四个月的职场磨炼，他积累了丰富的工作经验。如今，已经成功卖出了 10 套房子，最多的时候，一个月卖了 5 套，个人销售量在公司遥遥领先。

工作四个月以来，杨佳超凭借自己颇高的销售量，已经赚了近三万元。而周围的同事大多数一个月也就两三千的收入，如果卖不出去房子，每个月只能拿到 1700 元的底薪。

杨佳超说，只有多努力才会有运气。"要对工作充满热情，我在学校期间不是学霸，但好交朋友，这让我在工作中更容易和客户成为朋友，房子也就好卖了。"

（资料来源：黑龙江晨报，2014-04-25）

项目小结

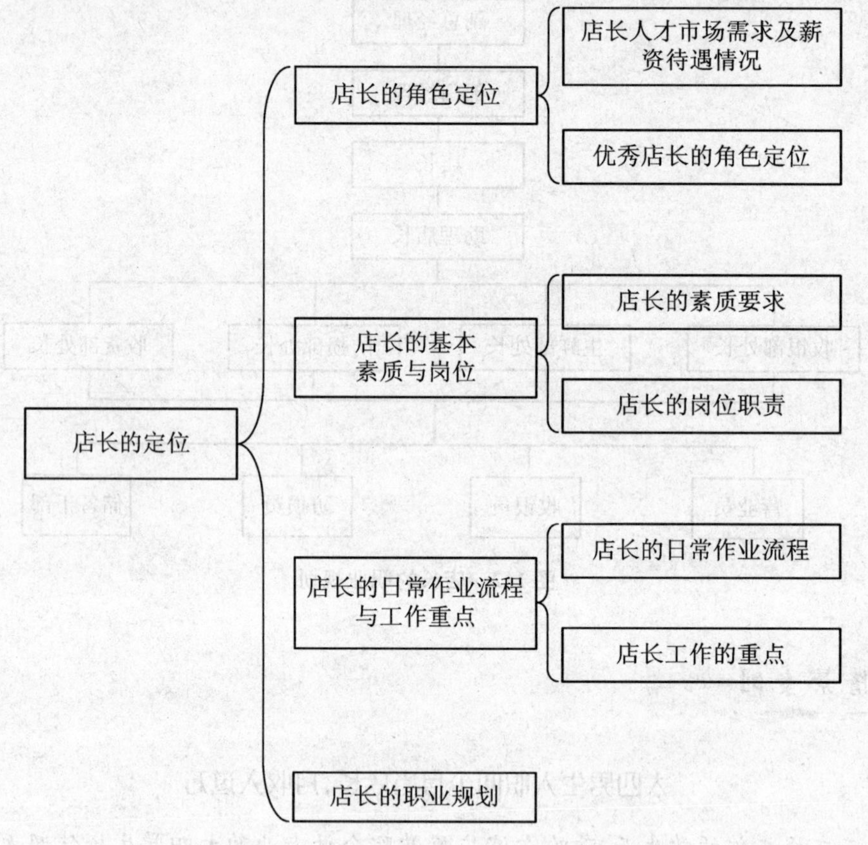

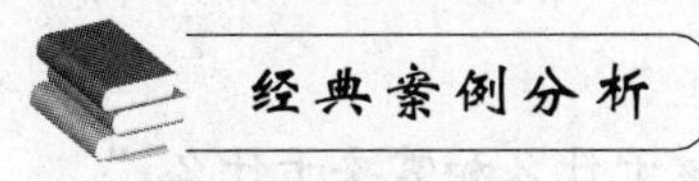

经典案例分析

90后“店长”履职记

这个“90后”是单轨吊机车“4S”店店长，年纪轻轻，业务娴熟，是机修“达人”。他工作积极主动，管理班组有方，同事个个说好。

他就是山东能源新矿集团新巨龙公司运输工区的潘伟，带领单轨吊运输维修班出尽“风头”。他也是2013年全公司唯一的“90后”劳动模范，并在2012年集团公司技能大赛单轨吊维修中取得第一名。

“4S”店开张

众所周知，汽车行业“4S”店是为满足客户各种需求而推出的一种业务模式，其核心是提供汽车终身服务解决方案。

新巨龙公司在单轨吊机车管理上创新引入“4S”店管理模式。他们建立三个“4S”店，即由三个班组日常管理，每个店承包四部单轨吊。由于潘伟业务精通，综合能力强，被工区提拔为“店长”。根据机车服务年限，区队给每部机车规定专属的配件材料费，“店长”对所承包的机车配件材料费、故障影响时间负责，目的是压减运行成本。

“我们采用单轨吊机车‘4S’店管理模式，节约材料费就相当于给自己涨工资。”他带领团队积极开展修旧利废工作。

一次，他们班组承包的5号单轨吊机车液压启动器连接胶管破皮渗油，当时配件没有库存。他想办法利用废旧胶管改装，亲自联系并到修理厂修复，第一时间下井更换，将事故影响时间降到了最短。

QQ群“会诊”

在平时的学习中，潘伟让班组成员从理论学起、从最基本做起，先教他们如何查看“沙尔夫”单轨吊机车内部构造图纸，根据实际出现的问题，再跟大家做进一步探讨。“学习不能‘死’，处理机车故障时不能太单一，要综合考虑。”在检修现场，笔者多次听到他强调。

“处理问题切忌照本宣科。”他在讲到处理单轨吊机车故障报警表时，给班组同事举了一个典型案例：有一台单轨吊机车报警“F37”，按照机车故障报警表说明，原因是机车制动压力低所致，若按照惯例需检查制动压力情况。然而，实际上是电路老化引起制动失电，所以机车系统检测不到压力而报警。这样一来，处理此故障就非常简单，且省时省力。

“90后”是一个朝气蓬勃、思维活跃的群体，为便于开展业务交流，他建立了一个单轨吊维修QQ群，凡涉及单轨吊技术交流的人员都应邀加入群内，与好友在线发布或共享维检知识，并及时“问诊”各类机车故障。同时，他还经常与北京“沙尔夫”单轨吊总代理商及生产厂家的技术员联系，遇到棘手的机车故障及时反馈给厂家，许多“疑难杂症”就在网络信息交互中得到顺利解决。

“应该”与“需要”

问起他的班组管理经验时，他说：“其实很简单，就是弄清应该干什么和需要干什么。”

他解释，应该干什么就是根据“4S”店管理模式，班组职工都有自己所承包的机车，下井后，他们会自觉地去巡查自己机车运行情况，及时做好机车的维护与保养，月底看谁承包的机车事故影响少，谁的工资就高，班组内部自发形成良性循环的竞争机制。

“至于需要做什么，就是要合理、公正地分配工作，做好服务保障。”他的职责主要是解决各机车零部件的配发问题，“4S”店管理模式对每部机车的材料费考核是严苛的，只有从废旧配件再利用上下功夫，才能“抠”出效益。

（资料来源：中工网·工人日报，2014-03-29）

案例思考：

(1) 案例中的店长采用哪些方法来管理门店？

(2) 如果你是这家店的店长，你会怎样提升门店的运营水平？

案例解析：

(1) 作为店长，特别是针对“90后”喜欢追求相对的自由，拒绝一味的说教，要想融入新团队、营造良好的团队氛围，管理人员一定要以理服人，先得到员工的信任和认可。面对“90后”，管理者以身作则的带头作用显得特别关键。

(2) 80、90后员工没有耐心长期等待公司未来可能变化的奖励，思想很简单：你给我多少钱，我就给你做多少事，而且先给我再做。他们只关注现在做好了会得到怎样的激励，无论是物质还是精神层面。管理者要调整年终红包等远期激励方式，即时奖励、即时兑现，比如说总部和直营店每月的优秀员工评选，除了有奖金，网站上也都有公布，还可以评选雷锋之星、公益之星、助人为乐之星等，也是同样道理。

(3) 90后人群更多喜欢简单、明确、直爽的沟通或领导方式。与80、90后员工的沟通习惯同步，采用一些新的方式、时尚的方式，如QQ、微信、微博、邮件、微群等工具沟通。不要发号施令般去沟通，可采用尊重、关怀、平等的方式与他们进行沟通。

1. 单项选择题

(1) 营业后工作正确排序是(　　)。

A. 结算盘货、工作交接、晚会总结、清洁工作、关门上锁、离店

B. 工作交接、结算盘货、晚会总结、清洁工作、关门上锁、离店

C. 结算盘货、晚会总结、清洁卫生、工作交接、关门上锁、离店

D. 晚会总结、清洁卫生、结算盘货、工作交接、关门上锁、离店

(2) 零售商活动是指零售商的(　　)活动，即将商品和服务出售给消费者，进而使商品和服务的价值得到实现的商业活动。

A. 计划性　　B. 目的性　　C. 商业性　　D. 实践性

(3) 为保证店铺的正常运转，各方面工作都不能有疏漏和问题。以下各项活动中，(　　)不属于店长在人事和培训方面的管理工作。

A. 选拔和使用计时工　　B. 店员出勤管理

C. 合理调配使用员工　　D. 做好与顾客的沟通

(4) 店长的定位是(　　)。

A. 公司管理层　　B. 销售员领导

C. 高级销售　　D. 一线管理者

(5) 店长的两种角色分别是(　　)。

A. 领头羊、执行者　　B. 牧羊人、领头羊

C. 执行者、牧羊人　　D. 核心骨干、牧羊人

2. 判断题

(1) 店长只需执行总部的经营目标，而不需要激励店铺的员工，也不需要对员工进行培训。(　　)

(2) 门店是一个独立核算单位，具有独立的法人资格，店长是门店的所有者。(　　)

(3) 零售业是一个低技术门槛的行业，零售经营不需要高端技术和先进理念的支持。(　　)

(4) 连锁店长的考核可以从“德、能、勤、绩”四个方面进行。(　　)

(5) 传统的有店铺的商业在信息时代仍然有一定的生存空间。(　　)

3. 简答题

(1) 连锁门店店长的定位是什么？

(2) 作为店长应具备哪些素质和能力？

(3) 门店店长的日常工作流程是怎样的？

导向性实训任务

任务1　店长素质培养训练

小李希望毕业后能从事连锁业的工作，他觉得要从事连锁业的工作最好先从门店的管理工作做起，因此决定在学习期间全面提高自己的能力，请你为他设计一份职业生涯规划书，从职业发展的角度考虑，应如何提升自己的知识与技能，他应从哪些方面入手呢？

任务2　一日店长观摩体验训练

以小组为单位，深度跟踪一家熟悉的门店，分析此门店店长的一日工作，谈谈门店店长每天的工作流程有哪些？店长日常工作中哪方面技能最为重要？假如你作为这家门店的店长，你将在哪些方面进行改进？并在校内实习超市担当一日店长，把你的所见所闻所想写成一份实训报告。

一日店长体验实训报告

班　　级：＿＿＿＿＿＿　　　　学　　号：＿＿＿＿＿＿
姓　　名：＿＿＿＿＿＿
实训时间：＿＿＿＿＿＿　　　　实训名称：一日店长体验
实训评分：＿＿＿＿＿＿

一、本组调研人员的技能实训报告的主要内容
二、实训心得体会
三、实训评价(指导教师填写)

职场风向标

在连锁企业不断发展的背景下，门店的店长人才也越来越被企业重视，为此企业不惜花费大量的人力、物力和财力培养门店经理、门店运营主管、门店店长、门店副店长、门店店长助理、门店储备店长，而胜任此岗位必须具备强健的体魄、正直的品格、乐观坚毅的性格和组织沟通管理能力，能够应对各种突发事件，对市场环境的变化敏感，能够独立负责门店日常作业，激励员工不断提升工作绩效及处理门店的突发事件等工作。

项目二　团 队 建 设

知识目标

1. 掌握不同类型的门店组织结构。
2. 掌握员工招聘与培训要领。
3. 掌握员工的日常工作安排与奖惩机制。
4. 掌握建设优秀团队的基本要求。

能力目标

1. 能够设计不同类型的门店组织结构。
2. 能够明确员工招聘与培训要领。
3. 能够合理安排员工的日常工作。
4. 能够选择适合本门店的奖惩制度。
5. 能够掌握建设优秀团队的基本要求。

素质目标

培养学生吃苦耐劳、爱岗敬业的精神与创新意识。提升学生之间相互沟通以及团队合作的能力。

职业指导

通过本项目的学习培养学生作为高素质店长人才需具备团队建设的能力，使学生能够胜任与企业员工管理相关的职位，如店长、店长助理、人力资源主管等职位。

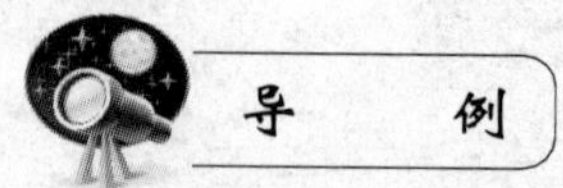

做店员是老手，带门店不知从何入手

陈惠丽是服装连锁企业的门店店长。她学历不高，高中毕业后上了两年技校，一直没找到对口的工作。后来机缘巧合，到一家连锁门店开始了导购的工作。由于性格开朗活泼、学习努力，成长非常迅速，业绩上升也很快。她服务周到，一些回头客成为了她的常客。

一年后，陈惠丽被提升为门店店长。她心想：这回终于可以松一口气了，店长好歹也是个管理者，有什么事交给下面的人就好了。于是她就把工作重心放在管人上，每天给大家分配任务，时刻监督着，认为只要大家都努力干活了，门店的生意自然不会差。可没几天下来，就出现了一堆问题：顾客找不到要买的商品才发现断货了；总部向她要门店销售分析，她给不出来；总部要求做市场调研，她也不知从何着手……整个门店变得非常混乱，上级管理部门很不满意。

（资料来源：联商网，2013-11-7）

案例思考：

（1）你认为陈惠丽作为一名新任店长在管理上出现了什么问题？

（2）你认为作为一名店长建立优秀团队应该从哪些方面着手？

案例解析：

案例中的陈惠丽认为店长会比导购轻松，是错误的观点。因为她只看到了管理者的权利，却没有关注到管理者的责任，对店长这一角色没有正确的定位。

因为陈慧丽刚上任，还不熟悉店长的日常工作职责。作为连锁门店的店长，要有全局观念，每天的工作应该有一个规范化的流程。然而，她却忽略了全面把控门店的工作，将全部的精力放到人员监督上，而这种高压式管理不仅疏忽了门店其他重要工作，更会使店员产生人人自危的感觉，不利于团队建设。

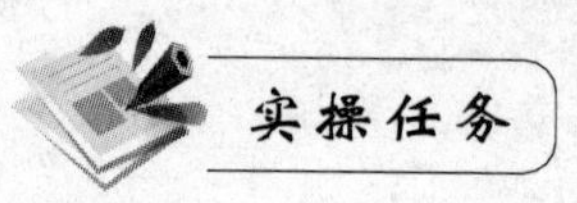

任务一　连锁企业组织结构设计

连锁经营组织系统的确立是连锁企业发展的重要环节，良好的组织结构是连锁经营企业获得市场成功的必备条件之一。组织结构是指一个组织内各构成要素以及它们之间的相互关系，主要涉及企业部门构成、基本的岗位设置、权责关系、业务流程、管理流程及企业内部协调与控制机制等。其目的是帮助企业围绕其核心业务建立起强有力的组织管理体系。

一、连锁企业组织结构设计

（一）组织结构设计的原则

1. 因事设岗原则

从“理清该做的事”开始，“以事定岗、以岗定人”。设置岗位既要着眼于企业现实，又要着眼于企业发展。按照企业各部门职责范围划定岗位，而不应因人设岗；岗位和人应是设置和配置的关系，而不能颠倒。

2. 整分结合原则

在企业组织整体规划下应实现岗位的明确分工，又在分工基础上有效地综合，使各岗位职责明确又能上下左右之间同步协调，以发挥最大的企业效能。

3. 最少岗位数原则

既考虑到最大限度地节约人力成本，又要尽可能地缩短岗位之间信息传递时间，减少“滤波”效应，提高组织的战斗力和市场竞争力。

4. 规范化原则

岗位名称及职责范围均应规范。对企业脑力劳动的岗位规范不宜过细，应强调留有创新的余地。

5. 客户导向原则

应该满足特定的内部和外部顾客的需求。

6. 一般性原则

应基于正常情况的考虑，不能基于例外情况。例如，90%情况下这个岗位需要多少工作量，多少工作强度。

（二）连锁企业组织结构设计的步骤

（1）组织结构诊断。根据公司的战略和业务特点，对公司的组织结构和组织管理进行全面管理诊断。

（2）优化业务流程。确定业务管理模式，以价值链为出发点，逐级分解业务/工作流程。

（3）确定部门职责。根据业务流程，确定部门职责，设计管理幅度、管理层次及其责任、权力等。

（4）确定岗位职责。根据业务流程确定岗位职责，进行管理控制、信息交流、分工协作、综合协调等方式设计。

（5）审计管理规范。根据业务流程，主要设计工作程序权责、工作标准和工作方法，完善公司的组织管理体系。

（6）工作分析。根据岗位工作内容，确定岗位的任职资格、需要的能力模型和素质模型，形成岗位说明书。

（7）配备人员。根据各岗位的任职资格，确定人员配备的方式方法。

二、连锁企业组织结构

根据连锁经营活动的需要和企业实际，连锁企业组织结构的基本形式主要有 3 种类型。

（一）小型连锁企业组织结构（直线型组织）

直线型组织是连锁企业最早和最简单的组织结构形式，是指连锁企业各级行政单位从上到下实行垂直领导，下属部门只接受一个上级的指令，各级主管负责人对所属单位的一切问题负责。总部不另设职能机构（可设专业人员协助主管人工作），一切管理职能基本上都由行政主管自己执行，如图 2.1 所示。

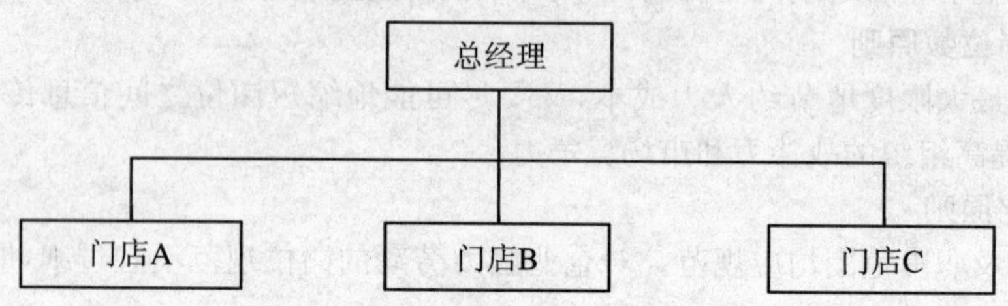

图 2.1　小型连锁企业的直线型组织

直线型组织结构是最古老的组织结构形式。所谓的"直线"是指在这种组织结构下，职权直接从高层直线型组织结构开始向下"流动"（传递、分解），经过若干个管理层次达到组织最低层。其优点是：结构比较简单，责任分明，命令统一。缺点是：在组织规模较大的情况下所有管理职能都集中由一个人承担，是比较困难的；部门间协调差。

这种组织适用于门店数目不多、门店面积不大、经营商品较少、经营区域集中的连锁企业。即处于初创期的企业。总经理一人负责总部所有的业务，各分店经营直接对总经理负责。

（二）中型连锁企业组织结构（直线职能型组织）

随着连锁企业规模的扩大，分店数量逐渐增多，经营管理的事务越来越多，也越来越复杂。经营者由于知识、能力和体力等的限制无法独立完成所有管理职能，势必会增加职能管理部门来协助经营者进行管理，直线职能型的组织结构形式就应运而生了，如图 2.2 所示。

直线职能型组织结构是指连锁企业按职能分工实行专业化的管理办法来代替直线型的全能管理者；各职能机构在自己业务范围内可以向下级下达命令和指示，直接指挥下属。其优点是：分工明确，易发挥专业优势；指挥统一，易调度资源；规模经济效益较好。缺点是：部门间协调困难；不利于调动部门积极性；不利于关注整体利益，不利于培养上层管理者。此形式主要适用于环境较稳定、市场较集中、中等规模的连锁企业。

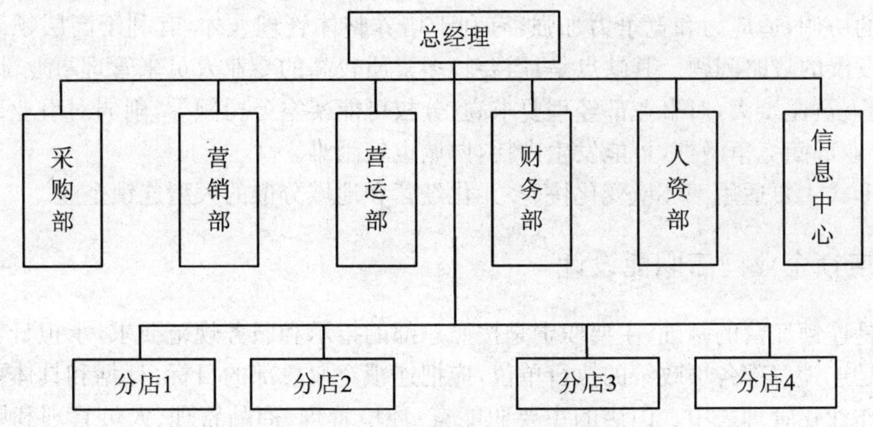

图 2.2　中型连锁企业的直线职能型组织

（三）大型连锁企业组织结构（事业部型组织）

当连锁企业的规模扩张到一定程度后，连锁企业管理的范围越来越大，内容越来越复杂，许多运作已很难完全由总部进行直接控制，为了适应企业扩张的需要，许多大型连锁企业大都采用事业部型的组织结构形式，如图 2.3 所示。

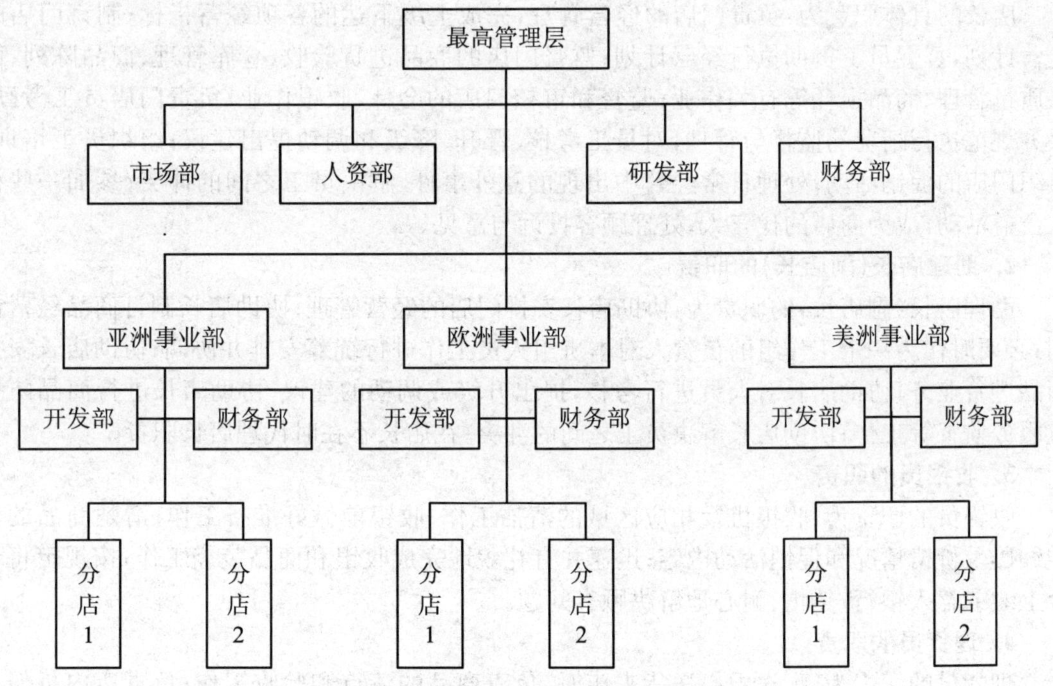

图 2.3　大型连锁企业的事业部型组织

这是以最终成果（销售收入及利润）形成的内在联系为依据，将相关的研究开发、采购、生产、销售部门结合成一个相对独立的利润中心，实行分权管理的组织结构形式，主要有产品事业部和地区事业部两种模式。这种形式的主要优点是：有利于调动部门积极性，便于事业部内部的协调，适应力和竞争力加强，有利于培养整体管理人才，有利于高层领导有精力研究企业发展的战略问题。其缺点是：需要较多素质较高的专业人员来管理事业部；管理机构多，管理人员比重大，对事业部经理要求高；分权可能架空公司领导，削弱对事业部的管理和控制；事业部间竞争激烈，可能发生内耗，协调也较困难。

此种形式主要适用于环境变化快、多元化经营和地域分散的大型连锁企业。

三、连锁企业门店职能设计

门店是连锁经营的基础，主要职责是按照总部的指示和服务规范要求，承担日常销售任务。门店是连锁总部各项政策的执行单位，应把连锁企业总部的目标、计划和具体要求体现到日常的作业化管理之中。门店的主要职能有：环境管理、商品管理、人员管理和财务管理等。连锁企业门店各岗位的职责分别如下。

1. 店长的职能

店长是一个门店的核心人物，他要对门店的运作进行统筹安排，对门店的运行负责。店长是一家门店的代表人，是总部政策的执行者，是门店经营目标的规划人，是门店经营活动的指挥者，是培训部下的领导者，是激发员工斗志的鼓动者，是上下沟通的协调者。因此店长的素质高低对门店的经营业绩关系重大。店长应具备一定的领导能力，教育能力，数据分析能力，判断能力，学习能力，业务改善能力和良好的品德与修养。

店长的具体职责为：负责门店的经营管理，完成上级下达的各项经营指标；制订门店的经营计划，督促员工贯彻执行经营计划；监督门店的商品进货验收、仓库管理、商品陈列、商品质量管理、商品损耗等有关作业；监督和审核门店的会计、收银作业；负责门店员工考勤、服务规范执行情况的监督与管理，对员工考核、晋升、降级和调动提出建议；组织员工培训，组织门店的促销活动；处理日常经营中出现的意外事件，解决员工之间的冲突；参加一些社区公益活动，成为商店的代言人；处理顾客投诉与意见。

2. 助理店长(副店长)的职责

助理店长(副店长)的职责为：协助店长安排门店的经营管理；协助店长制订商品经营计划；必要时作为一个工作组的负责人对本班组人员工作进行统筹安排并协调；协助店长安排商品进货业务；协助店长对人员进行考核，提出升级或调动的建议；协助店长进行商品防损或服务监督等工作；协助店长解决员工之间的冲突；在店长不在时代理店长职责。

3. 收银员的职责

收银员的职责为：收银机及相应区域的清洁工作；收银前做好准备工作；清楚商品的分类编码及价格情况和促销活动内容；迅速并有礼貌地完成收银和商品装袋工作；按规定将现金上缴或存入银行；热情、耐心地解决顾客问题。

4. 理货员的职责

理货员的职责为：配送中心送货来店时，负责商品的清点和验收工作；负责店内货架上商品的补货工作，保证及时上架；负责商店商品盘点工作，并做好记录，确认商品损耗数量；负责货架上商品的清洁工作；及时将缺货商品告知店长或主管人员，以便及时订货；对需要退、换货商品按规定进行处理。

5. 防损员(保安员)的职责

防损员(保安员)的职责为:负责商店每日的开店、闭店工作,保护商品和器械完好;负责监督商店人员的作业流程,以防内盗;负责监视店内顾客购货活动,发现意外情形立即报告店长;协助店长对商店的偷盗行为进行处理;保证顾客的人身安全与财产完好。

6. 导购员的职责

导购员的职责为:热情回答顾客的任何问题,并帮助顾客选购商品;为顾客提供必要的服务,如开发票、换货、装袋等;协助理货员进行商品陈列、商品盘点和价格标签的粘贴更换;作为后备收银人员随时加入收银工作;协助店长处理顾客抱怨问题。

任务二 员工的招聘与培训

一、员工的招聘

员工招聘,是指组织根据人力资源管理规划和工作分析的要求,从组织内部和外部吸收人力资源的过程。连锁经营企业为了及时满足企业发展的需要,弥补组织内部的岗位空缺,要根据人力资源的招聘计划,寻找、吸引那些有能力又有兴趣来本企业任职的人力资源。企业通过考试等形式从中挑选出适合本企业的人力资源予以录用。这就是人力资源招聘的全过程。招聘工作直接关系到企业人力资源的形成。有效的招聘工作不仅可以提高员工素质、改善人员结构,也可以为组织注入新的管理思想,为组织增添新的活力,甚至可能给企业带来技术、管理上的重大革新。

(一) 连锁企业员工招聘的特点

与一般经营企业相比,连锁经营企业的人力资源招聘工作具有一定的特殊性,一般经营企业的所有人力资源的招聘工作均由企业人力资源管理部门统一操作,而连锁经营企业的人力资源招聘工作是针对不同职位的人力资源存在的不同而进行区别化操作。一般说来,连锁经营企业总部以及各分店经理、业务骨干等重要职位人力资源的招聘要由连锁经营企业总部的人力资源管理部门进行,而各门店的一般工作人员的招聘则授权各门店的店长或经理进行招聘,招聘后由总部人力资源管理部门审核。

(二) 连锁企业员工招聘的程序

人力资源招聘工作是一个复杂的、系统化的且连续性较强的工作,招聘过程涉及企业内部各个用人部门以及相关环节。为了使人力资源招聘工作规范、有序进行,应当严格遵循程序化原则,按确定的工作程序组织招聘工作。人力资源招聘的整个工作过程要按照计划—招聘信息发布—招聘选择及录用—招聘评估的程序进行。

1. 计划

人力资源招聘前首先要制订招聘计划,明确企业对人力资源的需求,确定招聘岗位、工作职责、人数、对应聘者的要求和待遇条件，为招聘工作做好准备。

2. 招聘信息发布

准备工作做好后，即进入招聘执行阶段，人力资源管理部门要采用适宜的招聘信息发布渠道和方法，吸引足够多的合格应聘者，以达到良好的招聘效果。通常采用的招聘方式有店内招募、员工介绍、校园招聘、刊登广告、中介公司推荐等。

招聘广告的设计原则

招聘广告的设计原则与其他广告基本相同，应符合 AIDAM（Attention，Interest，Desire，Action，Memory）原则。即：引起注意原则、产生兴趣原则、激发愿望原则、采取行动原则和留下记忆原则。

（1）引起注意原则。一则好的招聘广告必须能吸引眼球，这就要求广告能用独特的、与众不同的格式、篇幅、标题、字体、色彩或图案进行设计，再配合合适的媒体与广告位，才会取得好的效果。

（2）产生兴趣原则。如果只让大家对你有所关注，但产生不了兴趣，也就失去了意义。要想在引起注意的基础上让大众产生兴趣，就必须设计出能够使人产生兴趣的点或面，比如语言的表述要力求生动形象，有时还需带些幽默感。

（3）激发愿望原则。求职者看到了广告，如何使他们产生申请的愿望，除了以上所列内容外，还要来点实际的，即能够满足他们需求的内容。人的愿望大多来自内部需要和外部刺激，内部需要是他们是否想找我们能提供的工作（职位），外部刺激就是要让他们看到应聘该职位能得到的好处。所以，在广告中还要加入：员工能够得到的薪酬福利与培训发展机会、挑战性的工作与责任、自我实现的可能等内容。

（4）采取行动原则。招聘广告的最终目的是在公布后很快收到大量符合条件的申请信与简历，要做到这一点就需要简单明了地写明联系人与联系方式，包括电话、传真、电子信箱、通信地址等，以便让求职者利用他们习惯的方式与你联系。

（5）留下记忆原则。不管看到广告的人是否采取了行动，都要在他们记忆中留下深刻印象，这是招聘广告的第二个目的，即对企业的形象与业务进行宣传。要想达到此目的，上面谈到的广告手法都可使用。

（资料来源：南方人才网，2013-02-04）

3. 招聘选择及录用

人力资源管理部门还要通过笔试、面试、情境模拟或心理测验等方法，挑选出最合适的人员。选择工作完毕后，连锁经营企业的领导者和人力资源管理部门共同做出招聘决策，通过签订合同等方式完成人力资源的录用工作。

4. 招聘评估

录用结束后，人力资源管理部门还要对招聘成本、招聘质量、工作效率等内容进行评估，总结经验教训，为下次招聘工作打下良好的基础。

二、员工的培训

新员工培训

新员工培训又称第一职业培训。在德国，一般15～20岁的年轻人，如果中学毕业以后没能进入大学，要想工作，必须先在企业接受3年左右的第一职业培训。在第一职业培训期间，学生要接受双轨制教育：一周工作5天，其中3天在企业接受工作培训，另外2天在职业学校学习知识。这样，学生不仅可以在工厂学到基本的技巧和技术，而且还可以在职业学校受到相关基础知识教育。通过接近真刀实枪的作业，他们的职业能力及操作能力也会得到提高。由于企业内部基本上使用的是技术最先进的培训设施，保证了第一职业培训的高水平，因此第一职业教育证书在德国经济界享有很高的声誉。由于第一职业培训理论与实践结合，为年轻人进入企业提供了有效的保障，也深受年轻人欢迎。在德国，中学毕业生中的60%～70%接受第一职业培训，20%～30%选择上大学。

连锁经营企业人力资源培训工作的进行，可以有效地提高企业人力资源的知识、技能和素质，明确自己的任务和职责，端正劳动态度，在最大限度地实现其自身价值的同时为企业创造更大的价值。因此，人力资源的培训是连锁经营企业人力资源管理中的重要工作。

（一）连锁企业员工培训的特点

(1) 系统内克隆。在连锁系统内，对各分店店长和其他工作人员的工作范围、工作任务、工作技能等要求是一样的。培训人才的途径就是将新员工送到各家分店顶岗见习，或用老店有能力的员工到新店中，担任重要角色，指导、培训新员工。

(2) 周期性活动。因为连锁企业在经营过程中客流量不是平均分配，而是有高峰期的，如大型连锁超市的高峰期为中午11:00左右和下午5:00左右，这就要求对店面工作人员的工作安排要有一定的周期性。培训工作也必须适合这一特点。

(3) 层次差异性。连锁企业对不同职位的人才，其工作能力要求是有差异的，所以在员工培训时，不同层次的员工应采取不同的培训方式。如理货员培训强调操作，店长培训强调管理，企业高层培训强调决策和行业动向研讨。

(4) 战略性投资。培训工作不是短期的，是企业长期人才战略的重要内容。为了企业的长远利益，培训需进行持续培训和再培训工作。企业培训成功与否的标志，不是短期利益，而是最终效益，所以说企业培训是战略性投资。

（二）连锁企业员工培训的内容

一般说来，连锁经营企业人力资源培训以职业道德培训、技能培训和资格培训为主要内容。

1. 职业道德培训

连锁经营企业向其员工提供的职业道德培训以商业道德为主，通常包括遵守工作制度和服务规范、树立消费者至上观念、爱岗敬业、树立和维护企业形象、培养企业精神、培养团队精神和责任感等改进员工工作动机、态度和行为方面的培训。

2. 技能培训

技能培训是指连锁经营企业为开展采购、检查、加工、包装、配送、销售、财务、经营管理、信息处理等业务而对员工进行的专业技术方面的培训。

3. 资格培训

资格培训是连锁经营企业根据社会或国家的职业或工种标准而对企业内部员工的工作能力进行培训，使其具备相应职业技能，取得职业资格证书。这种培训主要集中于连锁经营企业内部的物流、财务、信息处理等专业性较强的职位。

（三）连锁企业员工培训的形式

连锁企业员工培训基本上分为职前培训、在职培训、脱产培训、自我教育四种方法。这四种方法各有优缺点，适合不同的人员，它们之间不是完全孤立的，而是可交替使用的。

1. 职前培训

职前培训主要是针对新员工进行的。通过对新员工的职前培训，使其在最短的时间内了解整体的企业组织形式和正确操作方法，以便日后担任工作及接受管理时能顺利地适应。

2. 在职培训

在职培训是指不脱离工作岗位进行培训。主要有两个方面的内容：一是职务转换，在各个岗位每隔一段时间调动一次，是横向的交流；二是随着时代进步、环境变迁或工作的岗位要求，需要更新知识、技术、观念，如员工晋升职务前的培训，是纵向的交流。横向的交流可采取师傅带徒弟式的培训方式；纵向的交流可以采取进修培训，也可由企业派专人进行指导。

3. 脱产培训

指企业员工暂时离开现职，脱产到有关学术机构或学校以及别的企业参加为期较长的培训。脱产培训的主要对象是管理人员。脱产培训的目的主要有两个：一是管理人员理论上得到较大的提高，开阔眼界，了解国内外行业的最新动态；其主要途径是到高等院校和科研机构进行培训；二是得到一些较先进的管理经验和实操技术、专业知识，其主要途径是到别的先进单位接受培训，开展企业之间的合作与交流，如加盟店派员工到总部接受先进的系统培训。

4. 自我教育

自我教育也称为自我启发式培训，指企业鼓励员工利用工作间隙和业余时间进行学习。自我教育方式有多种，如企业员工之间的交流、企业组织的一些研讨会、企业内部培训、企业为员工举办的有关专业知识的读书看报活动、鼓励员工到业余大学深造进修并为员工的学习报销费用等。

任务三　员工的考核与激励

一、员工的考核

员工考核是指主管及相关人员用事先制定的标准对员工的工作成绩和效能进行评价，并将评价结果反馈给员工的过程。连锁企业员工绩效考核的主要内容包括德、能、勤和绩四个方面。

1. 德

“德”包括思想政治、工作作风、社会道德及职业道德水平等方面。思想政治主要指员工的政治倾向、理想志向和价值取向等；工作作风是指员工工作时的风格；社会道德是指员工处理个人与社会关系的倾向；职业道德是指员工在履行职务方面表现出来的道德倾向。

2. 能

“能”指员工从事工作的能力，包括体能、学识和智能、技能等内容。体能取决于年龄、性别和健康状况等因素。学识包括文化水平、专业知识水平、工作经验等项目。智能包括记忆、分析、综合、判断、创新等能力；技能包括操作、表达和组织等能力。

3. 勤

“勤”指员工的积极性和工作中的表现，主要包括出勤、纪律性、干劲、责任心、创造性和主动性等。

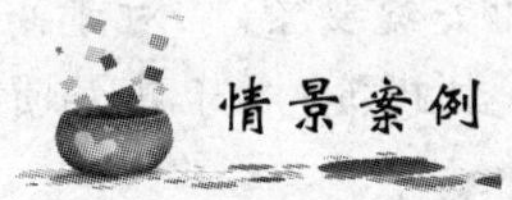

员工的考评

小王和小张分别从大专和本科学校毕业后，来到同一家公司工作。小王负责文件的管理工作，包括文件的打印、分发、保管等，由于工作简单，他做得非常出色，从来没有出过差错。而小张就不同，他主要从事文件的起草，由于这项工作比较复杂，有相当的难度，尽管小张也非常努力，但是工作完成得并不出色。公司若仅仅依据工作的完成情况，对他们进行考评，其结果必然有失偏颇，从而会打击小张工作的积极性。可见在进行考评的时候，不能够单单根据工作的业绩和工作态度等，必须让员工的能力也参与考评。

（资料来源：doc. mbalib. com）

4. 绩

“绩”指员工的工作效率及效果，是员工德、能、勤的综合反映和对企业的贡献。一般来说，连锁经营员工业绩的考核可以从以下几个方面进行：总利润的增加；服务和销售网点增加；营业额增长；仓库管理费降低；采购成本降低；市场占有率提高；商品周转率加快；知名度提高；广告效果显著；管理成本降低；店铺形象提升等。

二、薪酬管理

薪酬是激励员工努力工作的基本手段。科学而合理地确定员工劳动报酬，不仅能有效地激发员工积极性，为实现连锁企业的目标而努力，而且还能造就一支高素质的员工队伍。

薪酬是指员工从事企业所需要的劳动而得到的以货币形式和非货币形式所表现的补偿，它是企业支付给员工的劳动报酬。连锁企业薪酬体系主要由以下五大部分组成。

1. 工资

工资又称为基本工资，主要是以员工所在的部门与岗位，或所具备的技能等方面的差异为基准，根据劳动定额完成情况而计算的劳动报酬。主要包括：基础工资、岗位工资、技能工资和年功工资等。工资是连锁企业根据员工工作性质所支付的基本报酬，主要反映工作本身的价值，一般不反映员工因为经验或工作态度而引起对企业贡献的差异，因此还需运用其他形式的劳动报酬来弥补。

2. 奖金

奖金又称为绩效工资，这是指员工在完成定额任务的基础上，进一步付出超额劳动的报酬。它包括超产或优质的经常性工作奖、年终综合奖和一次性的特殊贡献奖。奖金是企业对员工工作行为和所取得成绩的奖励，主要取决于员工的绩效水平。

国美高管人员的薪酬分配政策

国美集团副总裁魏秋立认为，最大化员工的薪酬是保持人员稳定的关键要素。“对于高管人员，国美设立了基本薪资、绩效奖金、超利润分享和提成的薪酬分配政策；对于基层员工，每个店通过预算，来做超绩效分享，毛利创造得越多，奖金就越多。”

（资料来源：新华财经网，2012-11-27）

3. 津贴

津贴是指员工在特殊劳动条件下工作时所付出的额外劳动消耗、额外生活费以及对员工生理或心理带来损害进行的物质补偿。津贴主要包括：苦、脏、累、差和技术要求特别等岗位的津贴以及中、夜班等特殊劳动时间的津贴。

4. 福利

福利是指通过建立集体生活设施、提供劳务和实行补贴等方式，解决员工在物质与精神生活上的普遍需求和特殊困难而举办的公益事业。主要包括建立食堂、浴室、托儿所、图书室、俱乐部、疗养院等集体福利设施，也包括员工个人生活困难补助、探亲补助、上下班交通补助和冬季取暖补助等个人福利。

5. 保险及住房公积金

保险是指给予员工在暂时或永久丧失劳动能力以及虽有劳动能力但无劳动机会后的物质生活保障。主要包括养老保险、医疗保险、工伤保险、失业保险和生育保险。大部分保险基金都是由国家、企业和员工共同筹集的。住房公积金是给予员工住房保障所支出的报酬，主要在职工购买或装修住房时使用，由企业和员工共同承担。

三、员工的激励

情景案例

麦当劳的员工激励

(1) 永远向上的高枝——员工激励。

一般企业的人才结构都像金字塔，越上去越小。而麦当劳的人才体系则像圣诞树——只要你有足够的能力，就让你上升一层，成为一个分枝，再上去又成一个分枝，员工永远有升迁机会，因为麦当劳是连锁经营，培训可以让员工得到更快的发展。

(2) 付出总有回报。

麦当劳公司认为，勤奋的员工是公司最宝贵的财富。确实，麦当劳的员工表现出来的主动性和积极性是令人惊讶的。他们当中的大多数人总想在麦当劳多学点东西。许多服务员往往会提前上班，推后下班，连节假日也要特地到餐厅去走一走。而按照公司的规定，除非是加班工作，这种活动都是不付给工薪的。那么，是什么原因让新服务员自动地多做这些工作呢？答案很简单。在麦当劳里，人们有一个普遍的信念：只要付出了努力，必有保障获得相应的地位和报酬。

麦当劳的用人方法就是让打工者也相信他们能够得到相应的地位和报酬。

(3) 公开化的职位与酬劳。

一走进麦当劳餐厅后面的办公室，首先映入人们眼帘的是一张宽1公尺、高70公分的大布告板。布告板上方写着"新观念"三个大字。这个布告板经常成为计时工作人员的话题。布告板的左侧是"职位和工资"，写着餐厅所有的工作人员的姓名和职位。职位分为A级组长(ASW)、组长(SW)、接待员(STAR)、按待员(TR)、见习员(TN)等，还用英文字母的A、B、C代表计时工作人员的等级。

在工资栏上，通常用的记载方法是以C级为基准。组长的工资是C级的1.25倍，A级组长是C级的1.5倍，而且一年可以分得两次红利。这种把地位和工资公开化和透明化的做法能够让每个计时工作人员逐步体会到，上司和他们的同伴之间不可能有私下交易。大家的眼睛都是雪亮的。只要努力工作，必然可以获得相应的地位和报酬。

(4) 不受限制的晋升。

麦当劳的环境能够让每个服务员始终牢记公司理念。服务员一走进休息室，首先映入眼帘的是一块"观念交流园地"公告栏。上面记载着餐厅内所有的工作人员的姓名、职级。

在"训练进度表"上还记载有每个服务员的进店日期以及他们所学习的教材和学习的进度。此外，服务员的帽子颜色、制服形式、名牌的用途和形状、参加会议的名单、营业时分配的位置、安排工作时间的长短、计时卡摆放的位置等，都代表着服务员在餐厅中的身份和地位，都让服务员时刻记住，在麦当劳这个世界里，只要你努力向上，在技术和服务能力上取得了进步，必定能够获得相当的满足和成就感。

更为重要的是，在麦当劳工作的计时员工也有可能会当上经理。一般企业虽然也用职位提升的方法来刺激计时工作人员的积极性，但到了某个职位便“到此为止”了。

但是，麦当劳餐厅没有这个限制。麦当劳规定计时工作人员凡有3个月以上工作经验者皆可为经理级的组长，不受年龄和性别的限制。

公司的简报上也有同样的说法：“麦当劳公司机会之多，绝不亚于其他任何企业。”麦当劳公司也提供了培养这个机会的园地。使用你的自主性，发挥你的实力吧！这些话既适用于正式职工，也适用于计时工作人员，从而使他们的能力能够最大限度地发挥出来。

有了这种信念以后，这些新服务员才会认识到，在取得相应的地位和报酬之前，最重要的事情是善于有计划地学习，提高服务和工作的技术水平。

(5)“多头评价”制度。

根据业绩提升职位和增加工薪是重要的刺激因素。尽管所有的餐厅都会这样做，但麦当劳的业绩考核制度是独特的。

麦当劳餐厅每个月进行一次考核。考核表上分为质量、服务、清洁、劳务管理、训练、书面作业、自我管理、仪容等八项。每项均有一个评分。在表格的下端是意见栏，分为四项：对下属的影响力、对顾客和管理以及对店面的影响力、提案、总评估。

麦当劳建立了独特的业绩评估制度，凡是在加薪或升级的时候，必须经过以下的程序：自我推荐、公开评价、预先设定目标、事后晤谈、定期评价。

虽然业绩评价的实质性人物是餐厅的中心经理，但麦当劳实行的是“多头评价”制度，即作为管理组成员的计时经理和组长等都参加评价。

中心经理一般是在每月的25日填写考核表以前征求管理的意见。公布考核结果以后要进行个别谈话。这种做法使服务人员感到自己受到了关心，因而增强了工作的热情，愿意为获得下一次更佳的评价而努力，这本身就是在激励工作人员向下一个位置挑战。

在对员工的激励方面，麦当劳通过春游、职业发展、抽奖、聚会、带薪休假(兼职员工每年工作超过1440小时会获得一周)、竞赛、轮换等方式对员工进行激励。因此，即使在很严格的工作标准下，员工依然充满活力。

依照这些标准，麦当劳每个月都评选出自己的“最佳员工”并将照片和“标准”贴在一起。这不但鼓励了优秀者再接再厉，也激励着其他员工的工作积极性。

(来源：餐饮管理，2011-05-02)

员工激励是指通过一定的激励方法，激发和调动员工的积极性与创造性，为实现企业的目标服务。员工激励是连锁企业员工管理的重要内容，其根本目的是正确诱导员工的工作动机，调动他们工作的积极性和创造性，使他们在实现企业目标的同时满足自身的需要，提高他们的满意程度。

连锁企业常用的激励方法有以下几种：

(1) 物质激励法。这是指通过满足员工个人物质利益的需求来激发其完成企业赋予的各项任务的积极性的一种激励方法。获得物质利益是每位员工的基本需求，因而物质激励是员工激励的最基本方法。连锁企业可通过对工资、奖金和福利等物质手段的合理运用，充分调动员工的劳动积极性和创造性，以实现企业目标。

(2) 制度激励法。这是指利用制度和纪律来规范、约束员工行为的一种激励方法。连锁企业的各项规章制度，既可以对员工的消极行为起到约束作用，又可为员工提供行为准则，还可以为员工指明努力的方向，因此制度激励是一种有效的激励方法。如晋升制度、解聘制度和培训制度等都能对员工起到一定的鞭策作用。

(3) 目标激励法。这是指通过设立特定目标，激发员工为实现既定目标主动而持续地努力工作的一种激励方法。在实施目标激励时，应注意将企业的目标和员工的个人目标有机结合起来，从而激发员工克服困难，努力工作，在实现企业目标的同时，也达到个人目标，充分发挥目标激励的作用。

(4) 荣誉激励法。这是指对员工的劳动态度和贡献予以荣誉奖励的一种激励方法。主要内容有授予先进工作者、星级员工和劳动模范等荣誉称号，开展荣登光荣榜、疗养、旅游观光和出国考察等活动。荣誉表现了员工在社会的存在价值，它在员工的精神生活中占有重要地位。因此，荣誉激励有时会起到物质激励所不及的作用。尤其是当企业或个人在前进中遇到阻力或处于逆境时，其作用就更大。

(5) 工作激励法。这是指利用工作任务本身来激励员工的一种激励方法。工作激励属于"内在激励"。因此，实施工作激励可使企业以较少的投入获得更持久的激励效果。在实施工作激励时应注意两个问题：一是工作任务分配要合理，具有一定的挑战性；二是工作内容要丰富化，尽量与员工的兴趣和能力相吻合，从而产生高强度的内在激励作用，形成高质量的工作绩效及对工作的高度满足感。

(6) 榜样激励法。这是指通过树立先进典型和领导者的行为示范、敬业精神来正面影响员工的一种激励方法。榜样的力量是无穷的，通过树立先进典型和领导者的示范，可使员工对照榜样的先进事迹，找出差距，提出措施，激励员工为实现企业目标而努力奋斗。

(7) 情感激励法。这是指企业管理者用尊重、关心和喜爱的心情去感染与帮助员工，引起员工感情上的共鸣，建立起诚挚的人际关系，从而激发和增强员工积极性的一种激励方法。感情是人们相互联系的纽带，在连锁企业中感情是激励员工奋发向上的强大动力和精神支柱之一。员工生活在一个互相关爱、尊重和平等的大家庭中，能够享受到彼此之间的关怀和理解，就会使员工产生兴奋、愉悦的心理感受，进而迸发出极大的工作热情。

(8) 竞争激励法。这是指企业管理者通过营造一定的竞争氛围来激发员工工作积极性的一种激励方法。实施竞争激励就应完善竞争机制，按照公开、公平、竞争、择优的原则，营造"能者上、平者让、庸者下"的竞争氛围，以绩效来决定员工的薪酬，从而激励每个员工开拓进取、奋发向上，为企业发展作出更大贡献。

任务四　打造高效团队

团队(team)是由员工和管理层组成的一个共同体，它合理利用每一个成员的知识和技能协同工作，解决问题，达到共同的目标。企业团队建立就是主管将下属组织起来成为队员，适当地分配到不同的工作岗位，让每人都得以发挥所长，同时在运作上，各队员互有默契和通力合作，达到整体表现符合理想。

一、团队发展阶段

团队建立是要经过一连串的发展阶段，由主管带动，才能将员工建成队员。工作团队的发展阶段可分为四个阶段。

1. 组合期

在这个阶段，团队新成立，队员之间彼此未必有深切的了解，彼此的相互地位尚未确立。队员对团队的目标多不清楚，大家处事并没有默契。

在这个阶段，工作成果和效率都偏低。

2. 摸索期

在这个阶段，队员之间可能互相竞争，团队之间或会出现小圈子，竞争可能不明显，也可能受到抑制。在香港，传统的思想是以合为贵，个人之间的冲突都会被掩饰，不当作问题来处理，因此继续损害团队的团结。表面的和谐隐藏了一个事实，就是目标并非由成员共同议定。而行为守则和工作规则也可能尚未确立。

在这个阶段，工作成果和效率多偏低。如不制定规则和目标令队员全情投入，工作成果会继续低落。

很多队员从未超过这个阶段，原因是公开的冲突没有得到解决，团队仍然处于摸索阶段。另一个原因是冲突受到压抑。团队整体处于“沉默状态”，这是“蛰伏”阶段。主管应该积极带动队员从这阶段破茧而出。

3. 共识期

队员共同议定目标与守则。他们遵守这些目标与守则，成为群策群力的队员。队员相互之间开始发挥促进作用，对团队引以为荣。这时工作成果有显著的表现。

4. 发挥期

队员认同团队。在这个阶段，队员互相支持，全情投入达成整体目标。团队运作灵活，可以自我管理，工作成果超卓。

二、高效团队建设

（一）高效团队特点

团队能够通力合作，并非出于偶然。高效的工作团队，在运作和绩效上都会有以下的九个特点：

1. 清晰的目标

推展工作的第一步就是确立团队的工作目标，整体有共同的目标，使团队有工作方向。进而凝聚各队员，成为一支强而有力的团队。

2. 角色清晰分配

要队员在运作上互相有默契和通力合作，一定要明确地划分每个人的工作范围、合作的对象和应该扮演的角色；同时亦要定期检讨每个人在团队的工作表现，这对于发挥团队的能力十分重要。

团队深明检讨的重要性，故此每次赛后都用不少时间讨论队伍的成败，以便找出如何才能发挥整体的长处和补救弱点，重新分配角色。

3. 有效的组织结构

队员清楚自己要扮演的角色之后，还需要有一个有效的组织结构来支持才能事半功倍。一个有效的结构无论对外及对内，都明确标示出团队的分工，处事的程序等运作上的安排，同时亦保障队员在推展工作时权责相符。有激励队员努力向前和增强队员之间的默契。

4. 坦诚开放的沟通

工作团队若要发挥成效，则队员必须感到可以畅所欲言，毫无顾忌地讲出自己的感受、观感、判断、事实和直觉，而不怕尴尬或被人轻视。主管以身作则，下属自然敢于发表意见和讲出对彼此的观感。意见分歧可视为有建设性的对立，可以启发团队的活力和创意。

5. 积极处理异议

团队在确立目标并确认队员都认为这些目标是重要和可达成的之后就展开合作。但处事手法各有不同。在如何入手或将运作重点放在哪个环节上，产生不同的见解是在所难免的。在这种情况下，有效的工作团队总是能够将不同的分歧会聚成综合见解，涵盖各种见解的优点。积极的对立可令下属互相激励，启发想象力，有利于团队以更实事求是的态度有效地解决问题。

6. 互相支持与信赖

支持并非表面的安慰与同情，而是真心的协助别人，不介意提出负面的意见或所面对的难题。即使你不认同对方的所有行为，亦可给予支持，以避免冲突为借口而不予支持，是短视的做法。因为队员的默契是靠彼此同甘共苦的经历来建立的。

7. 良好的对外关系

团队与其他部门之间必须保持良好关系，因为彼此在日常运作中常常需要互相协调工作。其实大家都是同一个机构内的成员，应该抱有共同的目标。有了共识之后就不难建立良好的默契，自然乐于互相联系，寻求增加合作和交流的机会，加强彼此的关系，使双方获益。

8. 有效的问题解决

以上所提，都是有关团队如何在正常情况下开展工作的安排。这样并不足够，团队还应该具备一些处理问题的机智。当队员在工作中遇到问题的时候，他们需要知道怎样去找支持，或因问题的性质、所牵涉的重要性而采取适当措施。例如到哪个阶段就要通知受影响的队员、情况达到哪个程度便要向主管报告等。

另外，当面对问题的时候，如果团队已有一个大家都接受的默契，例如“以顾客为先”或“少数服从多数”等，所有队员便知道应该怎么做。

9. 分享成果

组织团队的目的是汇集各队员的能力以完成工作，合力的成果应当比独立的成果优胜。群策群力的成效应该大于个人力量的总和。

很明显，团队需要队员合作，亦应该使队员从中受益。除实质利益外，还应该兼顾每个人的成长和发展，令队员感到值得成为团队成员，对团队产生归属感。相反，缺乏互惠互利的联系，很难令队员产生归属感。

（二）高效团队建设步骤

1. 人际关系途径

该途径强调团队工作的人际交往性质，目的是确保团队成员能够以诚实的私人方式进行相互交往。其基本原则是：公开、坦诚地讨论群体内部的关系与冲突会形成相互信赖的气氛，并因此建立起有效的团队工作。

2. 角色界定途径

明确每个人对自己的期待、整个群体的规范以及不同成员所分担的责任。每个团队成员既承担一种功能，又担任一种团队角色；一支团队需要在功能与角色之间找到平衡，这取决于团队的任务；团队的绩效取决于团队成员认同团队内的各种相关力量，以及按照各种相关力量进行调整的程度；有些成员比另一些成员更适合某些团队角色，这取决于他们的个性与智力；一个团队只有在具备了范围适当、平衡的团队角色时，才能充分发挥其技术资源优势。

3. 价值观途径

团队要形成明确的价值观，要得到全体成员的共同承认，并因此能够以一种一贯的、合作的方式指导并影响个人的行为。

4. 任务导向途径

任务导向途径强调的是团队为了有效地完成自己的任务而需要发展或积累技能或资源。人际关系、建立共同目标和团队价值观是有效完成任务所必需的工具。其原则如下：

(1) 确定事情的轻重缓急，并确立指导方针。

(2) 按照技能和技能潜力，而不是个人性格选拔团队成员。

(3) 对第一次集会和行动予以特别关注。

(4) 确立一些明确的行为准则。

(5) 确定并把握几次紧急的、以能力为导向的任务和目标。

(6) 定期用一些新的事实和信息对团队加以考验。

(7) 尽可能多地共度时光。

(8) 利用积极的反馈、承认和奖励所带来的力量。

（三）团队精神与凝聚力

企业要使自身处于最佳发展状态，团队精神是必不可少的。一个有生命力的企业，需要具备和拥有凝聚力的团队精神。

在日常工作中要保持团队精神与凝聚力，沟通是一个重要环节，比较畅通的沟通渠道、频繁的信息交流，使团队的每个成员间不会有压抑的感觉，工作就容易出成效，目标就能顺利实现。当然这里还包含一个好的统帅和准确的目标，或发展方向的问题。当个人的目标和团队目标一致的时候，员工就容易产生对公司的信任，士气才会提高，凝聚力才能更深刻地体现出来。所以高层要把确定的长远发展战略和近期目标下达给下属，并保持沟通和协调。这时，企业团队成员都有较强的事业心和责任感，对团队的业绩表现出一种荣誉感和骄傲，乐意积极承担团队的任务，工作氛围将处于最佳状态。

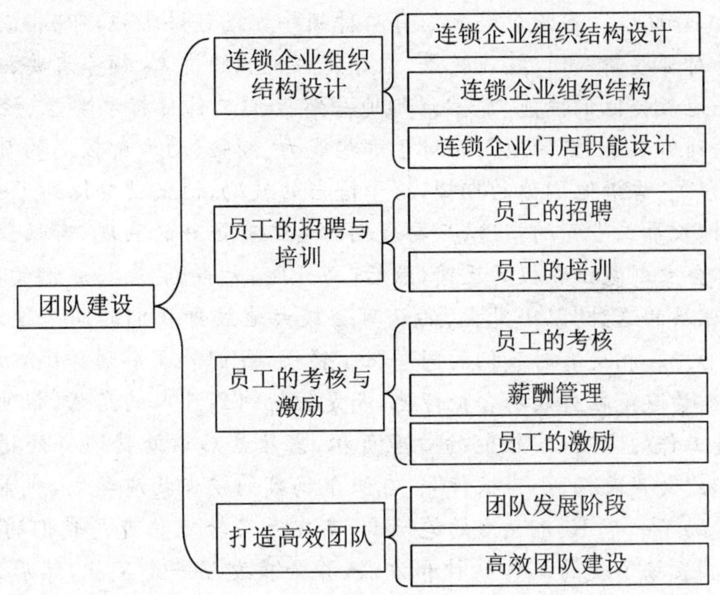

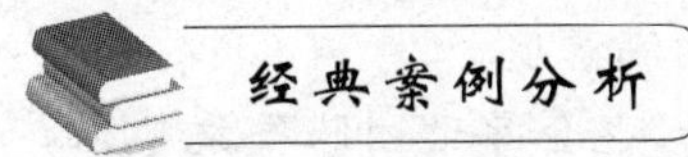

沃尔玛的团队建设之道

美国沃尔玛公司总裁萨姆·沃尔顿曾说过:“如果你必须将沃尔玛管理体制浓缩成一种思想,那可能就是沟通。因为它是我们成功的真正关键之一。”沟通就是为了达成共识,而实现沟通的前提就是让所有员工一起面对现实。沃尔玛决心要做的,就是通过信息共享、责任分担实现良好的沟通交流。

沃尔玛公司总部设在美国阿肯色州本顿维尔市,公司的行政管理人员每周花费大部分时间飞往各地的商店,通报公司所有业务情况,让所有员工共同掌握沃尔玛公司的业务指标。在任何一个沃尔玛商店里,都定时公布该店的利润、进货、销售和减价的情况,并且不只是向经理及其助理们公布,也向每个员工、计时工和兼职雇员公布各种信息,鼓励他们争取更好的成绩。管理界有许多关于团队建设的理念和方法,但都过于抽象或复杂,搞得“团队建设”神秘兮兮的,其实“团队建设”不过是管理工作中的一项而已,并没有多少与众不同的地方,他们都存在“务实”和“务虚”的成分,所谓“务实”就是物质层面的东西,即表明团队建设始终要从工作出发,以工作结尾;所谓“务虚”就是精神层面的事情,即团队建设工作要搞好团队内人际关系,要始终关注人在工作过程中的感受,想方设法提高他们的工作满意度。有一个不好的倾向是许多人认为团队建设就是“和稀泥”,只要大伙高高兴兴就是了,这是大错特错，如果只会做人不会做事，团队必定乌烟瘴气。

沃尔玛特别重视管理者在团队建设中的核心作用，一个好的领导能够将一支羸弱的队伍变成士气高昂、富有战斗精神的团队，而一个不好的领导足够摧毁一支威武之师。权变管理理论认为领导力由“领导、环境、下属”互动决定，领导给予什么样的领导方式取决于下属综合素质和具体工作环境。在沃尔玛我们有两种领导方式可供实施，即“指南针式”和“地图式”领导方式。针对那些新入门、技能较差、综合能力较低的员工，领导者要施以“地图式”领导方式，要手把手地教会他们技能、非常详细地告诉他们工作目标和要求、经常给予工作支持，否则他们永远到达不了“目的地”；而对于那些能力、经验、动力都较高的员工则只需施以“指南针式”领导方式，告诉他们你的期望，给予恰当的鼓励，他们就会像狮子一样冲向阵地。

沃尔玛特别擅长员工士气的塑造，只要我们的员工有较好的表现，哪怕仅仅是一个天才的思想，管理者都会立刻做出积极的反馈，然后“公开地、大声地”表扬我们的同事，并号召全体同仁效仿。管理层的这种“以小见大”的认可会极大地鼓舞我们的同事追求卓越，并成为他们长期的工作动力。相反有时我们的同事犯了错误，我们管理层则会小心地呵护员工“已经受伤”的心灵，尽量避免在公众场合批评他，而是把他叫到没人的角落，帮他分析失误的原因，帮他找到改进工作的方法，减轻他的心理负担，当然最后该处罚还得处罚。以上做法在沃尔玛我们称之为“大声表扬、小声批评”。在沃尔玛我们较少物质奖励，我曾经得过促销比赛第一名，但只奖励了一个10元左右的笔记本，实在无足轻重。可是我们的总经理却用10分钟时间“狠狠地”表扬了我的工作精神和方法，并给我发了一个奖状，然后又和我合影，最后还让我给大伙讲几句，这种“招待”让人很受用。沃尔玛认为“物质激励”很容易把员工引导至“唯利是图”的不轨之路，结果就破坏了团队的正气，而精神奖励更会使团队积极向上！沃尔玛就是这样“小处着手，大处着眼”，不断地积累员工对企业的满意度。

士气有正有负，如同月有阴晴。如果员工有怨气得不到发泄，也会导致团队气氛紧张，沃尔玛为此专门设置了一些“向上”沟通的渠道。我们有个“门户开放”政策，大致的意思是员工如果觉得不满意可以向直接上级的任意上级沟通，比如通过总裁信箱、总裁热线、人事总监热线、区域总监热线，当然员工也可以直接走进任何更高管理层的办公室，向他诉说自己的“糟糕的心情”，而不用担心会受到报复或打击。另外沃尔玛还有比如“草根会议”和“人事面谈”等由人力资源部门组织的管理层不在现场的保密的沟通方式，来了解员工对企业、管理层的看法。当然这些越级沟通方式并不能得到跨级领导的直接指示，但他一定会给到一些中立的不带偏见的意见让员工和其领导亲自解决，当然员工会得到跨级领导“持续保持关注直到员工满意为止”的承诺。

现在许多企业都会有这样那样的一些绩效考核，但一般都是走形式主义。所谓的“绩效考核”只能说“好”，不能说“坏”，而且还要一样好，否则就会导致无穷无尽的人事斗争，这种考核不但达不到明查绩效的目的，而且会严重破坏团队的凝聚力。但是在沃尔玛我们的人事考核相对比较正规，不仅能够考核出一些“后进”的苗子，而且提升团队的凝聚力，这就是区别所在。因为在沃尔玛我们要求为每一个员工建立一份工作档案，其中记录着每一个员工做了些什么，哪些好，哪些不好，尤其是不好的部分，我们会在事发当时和当事人进行面谈，然后大家要就面谈的事宜双方签字，以免事后做考核的时候员工说管理层秋后算账或信口开河，沃尔玛在做绩效考核时一般都会附具体的案例，以表明“考核是以事实为依据”的。

而员工如果知道自己没有被管理层所“迫害”的话，一般而言还是心服口服，这样反而会增强员工对团队的信任度。

案例思考：

(1) 沃尔玛是如何加强团队成员之间的沟通的？

(2) 沃尔玛是如何发挥管理者在团队建设中的核心作用的？

(3) 沃尔玛是通过哪些方式鼓舞员工士气的？

巩固练习

1. 单项选择题

(1) 以下哪种组织结构适用于门店数目不多、门店面积不大、经营商品较少、经营区域集中的连锁企业？(　　)

A. 直线型组织　　B. 直线职能型组织
C. 事业部型组织　　D. 事业部职能型组织

(2) 连锁企业在招聘员工时必须明确企业对人力资源的需求，确定招聘岗位、工作职责、人数、对应聘者的要求和待遇条件，此过程属于人力资源招聘的哪一个环节？(　　)

A. 计划　　B. 招聘信息发布
C. 招聘选择及录用　　D. 招聘评估的程序进行

(3) 连锁企业对不同职位的员工培训时，不同层次的员工应采取不同的培训方式。这是培训的(　　)特点。

A. 系统内克隆　　B. 周期性活动
C. 层次差异性　　D. 战略性投资

(4) (　　)薪酬指员工在特殊劳动条件下工作时所付出的额外劳动消耗、额外生活费以及对员工生理或心理带来的损害进行的物质补偿。

A. 工资　　B. 奖金　　C. 津贴　　D. 福利

(5) 团队建设发展到(　　)，团队成员工作效率最高。

A. 组合期　　B. 摸索期　　C. 共识期　　D. 发挥期

2. 判断题

(1) 店长是一个门店的核心人物，他要对门店的运作进行统筹安排，对门店的运行负责。(　　)

(2) 连锁经营企业人力资源培训以职业道德培训、技能培训和资格培训为主要内容。(　　)

(3) 连锁企业员工绩效考核的主要内容包括德、勤和绩三个方面。(　　)

(4) 连锁企业采用制度激励法使企业可以很好地运用各项规章制度的规范约束员工行为的一种激励方法。(　　)

(5) 团队建设的灵魂是团队凝聚力的培养。(　　)

3. 简答题

(1) 连锁企业常用的激励方法有哪几种?

(2) 高效团队的特点是什么?

(3) 建设高效团队的主要途径有哪些?

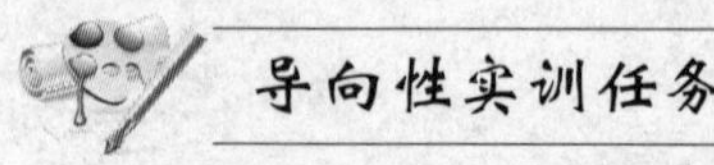

导向性实训任务

任务1　团队合作情景训练:齐眉棍

游戏简介:全体分为两队,相向站立,共同用手指将一根棍子放到地上,手离开棍子即失败,这是一个考察团队是否同心协力的体验。在所有学员手指上的同心棍将按照培训师的要求,完成一个看似简单但却最容易出现失误的项目。此活动深刻揭示了企业内部的协调配合问题。

游戏人数:10～15人。

场地要求:开阔的场地一块。

需要器材:3米长的轻棍。

游戏时间:30分钟左右。

活动目的:在团队中,如果遇到困难或出现了问题,很多人马上会找到别人的不足,却很少发现自己的问题。这个项目将告诉大家:"照顾好自己就是对团队最大的贡献"。提高队员在工作中相互配合、相互协作的能力。统一的指挥和所有队员共同努力对于团队成功起着至关重要的作用。

任务2　连锁便利店组织结构分析报告作业训练

实训目的:连锁便利店组织结构分析。

实训内容:结合本地情况,以小组为单位自行选择本地某一连锁便利店,并对其组织结构进行分析。

实训要求:提交一份完整的组织结构分析报告。

提示:

(1) 门店组织结构类型。

(2) 门店组织结构图。

(3) 介绍门店中每个岗位具体职责。

(4) 利用所学知识对该门店组织结构设计以及各个岗位职责进行分析,提出可行性建议。

实训引导:学生在老师的指导下做市场调研,要求同学们了解连锁便利店组织结构类型,岗位职责。

实训成果:学生以小组为单位,做出PPT,现场展示组织机构分析报告,其余小组提出方案中存在的问题及改善意见,教师点评,实现策划方案的科学性、创新性、可执行性。

实训报告:

组织机构分析实训报告

班　　级：__________　　　　学　　号：__________
姓　　名：__________
实训时间：__________　　　　实训名称：组织结构
实训评分：__________
一、本组调研人员的技能实训报告的内容
二、本组调研人员的技能实训报告的特点
三、实训心得体会
四、实训评价（指导教师填写）

职场风向标

在连锁企业门店人工成本增加、员工流动率大、团队建设能力较弱的背景下，门店组织结构设计、员工的招聘与培训、员工激励与考核、团队建设被尤为重视。为此企业设立了连锁门店店长、店长助理、人力资源主管等岗位，而胜任此岗位必须具备敏捷的思维、吃苦耐劳的精神、良好的沟通能力和管理协调能力，并且掌握员工招聘与培训相关内容，能够制定行之有效的激励与考核的制度，为建设高效团队提供依据。

项目三　店面管理

知识目标

1. 理解店面外观设计。
2. 理解门店内部设计。
3. 掌握门店商品陈列。
4. 掌握门店氛围营造。

能力目标

1. 能够理解和改进店面外观设计。
2. 能够理解和改进门店内部设计。
3. 能够掌握商品陈列的原则和方法，提高商品陈列的技能。
4. 能够通过门店色彩设计、照明设计、声音设计和气味设计，营造良好的门店氛围。

素质目标

培养学生善于观察、勇于探索的精神和创新意识，提高学生团队合作的能力和意识。

职业指导

通过本项目的学习，培养学生店面管理的能力，使学生能够胜任店面管理相关的职位，如门店企划部、运营部、采购部等管理岗位。

导　例

肯德基居家理念:快餐厅也可以慢生活

《中国经营报》:现在呈现在我们面前的这家肯德基餐厅(肯德基杭州庆春店),非常不肯德基。为什么会选择这种设计理念?未来的肯德基餐厅都长这个样子吗?

苏敬轼(百胜餐饮集团全球董事局副主席、中国事业部主席兼首席执行官):过去肯德基的餐厅设计采用的都是国外通用的模式,比较商业化。但我们也注意到,消费者对我们有了新的需求。但是不管怎么变,都要具备肯德基DNA,让人一看就知道是肯德基。

杭州庆春店是我们最新版餐厅,设计理念是"dining room"。提出这个理念的设计师很有才华,他曾经在肯德基的餐厅里坐了很长时间,观察来这里的消费者。后来他就有了这样的概念,我听了之后也很兴奋。这是一个不花哨、有厚度的设计。定位更加居家,不再突出商业化的味道,这是一个比较大的突破。另外很讲究灯光的运用。消费者走进餐厅,不会觉得太亮,你坐下来,光也不会打到你的身上,而是全部集中在你面前的食物上,让人产生食欲。就是这样一个小小的设计,就营造出一种空间私密感,每个人都可以在公共环境下找到属于自己的一个角落。另外我们充分使用了隔断区分,还有大吧台,既可以一个人用餐,也可以一帮人聚餐,频效很高。

这家餐厅已经开业一段时间了,消费者的反应都很好。全新的餐厅会在2014年全面铺开,预计6月底,全国130多家店将采用新设计。

《中国经营报》:传统的快餐店都是采用明亮的颜色,心理暗示消费者快吃快走。但全新设计采用了大量的白色、灰色,是不是意味着肯德基也要走休闲餐饮的路子?

苏敬轼:中国人把快餐翻译成"fast food"。实际上在美国把我们这类餐厅定义为WQSR,就是提供西式快速服务的餐厅。我们的服务要快,提供可以速战速决的食品,但不代表消费者用餐要很快,消费者想快就快,想慢就慢。

《中国经营报》:除了新餐厅设计,还有什么变化?

苏敬轼:我们还启用了新制服、新的产品包装,另外还有全新的电子餐牌,比如你可以看到盘旋在热饮和粥上面的热气,让人感受到新鲜制作,食物热腾腾的感觉,令人食欲大增。还可以播放当季相应的产品广告和动态画面。未来这个电子餐牌还可以发挥更多功用。当然,不可否认,相对以前的传统餐牌,这个投入成本会更高,但是趋势。

(资料来源:中国经营报,2014-05-03)

案例思考:

(1) 肯德基最新版餐厅的设计理念为什么定位居家?

(2) 餐厅的店面设计要考虑哪些因素?

实操任务

店铺的门面如人的脸面,它体现了店铺的形象,起着很重要的作用。店面管理应该在考虑经营商品和所接待顾客特点的基础上，刻意求新，显示个性，尽量与相应顾客群的审美需求相吻合，力争让顾客产生好印象。

店面管理主要包括店面外观设计、店内设计、商品陈列、店面氛围塑造等内容。

任务一　店面外观设计

一、店名的设计

店铺名称是用来标明经营性质、招揽生意的牌号或标记。它是店铺的一笔重要的无形资产。俗话说："不怕生错相，就怕起错名"，由此可见名字在中国人心目中的地位是何等重要。

一般来讲，店铺的命名主要有以下方法。

1. 借用著名人物或创办人命名

此类以人所共知的人物来命名，使顾客闻其名而知其特色，便于发挥联想和记忆，如"乾隆古董店"、"太白酒店"等。还有一些是以创办人姓名来命名，如李占记钟表店、亨利表店、羽西化妆品、张小泉剪刀、李宁专卖店、易初莲花、福特汽车公司、克莱斯勒、高露洁棕榄公司、LV公司、强生公司、戴尔等，能反映经营者的历史，使消费者产生浓厚兴趣。

2. 以经营地点命名

这种命名反映商品经营所在的位置，易突出地方特色，使消费者易于识别。有许多商店均采取这一命名方法，如东百集团、北京百货大楼、上海第一百货公司、老边饺子馆、重庆火锅、西炮台酒家、老爷阁粮店、巴黎夜总会、加州牛肉面馆、肯德基、沙县小吃、苏宁电器、苏果超市等。

3. 以属性命名

这种命名能反映商店经营商品范围及优良品质，树立商店声誉，使顾客易于识别，并产生一睹为快的心理，达到招徕生意的目的。例如，舒步鞋店，以舒步命名，反映了店内出售的鞋子具有穿着舒适、便于行走的优良品质。再如，小肥羊、蓓蕾儿童玩具、淑女服饰屋、陶陶居、味千拉面、虫哥连锁。

4. 以动植物命名

这种名字能让人对动植物产生联想，如骆驼牌香烟、金丝猴、蓝猫、米奇、小白兔、狗不理、小虎憨尼、小肥羊。

5. 以数字命名

以数字作为店名能够让人易记易识，如7-ELEVEN、7天酒店、速8酒店、九牧王、361°、九峰茗茶、85度C。

情景案例

85度C名字的由来

85度C这个好记又特别的名字，取名来自“咖啡在85℃时喝起来最好喝的意思”，因为根据咖啡专家的资料，100℃的热水经过咖啡机内部的管线后，就如同离开瓦斯炉的热水一样，温度会自然稍降，冲煮咖啡的温度在90～96℃。而最适合喝咖啡的温度应是85℃左右，在此温度下可让您品尝到咖啡中甘、苦、酸、香醇等均衡的口感，而这也代表的是85度C品牌希望产品呈现给顾客的都是最优质、最美味、超值的精神，也期待消费者到85度C消费都能感受到品牌所带来的甜蜜幸福及感动。

6. 用外语译音命名

此类命名大多为外商在国内的合资店或代理店采纳，便于消费者记忆与识别，如佐丹奴、甘迪安娜、沃尔玛、家乐福、麦当劳、易也便利等。

7. 联系服务精神命名

这种命名反映商店文明经商的精神风貌，使消费者产生信任感，如半分利小吃店、99分商店，这其中寓意着经营者薄利多销的经营宗旨。

二、店标的设计

店面标志是一种独特的设计，代表的是店铺本身，是其形象的说明。它的作用是将店铺的经营理念、服务作风等要素传递给广大消费者。例如，麦当劳的店面标志由一个黄色的字母“M”和一个店前的人物造型“麦当劳大叔”组成。

（一）店标的构成

店铺店面标志，按其构成主要有3种类型：

（1）文字标志。它是由各种文字、拼音字母等单独构成的，适用于多种传播方式。

（2）图案标志。它是指无任何文字，单独用图形构成的标志，这种标志形象生动，色彩明快，而且不受语言的限制，易于识别，但是，由于图案标志没有标志名称，不便呼叫，因此表意不如文字标志准确。

（3）组合标志。它是指采用各种文字、图形、拼音字母等交叉组合而成的标志。这种标志利用和发挥了文字标志和图案标志的优点，图文并茂、形象生动、便于识别，易被广大消费者接受。

（二）连锁店店标设计的原则

1. 简洁鲜明

连锁店店标不仅是消费者辨认连锁店的途径，也是提高连锁店知名度的一种手段。线条繁杂的店标，不利于发挥它的标志功能。正确贯彻简洁鲜明的原则，巧妙地使点、线、面、体和色彩结合起来，才可达到预期的效果。

衡量图案的简单性有两个标准，其一是点、线的数量；其二是点、线之间的组合形式。点线越少，图案越趋简单。同样，点线之间的关系或联系越符合几何构图原则，则图案也越简单。苹果、欧米茄手表、李宁体育用品的品牌标志都是一些构图简单的标志。

苹果电脑是全球五十大驰名商标之一，其“被咬了一口的苹果”标志非常简单，却让人过目不忘。创业者当时以苹果为标志，是为纪念自己在大学读书时，一边研究计算机技术，一边在苹果园打工的生活，但这个无意中偶然得来的标志恰恰非常有趣，让人一见钟情。苹果计算机作为最早进入个人电脑市场的品牌之一，一经面市便大获成功，这与其简洁明了、过目不忘的标志设计密不可分。

2. 独特新颖

连锁店店标是用来体现企业的独特个性、品质、风格和经营理念的。因此，在设计上必须别出心裁，使标志富有特色、个性显著。

马兰拉面的标志为一只红色的大碗，与牛肉拉面俗称“牛大碗”相吻合，碗上标有英文（也是汉语拼音）“malan”字样。碗的上方两只手又似牛角，与碗形成牛头图案。专业设计使构图具有鲜明的现代感。辅以绿色色块，以产生绿叶扶红花的效果，大红大绿的应用又体现出民族审美的特色。

3. 准确相符

准确相符是指连锁店店标的寓意既要巧妙，又要准确。店名与标志要相符，这样才有利于扩大连锁店的知名度。例如，食品行业的特征是干净、亲切、美味等，房地产的特征是温馨、人文、环保等，药品行业的特征是健康、安全等。品牌标志要很好地体现这些特征，才能给人以正确的联想。

“M”只是个非常普通的字母，但是在许多小孩子的眼里，它不只是一个字母，它代表着麦当劳，代表着美味、干净、舒适。同样是以“M”为标志，与麦当劳圆润的棱角、柔和的色调不一样，摩托罗拉（Motorola）的“M”标志棱角分明、双峰突出，以充分表达品牌的高科技属性。

4. 优美精致

优美精致是指连锁店店标造型要符合美学原理。要注意造型的均衡性，使图形给人一种整体优美、强势的感觉，保持视觉上的均衡，并在线、形、大小等方面进行造型处理，使图形能兼具动态美与静态美。

百事可乐的圆球标志，是成功的设计典范。圆球上半部分是红色，下半部分是蓝色，中间是一根白色的飘带，视觉极为舒服顺畅，白色的飘带好像一直在流动着，使人产生一种欲飞欲飘的感觉，这与喝了百事可乐后舒畅、飞扬的感官享受相一致。

5. 稳定适时

连锁店店标要为消费者熟知和信任，就必须长期使用和宣传。但为了与时代的步伐合拍，也要不断改进，以适应市场环境变化的需要。

日本花王公司的月亮标志，就是随着时代巨轮的转动，不断地演进。自公司 1890 年创业迄今，该标志共经过 7 次重大的变化，并且越靠近现代越符合现代人的审美。

三、招牌的设计

（一）门店招牌的定义

招牌（shop sign）是以实物为载体，力求通过精心设计来展示店名店标的一种店铺外观显示物，包括在建筑和店铺的设计中，为了显示建筑和店铺的形象和增加店铺的吸引力，而在店铺外观（上、下、前、后、左、右、墙壁）设计的有字体和店标的各种宣传设施。

（二）门店招牌设计的类型

招牌设计的种类很多，这就需经营者要懂得选择适合自己的招牌。

1. 直立式的招牌设计

直立式的招牌设计是一种在店门前树立的带有店名的招牌，它比贴在门上和门前的招牌更能吸引顾客。直立式的招牌设计不会像门上招牌受到篇幅限制，它可设计成各种形状，有竖立长方形、横列长方形、长圆形和四面体形等。为增加可见度，招牌的正反两面或四面体的四面都应有零售店的名称。在零售店门口设立一块直立式的招牌，可以增加店铺的可见度，使两边及正面往来的人们都能远远看见，而且可以设计美丽的图案，起到点缀零售店的效果。

2. 以造型为主的招牌设计

别出心裁的经营者，经常以人物或动物的造型做招牌。此类招牌具有较大的趣味性，能吸引行人的眼光。可在招牌上列出零售店的名字和特色。值得注意的是，人物和动物的造型要明显地反映自身的经营风格，使人在远处就可以看到面前是什么类型的零售店。

3. 以霓虹灯、日光灯为主的招牌设计

在夜间或光线不足之时，霓虹灯和日光灯招牌能使店面明亮醒目，增加零售店在晚间的可见度，制造热闹和欢快的气氛。霓虹灯和日光灯招牌的设计要新颖、独具一格，可设计成各种形状，采用多种颜色。灯光的变换和闪烁要能产生一种动态的感觉，使之比起一成不变的静态灯光更能活跃气氛，更富有吸引力。

4. 壁式招牌设计

壁式招牌设计由于贴在墙上，其可见度不如其他类型的招牌。要使此类招牌吸引人们的注意，就必须使之从墙上凸显出来。招牌的颜色要能形成醒目的对照，又能与墙的颜色协调。所以，壁式招牌的设计要强调具有独创性，不能只是枯燥的一行字。壁式招牌应配合零售店经营的主题，若配上动物的雕刻，或者商品的典型图案，就能使招牌生动地从墙上凸显出来。

5. 悬吊式招牌设计

此类挂在零售店门口的招牌，由于挂得高，比较突出，并且一般双面都印有零售店名称，可使两边往来的人们远远地就能看见招牌。

四、门店出入口的设计

（一）门店出入口设计的类型

进入一个商场，人来人往，最吸引人的莫过于出入口的设置了。在卖场设计中第一关便是商场出入口的设置。门店出入口的设计包括封闭型、半开型、全开型、出入分开型等。

1. 封闭型

此类设计的入口应尽可能小些，面向大街的一面，要用陈列橱窗或有色玻璃遮蔽起来。顾客在陈列橱窗前大致品评之后，进入零售店内部，可以安静地挑选商品。在以经营宝石、金银器等商品为主的高级商店，因为不能随便把顾客引进店内，又要使顾客安静、愉快地选购商品，所以这种类型是在适用范围的。这些零售店大都店面装饰豪华，橱窗陈列讲究，从店面入口即可给顾客留下深刻印象，又可使到这里买东西的顾客具有与一般大众不同的优越感。

2. 半开型

半开型商店的入口稍微小一些，从大街上一眼就能看清零售店的内部。倾斜配置橱窗，使橱窗对顾客具有吸引力，尽可能无阻碍地把顾客诱引到店内。在经营化妆品、服装、装饰品等的中级商店，这种类型比较适合。购买这类商品的顾客，一般都是从外面看到橱窗，对零售店经营的商品发生了兴趣才进入店内，因而开放度不要求很高，顾客在零售店内就可以安静地挑选商品。

3. 全开型

全开型是把商品面向马路的一边全开放的类型，使顾客从街上很容易看到零售店内部和商品。顾客可以自由地出入店铺。出售食品、水果、蔬菜、鲜鱼等副食品商店，因为是经营大众化的消费商品，所以很多都用这种类型。这种类型，前面很少设置障碍物，在零售店内要设置橱窗，前面的柜台要低些。此外，不要把商店内堵塞得很满，影响顾客选购商品。店前不要停放自行车、摩托车等，不要把门口堵住，以免影响顾客出入。

4. 出入分开型

出入分开型的商店即指出口和入口通道分开设置，一边是进口，顾客进来之后，必须走完全商场才能到出口处结算，这种设置对顾客不是很方便，有些强行的意味，但对商家管理却非常有利，有效地阻止了商品偷窃事件发生。这种出入设置往往适用于经营大众化商品的商店。一些著名的外资零售企业（如沃尔玛等），便是采用这种方式。也有一些商场，由于商品陈列和营业厅的配置比较困难，一般都把一面堵起来，就像附近的超级市场那样，在店内可以自由走动，到各个货架买货都方便。零售店的一面是入口，另一面是出口，顾客出入商店也很自由，这种类型对顾客的接待效率也很高。

（二）门店出入口的设计要求

（1）清洁。门店门面及商品应随时保持清洁。门店门面及商品不洁净的门店，会使顾客产生排斥心理。

（2）鲜明。让顾客在门店外就能分辨“是卖什么的门店”。一般来说，门店从街上各个角度都应该能够看到。门店门面及橱窗应有鲜明的特色。如果从远处就能看到门店内部，最为理想。

(3) 明亮。门店门面很明亮，使顾客一眼就能看到门店里。商品照明强度应为门店内一般照明的2～4倍，这样才能提高商品吸引顾客的效果。

(4) 方便。出入口不能太少，避免因通行不畅造成拥挤。道路和门店之间没有阶梯或坡度。由门口进入门店内的通道保持适当的宽度。

(5) 舒畅。屋顶有适当的高度，最低不应低于3.6 m，这样顾客就不会产生压迫感。

(6) 热闹。要有热闹的商品展示及各种相应的促销活动，用以吸引顾客。

五、店门的设计

(一) 店门的设计要求

显而易见，店门的作用是诱导人们的视线，并使之产生兴趣，激发人们想进去看一看的参与意识。怎么进去，从哪进去，就需要正确的引导，告诉顾客，使顾客一目了然。

在店面设计中，店门设计是重要的一环。

1. 店门位置

将店门安放在店中央、左边或右边，这需要根据具体人流情况而定。一般大型商场大门可以安置在中央，而小型商店的进出部位安置在中央则不妥当。因为店堂小，直接影响了店内实际使用面积和顾客的自由流动。小店的进出门设在一侧比较合理。

2. 店门的性格

从商业经营观点来看，店门应当是开放性的，所以设计时应当考虑到不要让顾客产生“封闭”、“阴暗”的不良心理，从而拒客于门外。因此，明快、通透的门扉才是最佳设计。传统的木门、金属门的封闭性早已不适应时代的发展。

3. 店门与环境

店门设计还应考虑店门前面的路面是否平坦，是水平还是斜坡；前边是否有阻挡及影响店门形象的物体或建筑，采光条件、噪声影响及太阳照射方位也是考虑的因素。

4. 店门材料

店门所使用的材料，以往都是采用较硬质的木材，或者在木质外部包铁皮或铅皮，制作较简便。后来我国开始使用铝合金材料制作商店门，由于它轻盈、耐用、美观、安全，富有现代感，所以得到普及。无边框的整体玻璃门属于豪华型门扉，由于这种门透光性好，造型华丽，所以现在被许多首饰店、电器店、时装店、化妆品店、超市等各种类型的连锁店使用。

5. 店门的精神

店门的精神主要指连锁店将连锁企业的经营宗旨、经营战略、企业精神赋予到店门设计中。例如，有的连锁店门口设有坡道，是为了方便消费者推购物车，体现了服务第一，顾客第一的理念。有的连锁店门口摆了两个大狮子，这主要体现了连锁企业战无不胜、开拓进取、力争第一的霸气。有的店铺则在门口摆上了人物偶像，如麦当劳和日本品专区的T茶叶、海苔店。T茶叶、海苔店在店前设置了一个高约1m的偶像，其造型与该店老板一模一样，只是进行了漫画式的夸张，它每天站在门口笑容可掬地迎来送往，一时间顾客纷至沓来，店门前热闹非凡。

6. 店门的保护

有的店门容易遭到风吹雨打，有时有大量的灰尘会刮到店内，所以经营日常用品的店铺不得不经常关上店门。对于供应中高档商品的店铺更需要采取措施。手段之一就是采取百货店和高级品商店的方法——使用双层门。如果为了避免日光的损害，还可以在店门的上方设置遮阳布。

（二）店门设计应注意的问题

1. 中高档店铺的店面设计

中高档店铺一般店门比较大，店面设计就成为重要的一环。店面的设计必须符合自身的行业特点，从外观和风格上要反映出店铺的经营特色，要符合店铺定位和客户的口味。

2. 与周围店铺要相协调

店面的装潢要充分考虑到原建筑风格与周围店面是否协调，不能为了差异而差异，"个性"虽然抢眼，可是一旦使消费者觉得"粗俗"，就会失去顾客的信赖。店铺装潢有不同的风格：大商场、大酒店有豪华的外观装饰，具有现代感；小商场、小店铺也应有自己的风格和特点。在具体设计与操作时，必须根据店铺的具体情形而定。

3. 自身要协调

在设计店门时，不能仅仅考虑店门的门扇本身，同时要考虑门与周围环境的协调。也就是"以人为本，方便顾客"。例如，店门处有楼梯的话，顾客就必须注意脚下，这样就会给顾客一定的阻力感，特别会给老年人和残疾人带来不便。所以当店门与路面有落差的时候，要利用斜坡进行过渡，或者设立扶手。北京许多的店铺门口都设立了进店的斜坡，就说明了这一点。

4. 要在门口采取安全措施

大理石地板虽然漂亮，但在湿滑的情况下，容易使人滑倒。所以门口最好采用防滑材料铺设，出入口要放置蹭鞋垫（上面应刻有店铺的名字）。它的好处还有，避免顾客把脚上的泥土带到店里，而且还可以防止灰尘扬起落到商品上，从而减少清扫的麻烦。

5. 店门设计要与有关设备配套

有的店铺在门上面安装空调，夏天保持店铺内部较低的温度，使冷气不外泄；冬季供应暖风，门要经常关闭。如果采用滑动拉门式全开放门的话，顾客进出的时候店门打开的程度比较大，所以会大大影响暖气的效果。在这些地方使用斜拉门（使用合叶的单开门或双开门）可以减少店内和店外空气的流通，有助于室内保暖。

六、门店橱窗的设计

橱窗（display windows）是指店铺临街的玻璃窗，用来展览样品。橱窗是店铺形象规划设计的重要组成部分。橱窗的作用在于展示店铺的格调，吸引过往的行人。

（一）橱窗的分类

橱窗的布置方式多种多样，主要有以下几种：

1. 根据陈列方式分类

根据陈列方式的不同，可以把橱窗分为6类：综合式橱窗、系统式橱窗、专题式（主题式）橱窗、特写式橱窗、季节性橱窗、情感化设计。

（1）综合式橱窗布置。它是将许多不相关的商品综合陈列在一个橱窗内，以组成一个完整的橱窗广告。这种橱窗布置由于商品之间差异较大，设计时一定要谨慎，否则就给人一种“什锦粥”的感觉。例如，结婚用品综合展示以“结婚用品”为内容的橱窗广告，把橱窗布置成为婚礼的场面，整个陈列以红色作为基调，在橱窗的中央装饰一个“囍”字，这样就可以把床上用品、家具、家用电器、玻璃器皿、服装鞋帽、日用百货等商品统统陈列在一起。

（2）系统式橱窗布置。大中型店铺橱窗面积较大，可以按照商品的类别、性能、材料、用途等因素，分别组合陈列在一个橱窗内。又可具体分为：①同质同类商品橱窗，即同一类型同一质地制成的商品组合陈列，如不同样式的棉质T恤衫橱窗；②同质不同类商品橱窗，即同一质地不同类别的商品组合陈列，如同一牛仔系列的服装，可包括上衣、裤子、裙子等，可设为一个专门的橱窗；③同类不同质商品橱窗，即同一类别不同原料制成的商品组合陈列，如牛仔上衣、棉制上衣、真丝上衣等组合而成的上衣专门橱窗；④不同质不同类商品橱窗，即不同类别、不同质地却有相同用途的商品组合陈列的橱窗，如各式运动装的专门橱窗。

（3）专题式（主题式）橱窗布置。它是以一个广告专题为中心，围绕某一个特定的事情，组织不同类型的商品进行陈列，向媒体大众传输一个诉求主题。可分为：节日陈列，以庆祝某一个节日为主题组成节日橱窗专题；事件陈列，以社会上某项活动为主题，将关联商品组合起来的橱窗；场景陈列，根据商品用途，把有关联性的多种商品在橱窗中设置成特定场景，以诱发顾客的购买行为。此外，还有绿色食品陈列、奥运商品陈列、丝绸之路系列。

（4）特写式橱窗布置。指用不同的艺术形式和处理方法，在一个橱窗内集中介绍某一产品，如单一商品特写陈列和商品模型特写陈列等。这类布置适用于上市的服装服饰商品、特色服装服饰的广告宣传，主要有以下两种形式。单一商品特写陈列：在一个橱窗内只陈列一件商品，以重点推销该商品，如当店铺要推出一款新颖时装时，就可将其单独陈列在橱窗中，重点推出，以吸引顾客。商品模型特写陈列：用商品模型代替实物陈列。服装服饰店采用模型陈列代替实物陈列，能显出其特色，更能吸引顾客。为了让服装服饰灵秀可爱，也显出店铺的特色，可将原打算要放于橱窗的服装服饰、模特按一定比例缩小，将缩小的服装服饰陈列于橱窗中。

（5）季节性橱窗陈列。根据季节变化把应季商品集中进行陈列，如冬末春初的羊毛衫、风衣展示，春末夏初的夏装、凉鞋、草帽展示。这种手法满足了顾客应季购买的心理特点，可用于扩大销售。但季节性陈列必须在季节到来之前一个月预先陈列出来，向顾客介绍，才能起到应季宣传的作用。

（6）情感化设计。情感化设计就是通过各种形状、色彩、机理等造型要素，将情感融入设计作品中，在消费者欣赏、使用产品的过程中激发人们的联想，产生共鸣，获得精神上的愉悦和情感上的满足。情感化设计主要包括对品牌内涵的联想，对使用品牌感觉的联想。

2. 根据橱窗构造形式分类

根据橱窗构造形式的不同，可以把橱窗分为封闭式、半封闭式、敞开式。

（1）封闭式。橱窗的后背装有壁板与店堂隔开，可形成单独空间。封闭式和半封闭式橱窗多为大商场和专业店所用，可显示其商场的宏大气派。

（2）半封闭式。后面与店堂采用半隔绝、半通透形式。可建有固定结构的窗底，后背与店堂相通，可用栏杆隔开。

（3）敞开式。橱窗没有后背，直接与营业场地空间相通，人们通过大玻璃可看到店内全貌。国外商店多采用这种形式。在设计实施上具有极端的两面性：①简单易行，基于店铺的完美设计，无须用其他物品做过多的修饰。②难度大，要求店面与橱窗无论在色彩、结构还是货品展示方面都能形成统一完美的画面。

一般来讲，封闭式橱窗大多为场景设计，展现一种生活形态；半封闭式大多通过背板的不完全隔离，具有"犹抱琵琶半遮面"般的吸引功效；敞开式则将产品形态或者生活形态完全展现给消费者，亲和力强。

（二）橱窗设计的要求

橱窗的设计要根据店铺的规模大小、橱窗结构、商品的特点、消费需求等因素，选择具体的布置方式。店主在设计时，要遵循以下几点要求：

（1）橱窗的高度要适宜。要使整个橱窗内陈列的商品都能在顾客视野中，橱窗的高度应与一般人的身高差不多为宜，最好能使橱窗的中心线与顾客视平线相当，橱窗底部的高度以成人眼睛能看见的高度为好，一般离地面 80～130 cm。所以，大部分的商品可以在离地面 60 cm 的地方进行陈列，小型商品在 100 cm 以上的高度陈列。如果用模特，则可直接放在地上，不用增加高度了。

（2）橱窗的设计要与整体相适应。橱窗的设计规格不能影响店面外观造型，应与商店整体建筑和店面相适应。

（3）陈列内容要与实际一致。橱窗内容应与商店经营实际相一致，卖什么就布置什么，不能把现在不经营的商品摆上，使陈列的商品失去真实感，让顾客感到橱窗陈列只是造作。橱窗内所展示的商品，除了应该是现在店中实有的，也应该是充分体现商品特色的，使顾客看后就产生兴趣，并产生购买陈列商品的兴趣。

（4）商品陈列要表现诉求主题。陈列商品时要确定主题，使人一目了然地看到所宣传介绍的商品内容。无论是同种同类或是同种不同类的商品，均应系统地分种分类，依主题陈列。季节性商品要按商品市场的消费习惯陈列，相关商品要相互协调，通过排列的顺序、层次、形状、底色及背景灯光等来表现特定的诉求主题，营造一种气氛。

（5）商品陈列要有丰满感。商品要有丰满感，这是商品陈列的基础，缺少丰满感，顾客就会感到商品单薄，没有什么可买的。还要做到让顾客从远处、近处、正面、侧面都能看到商品的全貌。除根据橱窗面积注意色彩调和、高低疏密均匀外，橱窗布置应尽量少用商品作衬托、装潢或铺底，商品数量不宜过多，也不宜过少。

（6）商品陈列艺术化。橱窗实际上是艺术品陈列室，通过对产品进行合理的搭配，来展示商品的美。经营者在橱窗设计中应站在消费者的立场上，把满足他们的审美心理和情感需要作为目的,可运用对称与不对称、重复与均衡、主次对比、虚实对比、大小对比、远近对比等艺术手法,表现商品的外观形象和品质特征。也可利用背景或陪衬物的间接渲染作用,使其具有较强的艺术感染力,让消费者在美的享受中,加深对商店的视觉印象并产生购买欲望。

(7) 商品陈列要生活化。要让消费者产生亲切的感受,心理趋于同化,可通过在橱窗上设计一些具体的生活画面,使消费者有身临其境的感受,促使消费者产生模仿心理。

(8) 保持橱窗的清洁。在设计橱窗时,必须考虑防尘、防热、防淋、防晒、防风等,要采取相关的措施。橱窗应经常打扫,保持清洁。橱窗玻璃洁净,里面没有灰尘,会给顾客留下很好的印象,引起顾客购买的兴趣。

(9) 及时更换过季的展品。橱窗展品必须是最新产品或主营商品,必须能够向消费者传递最新的市场信息,以满足消费者求知、求新的心理欲望。所以店主要经常更换和及时展示畅销品、新潮时尚商品。

任务二　门店内部设计

一、门店空间布局形态

(一) 门店空间划分

商店场地面积可分为营业面积、仓库面积和附属面积三部分。各部分面积划分的比例应视商店的经营规模、顾客流量、经营商品品种和经营范围等因素决定。合理分配商店的这三个部分的面积,保证商店经营的顺利进行对各零售企业来说都是至关重要的。

通常情况下,商店面积的细分大致如下:

1. 营业面积

营业面积:陈列、销售商品的面积,顾客占用面积(包括顾客更衣室、服务设施、楼梯、电梯、卫生间、餐厅、茶室等)。

营业面积空间又分为商品空间、店员空间和顾客空间。商品空间指商品陈列的场所,有箱型、平台型、架型等多种选择。店员空间指店员接待顾客和从事相关工作所需要的场所。有两种情况:一是与顾客空间重合;二是与顾客空间相分离。顾客空间指顾客参观、选择和购买商品的地方,根据商品的不同,可分为商店外、商店内和内外结合三种形态。

2. 仓库面积

仓库面积:店内仓库面积、店内散仓面积、店内销售准备场所面积。仓库面积和附属面积各占15%~20%左右。

3. 附属面积

附属面积:办公室、休息室、更衣室、存车处、饭厅、浴室、楼梯、电梯、安全设施占用面积。

根据上述细分,一般说来,营业面积应占主要比例,大型商店的营业面积占总面积的

60%～70%，实行开架销售的商店比例更高；仓库面积和附属面积各占15%～20%。

（二）门店空间格局的四种形态

依据商品数量、种类、销售方式等情况，可将商品、店员、顾客3个空间有机组合，从而形成商店空间格局的四种形态。

接触型商店：商品空间毗邻街道，顾客在街道上购买物品，店员在店内进行服务，通过商品空间将顾客与店员分离。

封闭型商店：商品空间、顾客空间和店员空间全在店内，商品空间将顾客空间与店员空间隔开。

封闭、环游型商店：3个空间皆在店内，顾客可以自由、漫游式地选择商品，实际上是开架销售。该种类型可以有一定的店员空间，也可没有特定的店员空间。

接触、封闭、环游型商店：在封闭、环游型商店中加上接触型的商品空间，即顾客拥有店内和店外两种空间。这种类型的商店也包括有店员空间和无店员空间两种形态。此外，这种类型的商店既包括开架销售，也包括闭架销售。

二、门店布局设计的原则

连锁商店是一个以顾客为主角的舞台，店内布局应遵从以下3条原则：

（1）让顾客容易进入。

连锁商店的经营者必须注意，尽管其连锁商店可能商品很丰富、价格很便宜，但如果消费者不愿进来或不知道怎样进来，一切努力都将是白费。只有让顾客进来了，才是生意的开始，才创造了营业的客观条件。

（2）让顾客在店内停留得更久。

商品的丰富程度会给顾客更大的选购余地，顾客停留越久，就可能买更多的东西。连锁商店经常性地推出一些符合消费者需要的新产品，就会给顾客更多的随机和冲动购买的机会。为达到这一目的，经营者须在如何发挥自己的商品特色上，在如何排除顾客在店内购物时所遇到的障碍上努力。

（3）让顾客走过每一个区域。

门店规划应当以吸引顾客在店里转一圈为诉求，使门店所有陈列的商品都能够被看得见、摸得着，以便让顾客购买比事先计划更多的商品。具体做法就是使顾客置身于一种精心设计的布局中。例如，有些商店把顾客购买频率高的商品放在商店最里面，使得顾客不得不穿过其他区域，避免了商店出现客流死角。

三、门店布局的基本类型

尽管连锁门店的整体布局对店铺赢利至关重要，但许多连锁门店并没有就业务的类型、商品种类和店铺的区位设计最好的布局，这种疏忽可能会导致欲购买商品的客户流失。门店的布局从不同的角度分析可以有不同的分类方式。

连锁门店整体布局决定了多数顾客在门店的流动路线。根据顾客的流动路线，可以将门店布局分成方格型、跑道型和自由型。

1. 方格型布局

方格型布局是一种十分规范的布局方式(如图 3.1 所示)。在方格型布局中,商品陈列货架与顾客通道都呈长方形分段安排,所有货架相互成并行或直角排列。这种布局在超市中最为常见,它使整个门店内结构严谨,给人以整齐规范、井然有序的印象,很容易使顾客对门店产生信任心理。方格型布局大都用于敞开售货、自由挑选和浏览商品,而自选式售货恰恰能满足现代顾客的需求。目前我国大型超市和便利店大多采用此种门店布局方式。

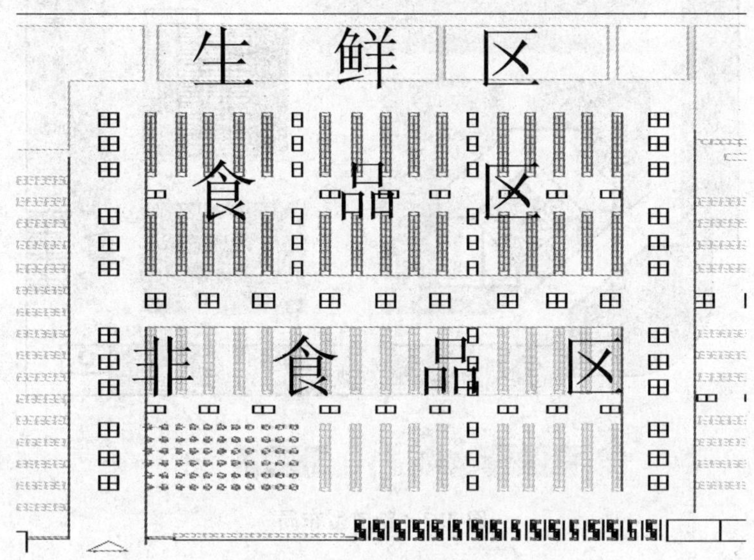

图 3.1 方格型布局

2. 跑道型布局

跑道式布局通过设置通向商店多个入口的大型通道,从而达到吸引顾客游逛大型百货商店的目的。这一穿越商店的通道环提供了通向各个小隔间的通路(各个营业部门或品牌设计成类似较小的设备齐全的独立商店)。跑道式布局鼓励冲动式购物,当顾客在跑道环中闲逛时,他们的眼睛会以不同的角度看到货物,而不像在方格布局中只能沿一条通道浏览商品。

图 3.2 展示了某商店的跑道型布局,因为商店拥有多个入口,环形设计使整个商店置身于主通道之内。通过吸引顾客穿越一系列或大或小的环状通道来游遍整个商店。在国内,跑道型布局多出现于以流行的"店中店"形式的百货商店中。

3. 自由型布局

自由型布局(free-form layout),是指不对称地安排商品和通道(如图 3.3 所示)。它成功地运用了小专业商店或大商店中小隔间的布局为基本方式。在这个放松的环境中,顾客感觉他们正在某人的家里,从而便利了浏览和购物。然而,一个令人愉快的氛围通常都是所费不菲的。这类布局使用面积的利用率一般偏低。因为顾客不会像在方格和环形布局中那样自然地游逛,面向个人的推销会变得更重要。专卖店、精品店和礼品店可以采用自由流动布局。

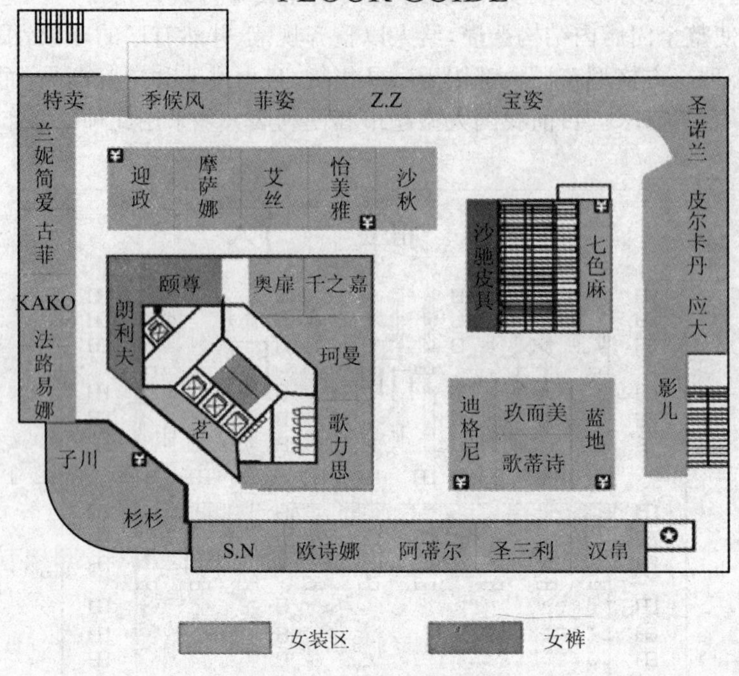

图 3.2　跑道型布局

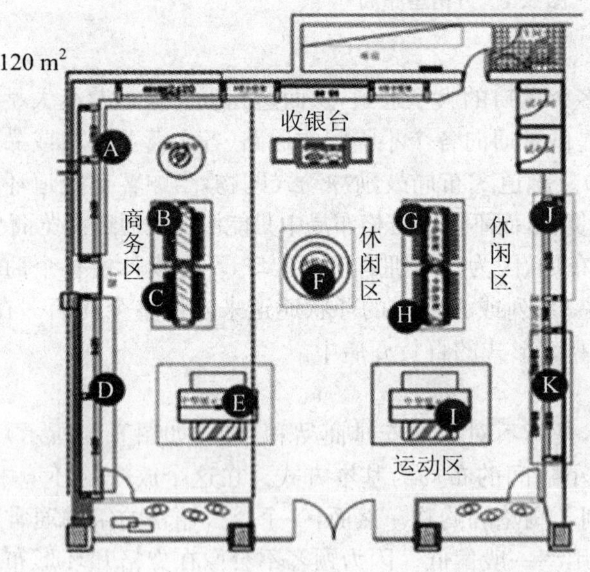

图 3.3　自由型布局

四、门店布局中磁石点理论的运用

(一) 磁石点理论的含义

所谓磁石,就是指超级市场的门店中最能吸引顾客注意力的地方,磁石点就是顾客的注意点,要创造这种吸引力就必须依靠商品的配置技巧来实现。

磁石点理论(magnetic theory)是指在门店中最能吸引顾客注意力的地方,配置合适的商品以促进销售,并能引导顾客逛完整个门店,以提高顾客冲动性购买比例。商品配置中的磁石点理论运用的意义就在于,在门店中最能吸引顾客注意力的地方配置合适的商品以促进销售,并且这种配置能引导顾客走遍整个门店,最大限度地增加顾客购买率。

(二) 磁石点理论的运用

1. 第一磁石点:主力商品

第一磁石点位于主通路的两侧,是消费者必经之地,是能拉引顾客至内部门店的商品,也是商品销售最主要的地方。此处应配置的商品:①消费量多的商品;②消费频度高的商品(消费量多、消费频度高的商品是绝大多数消费者随时要使用的,也是时常要购买的,所以将其配置于第一磁石点的位置可以增加销售量);③主力商品。

2. 第二磁石点:展示观感强的商品

第二磁石点位于通路的末端,通常是在超市的最里面。第二磁石点的商品负有诱导消费者走到门店最里面的任务。在此应配置的商品:①最新的商品,消费者总是不断追求新奇,10 年不变的商品,就算品质再好、价格再便宜也很难出售,新商品的引进伴随着风险,将新商品配置于第二磁石的位置,必会吸引消费者走入门店的最里面;②具有季节感的商品,具有季节感的商品必定是最富变化的,因此,超市可借季节的变化做布置,吸引消费者的注意;③明亮、华丽的商品,明亮、华丽的商品通常也是流行、时尚的商品,由于第二磁石点的位置都较暗,所以配置较华丽的商品可以提升亮度。

3. 第三磁石点:端架商品

第三磁石点指的是端架的位置。端架通常面对着出口或主通道货架端头,第三磁石点商品,其基本的作用就是要刺激消费者、留住消费者。通常情况可配置如下的商品:①特价品;②高利润的商品;③季节商品;④购买频率较高的商品;⑤促销商品。端架商品,可视其为临时门店。端架需经常变化(一周最少两次)。变化的速度,可刺激顾客来店采购的次数。

4. 第四磁石点:单项商品

第四磁石点指门店副通道的两侧,主要让消费者在陈列线中间引起注意的位置,这个位置的配置,不能以商品群来规划,而必须以单品的方式,对消费者表达强烈诉求。第四磁石点的商品包括热门商品、特意大量陈列商品、广告宣传商品。

5. 第五磁石点:门店堆头

第五磁石点位于结算区(收银区)域前面的中间门店,可根据各种节日组织大型展销、特卖的非固定性门店以堆头为主。

各门店磁石点的分布如图 3.4 所示。

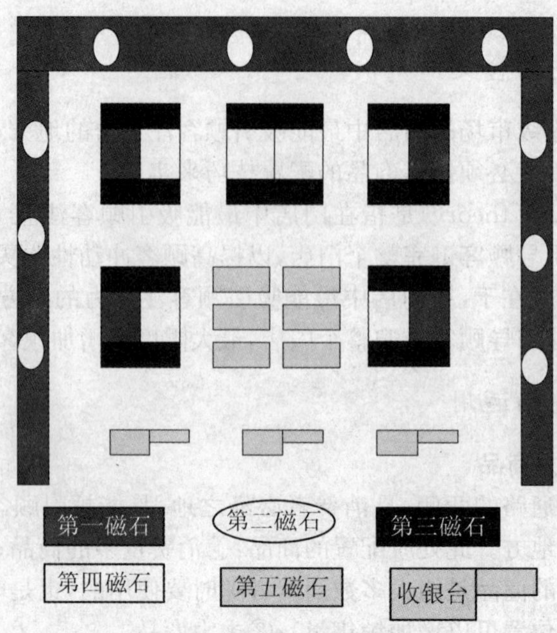

图 3.4　门店磁石点的布局

五、门店通道设计

（一）门店的主通道与副通道

门店的通道是指顾客在门店内购物行走的路线。通道设计的好坏直接影响到顾客能否顺利地进行购物，影响到门店的商品销售业绩。

门店的通道划分为主通道与副通道。主通道是诱导顾客行动的主线，而副通道是指顾客在店内移动的支流（支线），如图 3.5 所示。

（二）门店通道设计的形式

1. 直线式通道设计

直线式通道（见图 3.6）也被称为单向通道。这种通道的起点是门店的入口，终点是门店的收款台。顾客依照货架排列的方向单向购物，以商品陈列不重复、顾客不回头为设计特点，使顾客在最短的线路内完成商品购买行为。

2. 回形式通道设计

回形式通道又称环形通道。通道布局以流畅的圆形或椭圆形按从右到左的方向环绕整个门店，使顾客依次浏览、购买商品。在实际运用中，回形通道又分为大回形和小回形两种线路模型。

（1）大回形通道。这种通道适合于营业面积在 1600 m^2 以上的门店。顾客进入门店后，从一边沿四周回形浏览后再进入中间的货架。它要求门店内部一侧的货位一通到底，中间没有穿行的路口，如图 3.7 所示。

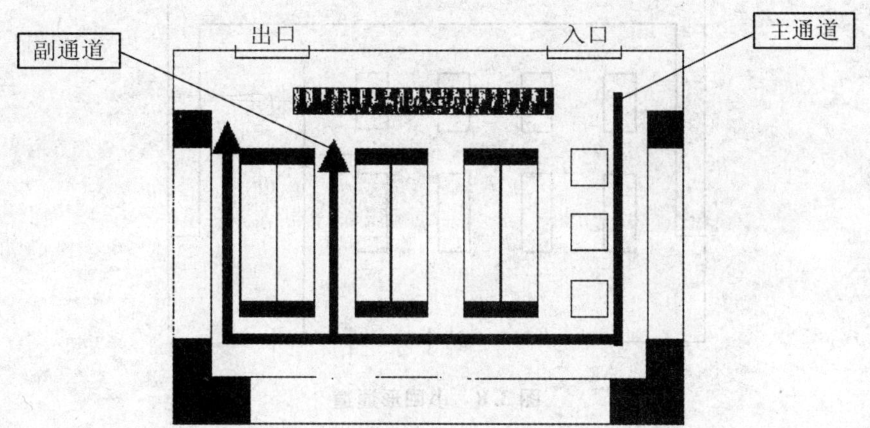

图 3.5　门店的主通道和副通道

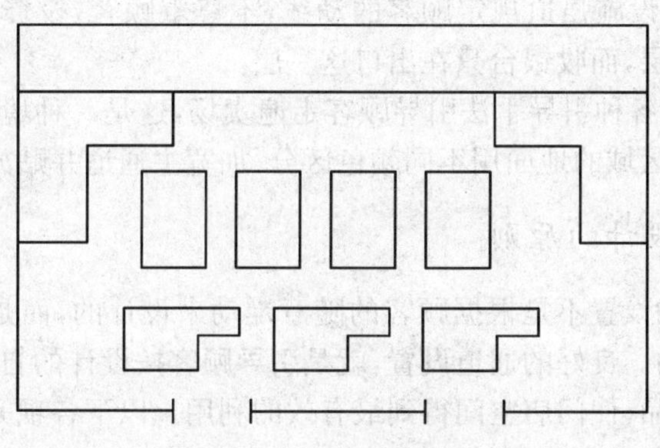

图 3.6　直线式通道

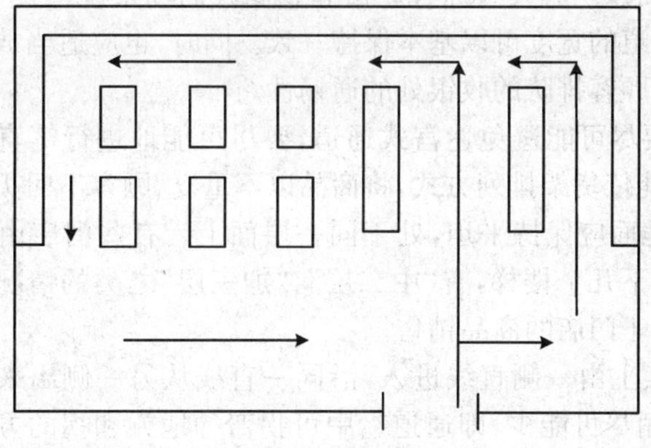

图 3.7　大回形通道

(2) 小回形通道。它适用于营业面积在 1600 m^2 以下的门店。顾客进入门店,沿一侧前行,不必走到头,就可以很容易地进入中间货位,如图 3.8 所示。

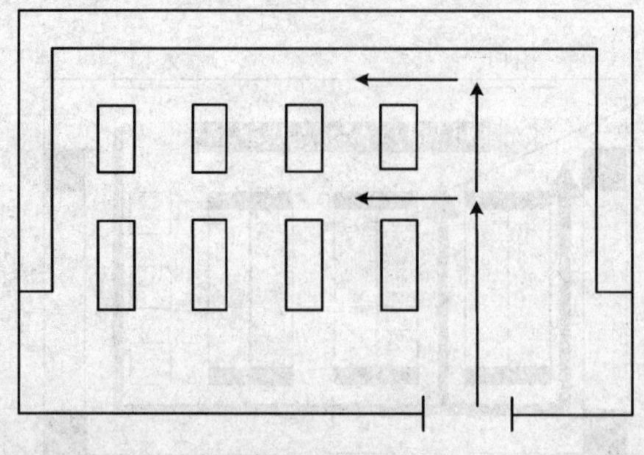

图 3.8　小回形通道

3. 门店动线的形式

(1) 漫走式。不利用设施强行规定顾客的动线,比较随意、自由宽松,投资小。

(2) 强迫式。利用设施强迫规定顾客的动线,不尊重顾客,投资大。例如,将电梯设置在商场外,直达顶(底)层,而收银台只在出口这一层。

(3) 引走式。利用各种引导手法引导顾客走遍卖场,这是一种境界比较高的布局方法。例如,将主通道和陈列区域的地面用不同颜色区分、加宽主通道并贴放指示。

(三) 门店通道设计的原则

门店内主副通道的设置不是根据顾客的随意走动来设计的,而是根据超市内商品的配置位置与陈列来设计的。良好的通道设置,就是引导顾客按设计的自然走向,走向门店的每一个角落,接触所有商品,使门店空间得到最有效的利用。以下各项是设置超市门店通道时所要遵循的原则:

(1) 足够宽。所谓足够宽,即要保证顾客提着购物筐或推着购物车,能与同样的顾客并肩而行或顺利地擦肩而过。对大型综合超市和仓储式商场来说,为了方便更大顾客容量的流动,其主通道和副通道的宽度可以基本保持一致。同时,也应适当放宽收银台周围通道的宽度,以保证最易形成顾客排队的收银处的通畅性。

(2) 笔直。通道要尽可能避免迷宫式通道,要尽可能地进行笔直的单向通道设计。在顾客购物过程中尽可能依货架排列方式,将商品以不重复、顾客不回头走的设计方式布局。

(3) 平坦。通道地面应保持平坦,处于同一层面上。有些门店由两个建筑物改造连接起来,通道途中要上或下几个楼梯,有"中二层"、"加三层"之类的情况,令顾客眼花缭乱,不知何去何从,显然不利于门店的商品销售。

(4) 少拐角。事实上由一侧直线进入,沿同一直线从另一侧出来的店铺并不多见。这里的少拐角处是指拐角尽可能少,即通道途中可拐弯的地方和拐的方向要少。有时需要借助于连续展开不间断的商品陈列线来调节。例如,20 世纪 80 年代,美国连锁超市经营中形成了标准长度为 18～24 m 的商品陈列线,日本超市的商品陈列线相对较短,一般为 12～

13 m。这种陈列线长短的差异，反映了不同规模面积的超市在布局上的要求。

(5) 通道上的照明度比门店明亮。通常，通道上的照明度起码要达到 1000 lx，尤其是主通道，相对空间比较大，是客流量最大、利用率最高的地方。通道上的照明度要充分考虑到顾客走动的舒适性和非拥挤感。

(6) 没有障碍物。通道是用来诱导顾客多走、多看、多买商品的。通道应避免死角。在通道内不能陈设、摆放一些与陈列商品或特别促销无关的器具或设备，以免阻断门店的通道，损害购物环境的形象。

任务三　门店商品陈列

商品陈列技术是连锁门店销售的基本技术，如果运用得好会大大地提高销售量。据资料表明，正确地运用好商品的陈列技术，销售量可在原有的基础上提高 30%。可见商品陈列技术在销售中所产生的作用。

一、陈列的定义

所谓商品陈列，指的是运用一定的技术和方法摆放商品、展示商品，创造理想购物空间的工作。

二、陈列的原则

(一) 分区定位原则

所谓分区定位，就是要求每一类、每一项商品都必须有一个相对固定的陈列位置，考虑商品的相互影响，根据季节、时令、特卖等因素可做调整，但幅度不要过大，如图 3.9 所示。

图 3.9　分区定位陈列

（二）关联性原则

超市内的商品陈列，特别强调商品之间的关联性。这种关联不是简单地把服装鞋帽归类集中在一个区域陈列，而是可以以一个主题，如“情人节”、“火锅节”等组合商品陈列。要将相关的商品货位布置在邻近位置或对面位置，以便顾客相互比较，促进连带购买，如水桶与拖把，DVD机与影碟，蔬菜、肉禽蛋、调味品与肉制品等，如图 3.10 所示。

图 3.10　关联性陈列

（三）易见易取原则

1. 显而易见

超级市场出售的商品绝大部分是包装商品，包装物上都附有商品的品名、成分、分量、价格等说明资料，商品在货架上的显而易见，是销售达成的首要条件。如果商品陈列使顾客稍微有些看不清楚，就完全不会引起顾客的注意，商品就无法销售出去。因此，顾客看不清楚什么商品在什么位置是陈列的大忌。超市不应有顾客看不到的地方或商品被其他东西遮挡的情形出现。想做到商品陈列使顾客显而易见，要做到以下 3 条：

（1）贴有价格标签的商品正面要面向顾客，在使用了 POS 系统的超级市场中，一般都不直接在商品上贴价格标签，所以必须要做好该商品价格牌的准确制作和位置的摆放。

（2）每一种商品不能被其他商品挡住。

（3）货架下层不易看清的陈列商品，可以倾斜式陈列，如图 3.11 所示。

2. 伸手可取

商品陈列在做到“显而易见”的同时，还必须能使顾客自由方便地拿到手，如图 3.12 所示。在超级市场陈列的商品，不能将带有盖子的箱子陈列在货架上（仓储式销售货架除外），因为顾客要打开盖子才能拿到放在箱子里的商品，这样对顾客是十分不方便的。另外，对一些挑选性强、又易脏手的商品，如分割的鲜肉、鲜鱼等，应该有一个简单的前包装或配有简单的拿取工具，方便顾客挑选。要使顾客伸手可取到商品，最重要的是要注意商品陈列的高度。例如，超市中高个子的男工作人员常常将商品陈列到自己的手够得着的地方，而到超市购物的顾客大多数是女性，因而会拿不到商品。

图 3.11　倾斜式陈列

图 3.12　伸手可取的陈列

（四）前进梯状原则

前进梯状原则包括前进陈列和梯状陈列。

所谓前进陈列，就是要按照先进先出(first in first out，FIFO)的原则来补货。营业高峰过后，货架陈列的前层商品被买走，会使商品凹到货架的里层，这时商场营业员就必须把凹到里层的商品往外移，从后面开始补充陈列商品，这个动作叫作前进陈列。如果暂无补充货源，就应空缺，以提醒采购部门及时补充货源，如此货不再销售，则应进行前进陈列，以保持陈列的丰满。在做前进陈列时应注意做好商品的收集、整理及清洁工作，把商品干干净净地呈现在顾客面前。

所谓梯状陈列，就是要求商品的排列应前低后高，呈现梯状，使商品陈列既有立体感和丰富感，又不会使顾客产生被商品压迫的感觉，如图 3.13 所示。一般来说，过分强调丰满陈列和连续性，被商品压迫的感觉就会增强，采取倾斜、阶梯、突出、凹进、悬挂、吊篮等方法，适当打破商品陈列的连续性，反而能使顾客产生舒适感和亲切感。

图 3.13　梯状陈列

（五）纵向陈列原则

系列商品的垂直陈列，也叫纵向陈列，不可横向陈列，两者关系不可颠倒。实践证明，两种陈列所带来的效果是不一样的。纵向陈列能使系列商品体现出直线式的系列化，使顾客一目了然，系列商品纵向陈列会增加 20%～80%的商品销售，如图 3.14 所示。

图 3.14　纵向陈列

实践证明，人的视线上下移动夹角为 25°，左右移动夹角为 50°，消费者站在离货架 30～50 cm 远的距离挑选商品时能清楚看到 1～5 层货架上陈列的商品，却只能看到横向 1 m 左右距离内陈列的商品。消费者在纵向陈列的商品面前一次性通过时，就可看清楚整个系列商品，从而起到很好的销售效果。

（六）丰满陈列原则

超市的商品做到丰满陈列，可以给顾客一个商品丰富、品种齐全的直观印象，如图 3.15 所示。同时，也可以提高货架的销售能力和储存功能，还相应地减少了超市的库存量，加速商品周转速度。

图 3.15 丰满陈列

三、陈列的方法

1. 主题陈列法

主题陈列法又叫专题陈列法，即在布置商品陈列时采用各种艺术手段、宣传手段、陈列用具，并利用声音、色彩，突出某一商品。主题陈列可以配合特定的节日，将这一节日畅销品单独陈列，在热闹的节日气氛中，加上热烈的色彩点缀，突出陈列场所的气氛，将使这类商品取得良好的销售效果。例如，中秋节月饼的销售陈列、端午节粽子的销售陈列、圣诞节圣诞用品和圣诞礼物的陈列、儿童节儿童用品和礼品的陈列等，如图3.16所示。

2. 整齐陈列法

整齐陈列法是将单个商品整齐地堆积起来的方法，如图 3.17 所示。只要按货架的尺寸确定商品长、宽、高的排面数，将商品整齐地排列就可完成。整齐排列法突出了商品的量感，从而给顾客一种刺激的印象，所以整齐陈列的商品是企业欲大量推销给顾客的商品、折扣率高的商品或因季节性需要顾客购买量大、购买频率高的商品，如夏季的清凉饮料等。

图 3.16　主题陈列

图 3.17　整齐陈列

3. 随机陈列法

随机陈列法是将商品随机堆积的方法。与整齐陈列法不同，该陈列法只要在确定的货架上随意地将商品堆积上去就可以，如图 3.18 所示。随机陈列法所占的陈列作业时间很少，这种方法主要是陈列“特价商品”，它的表现手法是为了给顾客一种“特卖品就是便宜品”的印象。采用随机陈列法所使用的陈列用具，一般是一种圆形或四角形的网状筐(也有的下面有轮子)，另外还要带有表示特价销售的牌子。

图 3.18 随机陈列

4. 盘式陈列法

盘式陈列法即把非透明包装商品(如整箱的饮料、啤酒、调味品等)的包装箱的上部切除(可用斜切方式),将包装箱的底部切下来作为商品陈列的托盘,以显示商品包装的促销效果,如图 3.19 所示。盘式陈列实际上是一种整齐陈列的变化陈列法。它表现的也是商品的量感,与整齐陈列不同的是,盘式陈列不是将商品从纸箱中取出来一个一个整齐地堆积上去,甚至是整箱整箱地堆积上去。这样可以加快商品陈列的速度,也在一定程度上提示顾客可以整箱购买,所以有些盘式陈列,只在上面一层作盘式陈列,而下面的则不打开包装箱,整箱地陈列上去。盘式陈列的位置可与整齐陈列架一致,也可陈列在进出口处的特别展示区。

图 3.19 盘式陈列

5. 端头陈列法

所谓端头是指双面的中央陈列架的两头，在超级市场中，中央陈列架的两端是顾客通过流量最大、往返频率最高的地方，从视角上说，顾客可以从 3 个方向看见陈列在这一位置的商品。因此，端头是商品陈列极佳的黄金位置，是门店内最能引起顾客注意力的重要场所，如图 3.20 所示。同时端头还能起到接力棒的作用，吸引和引导顾客按店铺设计安排不停地向前走。引导、提示、诉求可以说是其主要功能，所以端头一般用来陈列特价品，或要推荐给顾客的新商品，以及利润高的商品。

图 3.20 端头陈列

6. 岛式陈列法

在超级市场的进口处、中部或者底部不设置中央陈列架，而配置特殊陈列用的展台，这样的陈列方法叫作岛式陈列法，如图 3.21 所示。如果说端头陈列架使顾客可以从 3 个方向观看的话，那么岛式陈列则可以从 4 个方向观看到商品，这就意味着，岛式陈列的效果在超市内也是相当好的。岛式陈列的用具一般有冰柜、平台或大型的货柜和网状货筐。

图 3.21 岛式陈列

7. 窄缝陈列法

在中央陈列架上撤去几层隔板，只留下底部的隔板而形成一个窄长的空间进行特殊陈列，这个陈列就叫窄缝陈列，如图 3.22 所示。窄缝陈列的商品只能是一两个单品项商品，它所要表现的是商品的量感，陈列量是平常的 4～5 倍。窄缝陈列能打破中央陈列架定位陈列的单调感，以吸引顾客的注意力。窄缝陈列的商品最好是要介绍给顾客的新商品或利润高的商品，这样就能起到较好的促销效果。窄缝陈列可使超市门店的陈列活性化，但不宜在整个门店出现太多的窄缝陈列，否则，推荐给顾客的新商品和高利润商品太多，反而会影响该类商品的销售。

图 3.22　窄缝陈列

8. 悬挂式陈列法

将无立体感扁平或细长型的商品悬挂在固定的或可以转动的装有挂钩的陈列架上，就叫悬挂式陈列，如图 3.23 所示。悬挂式陈列能使这些无立体感的商品产生很好的立体感效果，并且能增添其他的特殊陈列方法所没有的变化。目前工厂生产的许多商品都采用悬挂式陈列的有孔型包装，如糖果、剃须刀、铅笔、玩具、小五金工具、头饰、袜子、电池等。

图 3.23　悬挂式陈列

任务四　门店氛围营造

一、色彩设计

（一）色彩的含义

色彩是物体表面所呈现的颜色。丰富多样的颜色可以分成两个大类:无彩色系和有彩色系(简称彩色系)。色彩的三要素包括色相、明度和纯度。色彩具有色彩的冷暖感、轻重感、距离感等特征。

（二）色彩营销的含义及特点

所谓色彩营销就是指企业根据市场的特点,充分利用色彩表现手法体现其产品的外部特征来进行营销组合,以满足顾客特殊需求的一种营销活动。它具有以下特点。

(1) 鲜艳明了。

心理学研究表明,人的视觉器官在观察物体时,最初的几秒内色彩感觉占80%,而形体感觉只占20%,两分钟后色彩占60%,形体占40%,5分钟后各占一半,并持续这种状态。可见产品的色彩给人的印象鲜明、快速、客观、明了、深刻。因此,对于冲动型、激情型的顾客群体,鲜艳明了的产品会一下子满足他们的购买欲望,瞬间效应特别明显。

(2) 视觉涉及的范围广。

色彩营销的载体是很广的,通过色彩来提升商品的商业价值的载体和途径较多。颜色可以在产品方面调配,也能(或同时)在商品的包装、广告、商业环境、企业形象、宗教民族等诸多方面加以考虑。这是因为市场上同质同类的产品很多,消费者对产品的颜色又百人百异,只有把握好产品(从广义上讲)颜色特征的表现形式,才能让顾客心爽、眼爽,在心情最佳的状态下抢购商品。

(3) 寓销于乐之中。

色彩营销一般伴随着娱乐化营销。好娱趋乐是人的本性,色彩与娱乐气氛是一对孪生兄弟,现代科技的进步使色彩和娱乐正在进行着前所未有的亲密接触,两者结合起来,将能有效拉近产品与消费者之间的距离,加大产品的营销造势。

(4) 人性化贯穿始终。

鲜明、生动、形象、时尚的色彩营销,最终都要落到人性化上面。人性化是色彩营销的根本所在。不同品牌的商品,面对不同的购销对象,色彩这个特殊的营销工具将扮演着沟通的重要角色,展示着产品的魅力和提升品牌价值的角色。色彩效应只有充分符合时代特征,深谙消费者时尚的人性化需求,才能在日趋激烈的竞争中,发挥它独特的功效。

（三）色彩营销策略在门店中的运用

1. 色彩营销在门店标准色选取方面的运用

企业经过专门设计选定的某种特定色彩或一组色彩系统，运用于该企业所有视觉传达设计的媒体中，并通过这种色彩所制造的知觉刺激与心理反应，突出该企业的经营理念或产品的内容特质，这种特定的色彩称为企业的标准色。

在门店中标准色一般选一两种色彩为主，以不超过 3 种色彩为宜，可以广泛地应用于百货公司的标志、门头、广告 POP、建筑装饰、商品陈列、包装袋和其他事务用品的设计上，是用于视觉识别的重要的基本设计要素，标准色的运用最重要的就是做到统一。

例如，福建东百集团的标准色就是红色，该公司在导入视觉识别时在标志、标志应用组合、手提袋、遮阳伞等应用系统中均采用红色系。再如，沃尔玛、麦当劳也是采用标准色。

2. 色彩营销在商业设施中的运用

根据色彩给人的不同心理反应，可以利用色彩营造门店良好的购物环境。在门店里不同的商品区可以利用不同的色彩衬托商品，如在粮油区可以将货架设计成土黄色或橘黄色，给消费者丰盛、充实的感觉；电器区背景墙可设计成粉白色或粉蓝色，可以使消费者静心挑选，特别是空调区可设计成绿色、蓝色或白色，使消费者感到爽快、安静；另外在暖色系的货架上可摆放食品，冷色系的货架上可摆放清洁剂，色调高雅、肃静的货架上可摆放化妆品。

3. 色彩营销在商品陈列布置上的运用

在色彩的运用中要注意对比度的协调，特别是在陈列商品与背景色之间及陈列的商品之间的颜色应该是对比较强的颜色。例如，背景为黄色的墙壁，若陈列同色系的黄色商品时，不但看起来奇怪，而且容易令人反感。如果陈列商品与背景色成相反色系的对比色，如黑色和白色、红色和白色、红色和绿色等，商品会更加鲜明，从而吸引消费者的视线。例如，肉食货柜的背景色偏红时，肉色给人的感觉就不太新鲜，如改成淡蓝色或草绿色，肉就显得新鲜红润。陈列的商品之间运用对比色强的颜色会令商品醒目，使消费者感到商品琳琅满目。例如，在西红柿旁边陈列黄瓜，梨的旁边陈列香蕉等。

4. 色彩营销在门店促销策略中的运用

色彩营销在节假日促销中的运用主要就是通过在商场内部的装饰上、店内促销 POP、广告等场合上恰当地运用色彩，渲染所在节日的气氛。红色是一种激奋的色彩，它具有刺激效果，能使人产生冲动、热情、活力等感觉。因此在圣诞节、春节等节日促销中，可以选用红色来装饰商场，一方面可以渲染热闹和欢快的气氛，另一方面也可以刺激消费者的购物欲望，从而发生购物行为。蓝色是最具凉爽、清新、专业的色彩，它和白色混合，能体现柔顺、淡雅、浪漫的气氛(像天空的色彩)。情人追求的就是一种浪漫的气氛，在情人节中选用蓝色加白色来装饰商场可以让商场充满浪漫的情调，从而让情人们在浪漫的环境中购物，心情也会非常舒畅。

二、门店照明设计

（一）门店照明的分类

1. 自然照明

自然照明是指自然光源。消费者接触最多的光源就是自然光源，其大部分生活与工作时间都是在自然光源下进行的，对自然光源的感觉是最为亲切、舒适的。门店照明应尽量利用自然光源，这样既能降低费用，又能使商品在自然光下保持原色，既可避免灯光对商品颜色的“曲解”，也可避免消费者进入门店后由于光的落差而感到不舒服。但自然光源受建筑物采光和天气变化影响，远远不能满足经营场所的需要，特别是大型商场，多以人工照明为主。

2. 灯光照明

(1) 基本照明。基本照明是确保整个门店获得一定的能见度，方便顾客选购商品和工作人员办公而进行的照明。门店的基本照明起着保持整个环境基本亮度的作用。如果整体亮度稍暗，会使人行为迟缓而且容易使人产生沉闷压抑的感觉，使消费者的心理活动趋于低迷，难以产生购物冲动。如果整体亮度过高则会刺激消费者的眼睛，使消费者容易感到疲劳，就会减少在超市逗留的时间。所以基本照明一般采用照度在 500～750 lx 之间的单色白光的日光灯为主，既保持一个基本亮度，也不会刺激消费者眼睛，而选用冷色是让消费者置身于简洁、明快、舒适的购物环境中，使消费者更加活跃于消费行为。在便利店、家电店、药店、文具店等小规模专卖店内通常使用基本照明。

(2) 重点照明。重点照明也称为商品照明，它是为了突出商品优良的品质，增强商品的吸引力而设置的照明。在百货商店或专卖店，以聚光光束强调珠宝玉器、金银首饰、美术工艺品、手表等贵重、精密商品的耀眼，不仅有助于顾客观看欣赏、选择比较，还可以显示出商品的华丽，给顾客以强烈的高贵稀有的感觉。重点照明使商品处在很明亮的环境中，让顾客能够清楚地看到商品的特征、性能、说明，并以定向光表现光泽，突出商品的立体感和质感。

(3) 装饰照明。装饰照明是门店为求得装饰效果或强调重点销售区域而设置的照明。装饰照明对店铺光线没有实质性的作用，主要是为了美化环境、渲染购物气氛而设置，多采用彩灯、壁灯、落地灯和霓虹灯等照明设备。它是一种辅助照明，需要注意与内装装饰相协调。一般大型商店多采用装饰照明来显示富丽堂皇，而超级市场如果规模不大，就注重简洁明快，但若在节假日点缀一下，或在门面上设置企业形象识别标志特殊的霓虹灯广告牌，也能以其鲜明强烈的光亮及色彩给人留下深刻印象。

（二）门店照明度的分配

门店内的照明度必须要有变化，有些地方亮一点，有些地方暗一点，这样就会使得消费者感到有层次感。如果到处都一样明亮就会给人单调的感觉。总的来说，中央货架区域的照明暗一些，而底壁与两侧壁的照明亮一些，橱窗和入口应该作为重点照明以吸引消费者的视线。门店照明度的分配如图 3.24 所示。另外，对消费者挑选性强的商品，如妇幼用品、结婚用品、各式服装等，照明度要强一些；对消费者挑选不细的商品，如日用品、化学用品等，照明度可以弱一些；而珠宝首饰、艺术品、钟表、眼镜等贵重、精美商品，可用定向光束直射，以显示商品的灵秀、华贵、精细，使消费者产生稀有、珍贵的心理。

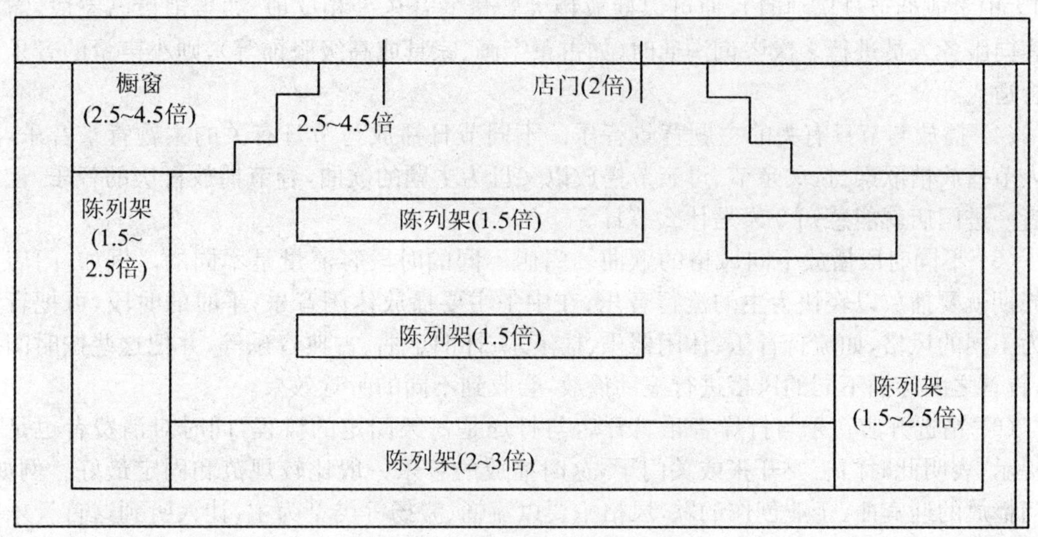

图 3.24　商店照明度的分配

三、门店声音设计

门店中的听觉环境包括消费者所听到的音乐与噪音。合适的音乐可以营造良好的购物气氛，并且会使消费者心情舒畅，而过高的噪音会令消费者烦躁不安。

（一）门店音乐设计

门店音乐是每一个门店在设计规划阶段最基本的一项工作。好的音乐不仅可以点缀零售门店的气氛，给消费者营造一种全方位舒适的购物享受，也能直观反映商场在听觉上给顾客留下的深刻印象。对于门店在以消费者为中心的营销体验中最能体现的细节值得每一个管理层重视。

（二）门店播放音乐的技巧

(1) 与门店定位相匹配。音乐的选择一定要结合门店的特点和顾客特征，以形成一定的店内风格。门店播放的音乐必须根据产品和目标消费者的不同而设定。如果销售的商品是面向年轻人的，那么播放的音乐最好是轻快的、有节奏感的流行音乐；如果是销售儿童产品的就选择欢快活泼的儿童歌曲；目标消费者是中老年的，可以选用古典、悠扬的民族乐曲。

(2) 灵活把握音乐节奏。慢节奏的音乐，能够使人放松、沉静，可以使人静下心来轻松购物。因而在顾客不是很多的情况下，播放慢节奏的音乐可以相对延长顾客在门店内停留的时间，增加顾客的消费。相反，节奏稍快的音乐，会加快人的运动节奏，同样也会提高人的购买欲，所以在客流高峰时适当播放节奏较快的音乐，可以鼓励顾客加速消费或采购，缩短顾客在店内的停留时间。

(3) 注意音量高低的控制。音乐的音量大，虽然可以衬托出热闹的气氛，但是小音量的音乐，却可以鼓励顾客与销售人员进行对话，并作进一步的互动。因此，当商店需要人潮时（如大拍卖或遇节日庆典时），便可以播放稍大音量的音乐。相反地，如果销售已完成，需要顾客向服务人员进行多次咨询沟通时（如古董字画、家具或高级服饰等），则小声量的音乐更为合适。

(4) 播放与节日有关的主题背景音乐。不同节日播放与节日有关的主题背景音乐，如情人节播放情歌素材，父亲节、母亲节播放以父母为主题的歌曲，春节播放喜庆的音乐，让消费者一进门店就能感知今天是什么节日。

(5) 不同时段播放不同风格的歌曲。门店不同的时段客流量是不同的。例如，门店在高峰期就要播放以轻快为主的流行音乐；在中午主要播放休闲音乐；平时的时段，可把音乐分为不同的风格，如流行音乐、休闲器乐、摇滚乐、怀旧金曲、古典音乐等，并把这些按时间排列，首首之间穿插不同的风格进行滚动播放，会收到不同的听觉效果。

(6) 精选开店音乐与打烊音乐。开店与打烊是每天固定的流程，同时对消费者也是一种提示，表明此时门店要开张或关门了，这时播放的音乐一般比较规范和固定最好。例如，开门播放的迎宾曲、企业创作的歌，风格主要以流畅、激扬等类型为主，让人听到这首音乐就知道商场是什么时候开店，给顾客一种条件反射和暗示。一个有品位的商场一定要有两三首有代表性的音乐让人记忆深刻，经常被播放的萨克斯曲《回家》、《宝贝对不起》就是经典。

(7) 不同区划播放不同风格的背景音乐。不同区划播放不同风格的背景音乐，这对于门店不同楼层不同商品区域较合适，如儿童区域、家电区域、书刊区域播放符合此消费群体的背景音乐会起到异曲同工的效果。

（三）门店噪音的产生及控制

消费者对环境中的噪音都有一定的承受能力，但当噪音超过 55 分贝时，就会影响消费者的情绪，如果噪音超过 78 分贝，消费者就要提高说话音量，容易引起消费者的疲劳、烦躁，所以超市的噪音宜控制在 55 分贝以下。在大部分环境中都存在有不同程度的噪音。而卖场中的噪音主要来源于超市外噪音，即车辆、行人的喧闹声；作业噪音，即通气系统、空调系统、加工区等产生的声音；消费者噪音，即消费者之间、消费者与服务员之间的交谈声、走路声等。

门店里可以通过以下 3 个途径来减轻噪音的不良影响。第一，加强环境的吸音能力。如加强地板、壁面、天花板的吸音能力，但一般情况下，这些地方的吸音能力加强的程度有限。另外，植物一般均有吸音效果，据测定，植物叶子能减弱 26%左右的噪音。因此可在超市的休闲区、收银区等地方放置一些植物，既可以消除一定噪音又能绿化环境，增加美感。第二，恰当音量的背景音乐可以减轻噪音对消费者的影响。当超市噪音控制在 55 分贝以下后，背景音乐可高出 3～5 分贝，这样消费者的听觉就会注意在背景音乐中，减弱了消费者对噪音的注意力。第三，营造一个宁静的氛围，整个环境宁静、音乐优雅，消费者的心情也较为舒畅，交谈声也会降低。

四、门店气味设计

零售门店的气味，对创造最大限度的销售额来说，也是至关重要的。如果这些场所气味异常，那么，商品的销售不会达到可能达到的数量。研究表明，好的气味可以使人心情舒畅，产生购买欲望。

（一）门店气味对顾客的影响

门店气味同声音一样有正面影响也有负面影响。零售店中，化妆品的香味，蛋糕食品的香味，糖果、巧克力的诱人味道都能对顾客产生积极的影响。商品与其气味的协调，对刺激顾客购买有积极的促进作用。不良气味会使人反感，有驱逐顾客的副作用。令人不愉快的气味包括地毯的霉味，吸纸烟的烟气，强烈的染料味，动物和昆虫的气味，残留的尚未完全熄灭的燃烧物的气味，汽油、油漆和保管不善的清洁用品的气味，洗手间的气味等，这些气味会让顾客产生不愉快的感觉，抵制顾客的消费欲望。

（二）门店气味的设计技巧

（1）要与所售商品相协调。

花卉的香气、化妆品货架的香味、面包的香甜味道、蜜饯的奶香味、皮具皮衣的皮革味、烟草部的烟草味，均是与这些商品协调的，对促进顾客的购买是有帮助的。美国国际香料公司采用高科技人工合成了许多让人垂涎的香味，包括巧克力饼干香味，热苹果派、新鲜的比萨饼、烤火腿的香味，甚至还有不油腻的薯条香味等，并将各种人工香料装在精美的罐子中用来销售。根据定时设置，香料罐子每隔一段时间会将香味洒在店内，引诱顾客上门，效果奇佳。

（2）严格控制不愉快的气味。

不愉快的气味会把顾客赶走。在超市中会存在一些不良的气味，如装饰材料的气味、消毒液的气味、水产品的腥味、鲜肉的血腥味、洗手间的气味等。这些气味都会给超市带来不利的影响，使消费者产生不愉快的感觉。为此，门店可采用一些具体的措施，如在生鲜区放一些切开的柠檬片；在生鲜食品柜，特别是鱼、肉柜台附近要定时喷洒空气清新剂，以免异味引起消费者嗅觉上的反感。

（3）注意不同商品相邻气味的混合问题。

邻近的不良气味，也像外部的声音一样，会给门店带来不好的影响，因此不要让两种或多种气味非常浓郁的商品做邻居。化妆品与食品，茶叶与鲜花共处一区的结果可能是，既闻不到香水味，也闻不到茶叶香，食品不再令人馋涎欲滴，鲜花也散发不出芬芳，甚至可能致使空气中弥漫一种令人一秒钟也不想多待的混合怪味。同时，门店气味还与连锁店的环境、气氛也不协调。例如，医院或牙科医生诊室很浓药品气味飘入面包店等。

（4）控制气味强度。

对于不好的气味，门店应当用空气过滤设备力求降低它的密度。对正常的气味，密度可以大一些，以便促进顾客的购买，但是要适当控制，使它不至于扰乱顾客，甚至使顾客厌恶。

例如，化妆品柜台周围，香水的香味会促进顾客对香水或其他化妆品的消费需要，但是，香水的香味过于强烈,也会使人厌恶,甚至引起反感,这样,反而会把顾客赶走。

总之,气味的运用在于使消费者产生一种舒畅的感觉,从而在购物的过程中显得轻松,所购货物也会更多。

五、连锁门店 POP 的设计

为了适应市场的变化和消费需求层次的提高,一些新的广告形式正在不断涌现,并且越来越受到企业和广告经营者的重视,POP 广告就是其中一种。

(一) POP 广告的含义

POP 广告是许多广告形式中的一种,它是英文 point of purchase advertising 的缩写,意为"购买点广告",简称 POP 广告。POP 广告的概念有广义和狭义两种。广义的 POP 广告的概念,指凡是在商业空间、购买场所、零售商店的周围、内部,以及在商品陈设的地方所设置的广告物,都属于 POP 广告。狭义的 POP 广告概念,仅指在购买场所和零售店内部设置的展销专柜,以及在商品周围悬挂、摆放与陈设的可以促进商品销售的广告媒体。

(二) POP 广告的类型

1. 展示 POP 广告

展示 POP 广告是放在柜台上的小型 POP 广告。由于广告体与所展示商品的关系不同,柜台展示 POP 广告又可分为展示卡和展示架两种。展示卡可放在柜台上或商品旁,也可以直接放在稍微大一些的商品上。展示架放在柜台上是起说明商品的价格、产地、等级等作用的。

2. 壁面 POP 广告

壁面 POP 广告是陈列在商场或商店的壁面上的 POP 广告形式。在商场的空间中,墙壁为主要的壁面,此外,活动的隔断、柜台和货架的立面、柱头的表面、门窗的玻璃等都是壁面 POP 广告可以陈列的地方。

3. 悬挂式 POP 广告

悬挂式 POP 广告是对商场或商店上部空间及顶界有效利用的一种 POP 广告类型。悬挂式 POP 广告是在各类 POP 广告中用量最大、使用效率最高的一种 POP 广告。悬挂式 POP 广告包括两类最典型的形式,即吊旗式和悬挂式两种基本种类。吊旗式是在商场顶部吊的旗帜式的悬挂式 POP 广告,其特点是,以平面的形式在空间内做有规律的重复,从而加强广告信息的传递。悬挂式相对于吊旗式来讲,是完全立体的悬挂式 POP 广告,其特点是,以立体的造型来加强产品形象及广告信息的传递。

4. 柜台式 POP 广告

柜台式 POP 广告是置于商场地面上的 POP 广告体。柜台式 POP 广告的主要功能是陈放商品。与展示架相比,柜台式 POP 广告以陈放商品为目的,而且必须可供陈放大量的商品,在满足了商品陈放的功能后再考虑广告宣传的功能。由于柜台式 POP 广告的造价一般都比较高,所以常用于以一个季度以上为周期的商品陈列,适合于一些专业销售商店,如钟表店、音响商店、珠宝店等。柜台式 POP 广告的设计,从使用功能出发,还必须考虑与人体工程学有关的问题，如人体身高的尺度，站着取物的尺度以及最佳的视线角度等尺度标准。

5. 地面立式 POP 广告

地面立式 POP 广告是置于商场地面上的广告体。商场外的空间地面、商场门口、通往商场的主要街道等也可以作为地面立式 POP 广告所陈列的场地。柜台式 POP 广告的主要功能是陈列商品，而地面式 POP 广告是完全以广告宣传为目的的纯粹的广告体。

由于地面立式 POP 广告是放于地上，而地面上又有柜台存在和行人流动，为了让地面立式 POP 有效地达到广告传达的目的，不被其他东西所淹没，要求地面立式 POP 广告的体积和高度有一定的规模，而高度一般要求要超过人的高度，在 1.8 m 以上。另外，地面立式 POP 广告由于其体积庞大，为了支撑和具有良好的视觉传达效果，一般都为立体造型。因此在考虑立体造型时，必须从支撑和视觉传达的不同角度来考虑，才能使地面立式 POP 即稳定又具有广告效应。

（三）POP 广告的制作要求

POP 广告的制作必须做到：醒目、简洁、易懂。

1. 醒目

为了让 POP 广告醒目，应该从用纸的大小和颜色上想办法。在门店中都会陈列着各种大小不同、颜色各异的商品。在五光十色的环境中，如果将全部的 POP 都统一使用白纸制作，那当然不会引起顾客的特别注意。可尝试使用不同颜色的纸制作 POP，一定会收到不同的效果。顾客对不同颜色有不同的感觉，黄色给顾客一种价格便宜的感觉，淡粉色和橘黄色的效果不错。与冷色系相比，顾客大多更喜欢暖色系。

另外，POP 广告的面积还应该根据商品的大小、书写的内容而发生变化。对于成堆摆放的特价商品，应该采用大型的 POP，而对于货架摆放的小型商品，在制作 POP 时则要注意用纸的大小，不要将商品全部挡住为好。不同大小的 POP 都要准备。

2. 简洁

POP 不可能无限放大。此时，如何将想要宣传的内容全部准确地表达出来就是个问题。虽然传达给顾客的信息越详细越好，但是将很多的内容用很小的字写在 POP 上，如果顾客看不清，索性根本不去看。出于这样的考虑，应该尽量将商品的特点总结成条目，并且至多 3 条。POP 是吸引顾客注意商品的手段，将商品的特点总结成条目，便于顾客阅读，也就便于顾客了解商品。

书写 POP 用的笔，应该控制在 3 种颜色以内。如果字体的颜色太多，反而会令顾客眼花缭乱，不容易看清。

3. 易懂

介绍商品的语言要让顾客一目了然，不能含混晦涩。POP 广告是在一般广告形式的基础上发展起来的一种新型的商业广告形式。与一般的广告相比，其特点主要体现在广告展示和陈列的方式、地点和时间 3 个方面。这一点从 POP 广告的概念即可看出。

项目小结

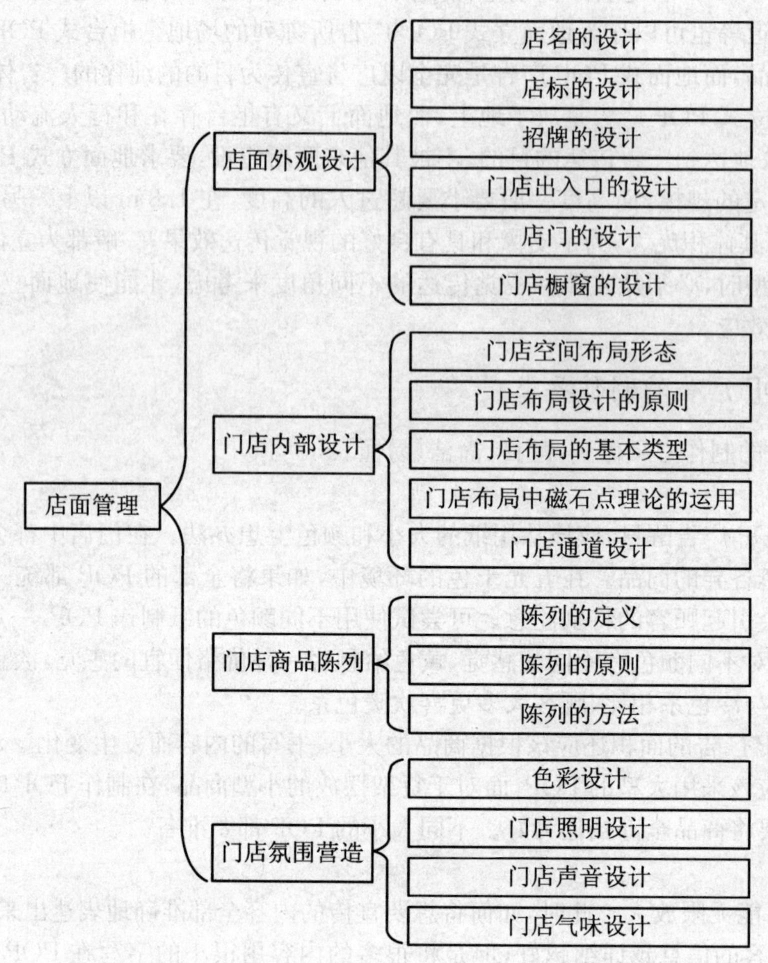

经典案例分析

都教授成了韩流咖啡与星巴克贴身肉搏的独门秘器

《来自星星的你》大结局播放时，都教授的众多中国粉丝包了一家咖啡馆，集体观影。这家咖啡馆，是占韩国70%市场的“咖啡陪你”(Caffebene)。星巴克在全球开花，独在韩国，被2008年才创立的本土品牌咖啡陪你，挤得只剩15%的市场份额。

刚5岁的咖啡陪你，走的是休闲时尚咖啡路线。但其在中国的扩张速度，却一点也不“休闲”，每8小时即新增一家店。到2014年8月份，其中国门店将冲刺1000家。他们计划

2015 年达到 3000 家后，去香港上市。如果这一切实现，那么比星巴克计划 2015 年底开 1500 家还要快。

星巴克可以风靡全球，精髓在于其倡导的“第三空间”文化（家和工作场所以外的生活空间），其主要功能是调节人们的生活节奏。过去，星巴克的模仿者和竞争者大多也没有跳出经营第三空间的套路。但是韩流咖啡换成新的玩法，明星站台、跨界金融、O2O 等新潮点子，试图为咖啡馆注入第三空间之外的更多功能元素。就像韩剧，让你看的，不光是剧情，有服装、有化妆品、有家居装修，体验的是一种异域的生活方式。

“明星娱乐营销＋社交互动＋门店营销”是咖啡陪你在韩国打败星巴克的策略。和中国的快餐店真功夫上位的策略一样，咖啡陪你在韩国也采用了贴身肉搏的方式，只要有星巴克的地方，旁边就会有咖啡陪你。

韩流咖啡空间普遍比星巴克、Costa 更为宽敞。不论是咖啡陪你，还是 Zoo Coffee，往往都会选择沿街的底商，上下两层 LOFT 结构，透过阔大的落地玻璃窗，可以看到里面的精致装修，以及专门划分的吸烟房间。

对于门店空间功能的区分还只是雕虫小技，韩流咖啡更有意思的动作，是在星巴克的第三空间之外，开始拓展理财服务的第四空间。现在，如果你看到一位咖啡连锁公司的高管去进修互联网金融课程，不要吃惊。

“3 月底，移动支付的咖啡就能上市了，我们的科技元素，和美国同步。”3 月 20 日下午，Alex 晃动着手机，向《中国企业家》记者展示咖啡陪你的新服务模式，不需要带现金和银行卡，用手机支付后，咖啡煮好的信息，还能反馈到手机上，以便取用。接下来，咖啡陪你还筹划着和顺丰合作，通过手机 LBS 定位下单，实现在指定时间或者最短时间送热咖啡到消费者手上的“咖宅送”，以迎合年轻人的 O2O 消费习惯。虽在加快门店扩张，咖啡陪你还是购进了德国的自动售卖机，能调出 20 多种口味咖啡，可安放到社区网点。

因早已洞悉星巴克未来的市场调整，2014 年 3 月 6 日，咖啡陪你联手招商银行，推出了咖啡银行。在咖啡银行里办理理财业务，一边可以享受到招商银行的 VIP 服务，一边能喝到咖啡陪你的现磨咖啡，免费 WiFi，当然还可体验 VTM（可视柜台）的服务。从 ATM 发展出来的 VTM（Virtual Teller Machine），能够办理 90% 的银行柜台业务，通过 VTM 上的视频会议系统，用户能够和银行客服人员，进行一对一的可视化沟通。

（来源：中国企业家，2014-04-08）

案例思考：

（1）咖啡陪你为什么在韩国能够击败星巴克？

（2）咖啡陪你的店面管理有什么特点？

1. 填空题

（1）门店出入口设计的类型包括（______）、（______）、（______）、（______）。

（2）根据陈列方式的不同，可以把橱窗分为六类：（______）、（______）、（______）、

(　　　)、(　　　)、(　　　)，根据橱窗构造形式的不同，可以把橱窗分为(　　　)、(　　　)、(　　　)。

(3) 商店场地面积可分为(　　　)、(　　　)、(　　　)三部分。

(4) 根据顾客的流动路线，可以将门店布局分成(　　　)、(　　　)和(　　　)。

(5) 直线式通道也被称为(　　　)，回形通道又分为(　　　)和(　　　)两种线路模型。

(6) 易见易取原则包括(　　　)和(　　　)，前进梯状原则包括(　　　)和(　　　)。

(7) 门店的灯光照明包括(　　　)、(　　　)、(　　　)。

(8) POP广告的类型包括(　　　)、(　　　)、(　　　)、(　　　)、(　　　)。POP广告的制作必须做到：(　　　)、(　　　)、(　　　)。

2. 简答题

(1) 门店的命名有哪些方法?

(2) 门店出入口设计的类型有哪些?

(3) 门店出入口的设计要求有哪些?

(4) 简述橱窗设计的要求

(5) 简述门店布局的基本类型。

(6) 简述门店布局中磁石点理论的运用。

(7) 简述色彩营销策略在门店中的运用。

(8) 门店播放音乐的技巧有哪些?

(9) POP广告制作中会注意哪些问题?

(10) 简述陈列的原则和方法。

导向性实训任务

1. 实训项目　连锁店铺店名、店标设计比赛

实训目的：通过比赛，提高学生的设计能力和动手能力，锻炼学生的思维，开发学生的智力。

实训组织：

(1) 分组。将全班学生分成若干小组，小组成员根据分工确定各自的实训任务。

(2) 确定设计方案。各小组成员搜集材料，从成功的连锁店铺、店名店标设计作品中寻找灵感，确定设计方案。

(3) 组织设计比赛。连锁店铺店名、店标设计比赛分店名、店标作品的展示和回答评委提问两个环节。

实训成果：连锁店铺店名、店标设计方案的展示。

2. 实训项目　本土超市和洋超市门店布局的比较

实训目的：通过考察洋超市和本土超市的门店布局，懂得本土超市和洋超市门店布局各自的优劣，培养学生的门店布局的设计能力，提高学生分析问题、解决问题的能力。

实训组织：

(1) 分组。将全班学生分成若干小组,小组成员根据分工确定各自的实训任务。

(2) 考察门店布局。各小组实地考察当地本土超市和洋超市门店布局,请教企业专家,收集门店布局的各种材料。

(3) 撰写报告。小组成员分工协作,认真撰写《本土超市和洋超市门店布局的比较》的实训报告。

实训成果:《本土超市和洋超市门店布局的比较》的实训报告。

3. 实训项目　大卖场陈列调研

实训目的:通过调研,拓宽学生的陈列知识,培养学生观察问题、分析问题和解决问题的能力。

实训要求：

(1) 分组。将全班学生分成若干小组,小组成员根据分工确定各自的实训任务。

(2) 大卖场陈列调查。选择当地的大卖场,对大卖场的陈列状况进行调查分析,找出优劣和不足,并指出改进意见。

(3) 撰写报告。小组成员分工协作,撰写《某大卖场的陈列调研报告》,并在课堂上进行展示。

实训成果:《某大卖场陈列调研报告》的实训报告。

4. 实训项目　不同百货店音乐设计的比较

实训目的:通过实训,促进学生了解百货店播放音乐的特点和技巧,提高学生分析问题、解决问题的能力。

实训组织：

(1) 分组。将全班学生分成若干小组,小组成员根据分工确定各自的实训任务。

(2) 实地调研。各小组成员到当地各百货店调研百货店音乐设计,了解不同百货音乐设计的特点和技巧。

(3) 成果展示。各小组展示《不同百货店背景音乐设计的比较》的调研报告并且现场演示。

实训成果:《不同百货店音乐设计的比较》的实训报告。

职场风向标

随着连锁经营的发展,店面管理越来越重要,为此企业设立门店企划部、运营部、采购部等管理岗位。而胜任此岗位,学生必须具备善于观察、勇于探索的精神和创新意识,提高团队合作的能力和意识。

项目四　商品管理

知识目标

1. 了解连锁企业门店的品类管理。
2. 掌握连锁企业门店的订货流程。
3. 掌握连锁企业门店的收货流程。
4. 熟悉连锁企业门店的退货流程。
5. 熟悉连锁企业门店的盘点流程。

能力目标

1. 能够对连锁门店进行定位并设置品类。
2. 能够熟练掌握连锁门店的订货、收货、退货、盘点。
3. 能够掌握门店商品验收的方法。
4. 能够处理连锁门店商品的耗损。

素质目标

培养学生市场洞察力和分析能力，能够与供应商良好沟通，能在门店灵活处理各种事务。

职业指导

通过本项目的学习，培养学生作为高素质店长人才需具备的门店商品管理能力，使学生能够胜任与门店商品管理相关的职位，如理货员、市场调查专员、收货员、商品部主管、日化部主管、生鲜部主管、信息录入专员等职位。

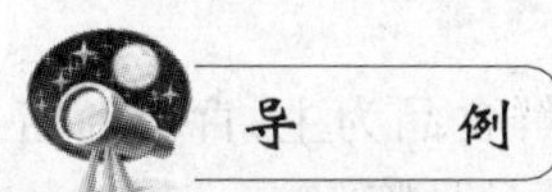

导 例

在日本，连锁超级市场的经营者决定要在某一地区成立分店时，一定会请一位店长将他的家庭迁到这个区域，实际居住要一年以上。其目的是要对该地区的消费者有一个概括的认知，从而发现他们的消费需求，同时也可以了解区域内竞争者的商品结构概况以及竞争形式。这时候，这位店长就可以考虑公司的商品策略以及实际的地域情况，决定各部门的特征及商品结构。

(资料来源:http://www.docin.com/app/p? id=694622548)

案例思考:我们中国连锁企业门店店长该如何学习?

实操任务

消费者市场上的商品种类繁多，连锁企业门店由于资源(资金、营业场地等)所限，必须根据自己的经营条件和消费者需求的特点对自己所经营的商品做出选择和安排，实施商品管理。连锁企业商品管理的范围十分广泛，主要包括商品定位、商品结构优化组合、商品订货管理、进货管理、收货管理、盘点管理、存货管理等内容。商品管理的好坏也是考核店长管理能力高低的重要标准。

任务一　商品定位、商品结构与品类管理

一、商品定位

1. 商品定位的概念

商品定位是指连锁企业针对目标消费者和生产商的实际情况，动态地确定商品的经营结构，实现商品配置的最优化状态。商品定位包括对商品品种、档次、价格、服务等方面的定位。商品定位既是企业决策者对市场判断分析的结果，同时又是企业经营理念的体现，也是连锁企业通过商品而设计的企业在消费者心目中的形象。

2. 商品定位的特征

(1) 首要条件是顾客满意度。这是任何企业赖以生存的主要因素。

(2) 具有长期性。企业长期满足消费者需求，这样才能树立企业的良好形象。

(3) 商品定位必须具有竞争性。就是能够从竞争商品中显示出自己的独到之处，这样消费者才会容易选择并重复购买，只有这样才会赢得竞争优势。

3. 商品定位的依据

不同业态有不同的消费群体和不同的商品定位。超市以经营生鲜食品为主；百货商店重视对时尚商品的经营；专业店则经营同一专业的商品；专卖店经营精品品牌。

(1) 按消费者的消费收入定位。消费收入是多层次的，不同收入的家庭形成不同的商品结构。零售商品定位既要面对广大消费者基本需要的大众化商品，也要满足中高收入消费群体对中高档商品的消费需求。

(2) 不同区域零售商店的商品定位。购物中心、市商业中心和交通便利的繁华区域一般地租贵、成本高，要有较大的利润空间，多经营适应时尚需求的中高档商品，而处于街头巷尾的零星小店，则经营价格低廉的生活必需品。

(3) 按照不同地区经济发展水平对商品定位。在一般情况下，经济发展水平不同，可分为温饱型、小康型和富裕型等商品结构。虽然它们之间在一个区域内交叉存在，但不同经济类型有不同的商品主体。零售企业的商品定位必须适应不同的经济条件对商品的不同需要。

4. 商品定位的影响因素

一般来说，影响商品定位的因素有以下几种。

(1) 宏观经济环境。选择和确定连锁企业门店的定位要从连锁企业自身所处的环境和实际出发，如当地产业的发展、经济的增长速度、相关政策的变化都有可能引起门店商品定位的变化。

(2) 业态。业态不同，商品定位也不同，有时甚至会截然不同。比如，生鲜食品类是商场（超市）的主力商品，其构成比例超过50%；而在量贩店里，由于品种数达到2.5万种，所以其主力商品包括一般用品、文具、运动器材等，生鲜食品所占比例往往不超过10%；至于便利

店由于以速食和饮料为主，所以生鲜食品的构成往往在30%以下。因此业态的确定会为商品观念的形成提供参考。

(3) 消费对象。影响消费者的变数非常多，包括：①地理变数。都市与乡村和一般城市有差别，而市区与郊区、温带与寒带、多雨地区与干燥地区之间也会有许多不同，这些地理变数都会影响消费者，甚至改变其消费习惯。所以进行商品定位时，必须考虑到地理变数。②人口变数。年龄、性别、家庭规模、生理周期、收入、职业、教育水平、宗教、人种、国籍等因素，都将影响消费者的消费习惯。比如，新社区内大多是新成立的家庭，其年龄层次较低，家庭规模较小，收入与教育水平较高，对商品的要求较偏向品质、鲜度，但对价格可能不太敏感。这些都必须融入商品观念里，从而形成商品定位。③心理变数。社会阶层（如蓝领阶层、白领阶层）、生活模式（如家庭型、交际型）、个性、价值观等因素也会影响消费者的消费行为。商场（超市）经营者必须先了解所在地点附近的状况，然后随时观察消费对象日常的行动特征、消费倾向、生活态度、对商品及服务的价值观等，从而逐渐形成自己的商品观念。

(4) 同行业竞争者。进行商品定位，需要考察邻近地区（主要指商圈内）商业网点的布局及其商品结构的特点和变化，以此避免恶性竞争，建立连锁企业自身的经营特色，使之能保持其业态的优势。例如，附近没有大型百货商店，或者百货商店商品的档次较低，根据这种情况，连锁超市门店就可以定位高中档的百货。

二、商品结构管理

为了适应消费者的需求变动和市场发展趋势，连锁企业门店要及时调整自己的商品策略，不断更新品种，大力引进和培养主力商品，强化特色，以提高门店的竞争力。

1. 商品结构

商品结构是连锁门店在一定范围内，按一定标准将经营商品划分为若干类别的项目，并确定各类别和项目在门店商品总构成中的比重。商品结构在连锁门店经营中居于核心地位，经营目标及经济效益的实现均依赖于合理的商品结构。商品结构具体如下：

(1) 主力商品。主力商品是连锁企业门店的重点商品，体现着门店的经营方针和经营特色。主力商品的经营效果往往决定门店经营的成败。因此门店要慎重决定主力商品，要及时掌握所经营主力商品的发展趋势、增长状况和竞争力，同时要密切掌握顾客的需求动态和购买习惯。

(2) 辅助商品。辅助商品是对主力商品的补充，不要求与主力商品有较强的关联性，但要求能衬托出主力商品的优点，促进主力商品的销售。同时，辅助商品的存在也能够丰富门店商品的种类，刺激顾客的购买欲，增强顾客的光顾频率。辅助商品对主力商品的补充需要考虑季节性和流行性，不要将过季、过时商品作为辅助商品，否则会造成商品积压，影响资金周转。此外，辅助商品的配备，应随季节变化和流行性变化而调整，做到少进、勤进、快销。

(3) 关联商品。关联商品是在用途上与主力商品有密切联系的商品，配备关联商品，可以方便顾客的购买，增强主力商品的销售，满足消费者多样化需求，带动商品销售量的增加。配备必要关联商品的目的是适应顾客购买时图便利的消费倾向。

2. 评价标准

衡量连锁门店商品结构是否合理可以参照以下标准：

(1) 能否满足顾客对商品的需要。门店店长要根据所在地区的特点和目标顾客来确定各类商品的选择要求,确定商品的构成比例,保证商品适销对路。

(2) 是否适应地区特点和经营条件。要确定各个档次商品的经营比例,以适应不同地区的实际状况。

(3) 能否吸引顾客经常光顾。店长对顾客经常购买的品种、规格的商品,要始终保持必要的经营比例,以吸引顾客经常光顾。此外,还可以配备一些特殊品种、规格的商品,以满足部分顾客的特殊要求。

(4) 能否实现商品销售规模和经济效益。要正确处理经济效益与商品结构之间的关系,即商品结构与商品周转速度和商品利润率之间的关系。周转速度快、利润率高,则商品结构合理;反之,则需要重新调整商品结构。

三、品类管理

(一) 品类管理的概念

品类管理(category management)指的是依据企业目标、不断变化的环境和消费者行为,对商品品类中零售组合的价格、货架区商品战略、促销力量以及其他组成部分的同时管理。品类管理的任务由渠道中的成员合作完成,而不是独立采取行动,它们需要共同协作将ECR概念应用到整个商品品类中,比如所有的手工工具,而并不只是某一个品牌,比如Stanley。品类管理者的目的是使零售商能够实现具体的商业目标,比如赢利能力、销售量或者存货水平。

(二) 品类管理的经营模式

在品类管理的经营模式下,零售商通过POS系统掌握消费者的购物情况,而由供应商收集消费者对于商品的需求,并加以分析消费者对品类的需求后,再共同制定品类目标,如商品组合、存货管理、新商品开发及促销活动等。表4.1列出传统超市管理与实施品类管理超市的管理差异。

表4.1　传统超市与品类管理超市的管理差异

传统超市	品类管理超市
销售所采购的品项	采购应销售的品项
战略性	策略性
以产品为主	以消费者为主
零售商与供应商协商	双方成为合作伙伴
将产品推入超市	消费者将产品买出
厂商提供利润	消费者产生利润
以进货数量为报表依据	以实际销售为依据

目前,品类管理多半是由具领导能力的供应商辅导零售商共同执行品类管理,初步规划

以货架管理为主，通过 POS 信息及计算机分析每个货架上摆设产品的销售数量及成本分析，通过分析所得的数据判断此产品是否需要增加或减少上架空间。同时通过货架管理确定每家商店适当的库存量及安全存量，且在一定时间之后即可获得增长率及固定销售量等信息，再将卖场销售数据回传给供应商，有效反应到制造商，适量控制生产与制造，以减少库存量及库存天数等，而这些都是执行品类管理所达到的。

（三）品类管理的作业流程

品类管理作业流程可以区分为六个组件，其中核心组件有企业策略、企业流程，另外还有辅助组件：信息技术、企业组织能力、协同合作的交易关系与评量表，以下分别说明核心与转助组件。

（1）企业策略。它是引导企业决策的大方向。

（2）企业流程。它是为企业每日所进行的作业，为达成企业策略所从事的一连串活动与方法。

（3）企业组织能力。它是企业核心竞争力透过适当的组织架构、责任、角色、发展、技术与奖赏系统的进展而得的。

（4）信息技术。透过运用信息科技收集及分析相关资料，提供品类管理所需的数据，可以大幅改善企业流程。

（5）协同合作的交易关系。

（6）评量表。评量表为一种评量工具，用来观察施行成效，改善品类计划、决策决定，或是用来做奖赏之参考。

（四）品类管理的步骤

品类管理的流程主要包括八个步骤，即品类定义、品类角色、品类评估、品类评分表、品类策略、品类战术、品类计划实施和品类回顾，如图 4.1 所示。

1. 品类定义

品类定义是品类管理的基础，是品类管理所要研究的对象。品类定义是指品类的结构，包括次品类、大分类、中分类和小分类等。品类定义将直接影响到门店决策的结果，从而影响到购买者的满意程度。比如，我们习惯到婴儿用品区购买纸尿裤，但如果我们将纸尿裤归于纸品类，必然造成多数消费者找不到或花更多的时间找到纸尿裤。

2. 品类角色

商品成千上万，而门店资源有限，那么门店应该如何分配资源呢？品类角色便是用于确定资源投放的指标，对零售商而言，品类角色代表一个品类的战略地位。品类角色能够为零售商的目标消费者创造最大化的价值，能够有效分配资源以达到投资回报最大化，能够确立发展品类战术或战略的基础。常见的品类角色有四种，即目标性、常规性、季节性和便利性。

3. 品类评估

品类评估是对品类现状的大检阅，是对品类机会的挖掘，能帮助我们认识品类的强项与弱项，从而有针对性地制定品类策略。品类评估不但要考虑销售量、利润等财务指标，还要考虑市场发展趋势、品类发展趋势、竞争对手、品类库存天数、单位产出等。

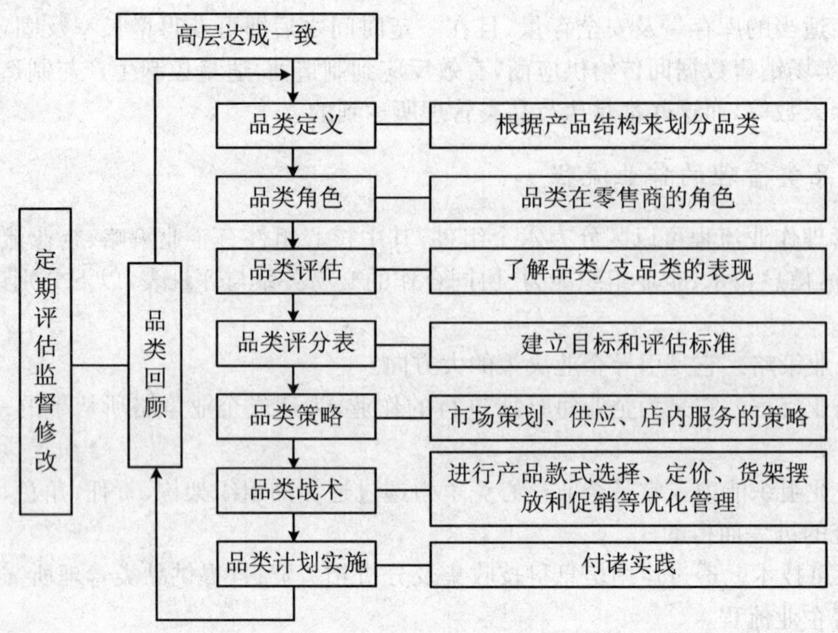

图 4.1　品类管理的步骤

4. 品类评分表

品类评分表是作为衡量品类管理的有效性和跟踪品类管理执行情况的重要工具,需要包括零售商和供应商双方共同关心的指标。评分表指标不应太多,否则便没有了重点。

5. 品类策略

品类评分表为门店指出了方向,品类策略便是零售商为了达到既定方向所要采取的方式方法。品类策略能帮助零售商实现品类评分表的目标,同时能让零售商实现差异化竞争。

(1) 常见策略。

① 增加人流量:增加购买人数。

② 提高客单价:提高消费者每次的购买量。

③ 产生利润:引导消费者买利润高的产品。

④ 自我保护:不计成本地保护品类的现有地位。

⑤ 刺激购买:制造紧迫感、机遇感,引发购买行为。

⑥ 教育与知名度:帮助购买者了解品类特性。

⑦ 渗透:激发初次购买。

⑧ 忠诚度:引导消费者重复购买。

⑨ 增加现金流量:加快品类的周转速率。

⑩ 提高消费量:刺激新的使用方式。

(2) 供应链策略。

① 成本领先:降低采购成本。

② 提高工作效率：提高订单、补货、收货、收银等的速度与精度。

③ 优化库存管理：提高管理水平，降低库存量及相关成本。

④ 提高客户服务水平：通过与供应商合作，提高订单满足率，降低缺货率。

6. 品类战术

品类战术是指为实现品类策略以达到目标所采用的具体操作方法。品类战术应该由品类策略得出，而不是由经验得出。

常见的品类战术包括高效产品组合、高效引进、高效产品陈列、高效定价、高效促销、高效补货等。

7. 品类计划实施

品类计划实施使品类管理由计划转向实践，需要采购、营运、后勤、财务等各个部门，通力合作实施，而并非几个人就能完成，因此跨部门的自上而下的共识和理解是关键环节。

8. 品类回顾

实施品类管理的最终目的是更好地服务于消费者，获得消费者的认可并使门店成为他们购物的主要场所。最终的表现是销售额、销售量和利润等主要绩效指标的上升，所以品类回顾是所有参与人员最关心的一个环节。品类回顾既是对所做的总结，又是下一步行动的起点。品类回顾的衡量主要是品类评分表的内容。品类管理的实施是都会发现新的机会，每一次实施都会对上一次的品类计划进行调整，形成新一轮的品类计划。

四、自有品牌

1. 自有品牌含义

自有品牌，简称 PB，相对于制造商品牌，又称为商店品牌。是指零售企业从设计、原料、生产到经销全程控制的产品，由零售企业指定的供应商生产，贴有零售企业品牌，在自己的卖场进行销售，实质上是零售业的 OEM 产品。

2. 自有品牌发展概况

自有品牌在国外已有几十年的历史，欧美的大型超级市场、连锁商店、百货商店几乎都出售标有自有品牌的商品。英国最大的零售企业集团马狮百货公司，所有的商品都使用自有品牌“圣米高”。其实，“圣米高”商品并不是马狮集团自己生产的，马狮集团只是对商品提出品种、规格、质量的要求，直接向制造商订货。沃尔玛拥有 20000 个供货商，其中较大的制造商有 500 个，这些制造商必须根据沃尔玛公司设计的造型、装潢、质量要求进行产品生产，生产出的产品印上沃尔玛的自有品牌。日本最大的零售商大荣连锁集团有 40%的商品使用自有品牌。目前，家乐福、沃尔玛、万客隆、易初莲花等国外零售业巨头在我国的自有品牌商品平均都有 100～500 种，而保龙仓、家世界、百联、联合、屈臣氏等国内零售业的自有品牌商品平均有 20～100 种。

3. 自有品牌的商品选择

广州几家外资超市自有品牌的商品选择如表 4.2 所示。

表 4.2 外资超市自有品牌的商品选择

广州外资超市自有品牌商品	净菜鲜肉水果	熟食	冷冻食品	食用油、糖、面粉	纸巾、毛巾、一次性餐具	饮料	零食饼干糖果	电子产品	护肤品、洗发水	衣服被褥	灯管插座	办公文具	常用维修工具	厨房用品
家乐福	√	√	√	√	√	√	√	√	√	—	√	√	√	√
易初莲花	√	√	—	√	√	√	√	—	√	—	√	√	—	—
百佳超市	√	√	—	√	√	√	√	—	√	√	—	—	—	—
好又多	√	√	—	—	√	—	—	—	—	—	—	—	—	—

被选择商品应该是企业有信心控制其质量并有一定价格吸引力，还能影响消费者品牌忠诚的商品，如下所示：

(1) 品牌意识不强的商品。

(2) 销售量大、购买频率高的商品。

(3) 单价较低和技术含量低的商品。

(4) 保鲜、保质要求高的商品。

4. 自有品牌的优势

(1) 信誉优势。使用自有品牌的零售商业企业往往有良好的声誉和企业形象。品牌很重要，渠道是关键。

(2) 价格优势。质优价廉是自有品牌商品的一大优势。欧美商业企业中使用自有品牌的商品一般比同类商品价格低 30%以上。日本大荣集团的自有品牌商品分为三类：10000 种优质商品比同类全国畅销货便宜 10%～20%，150 种低价商品比一般商品低 15%，另外 40 种商品则比品质相近的名牌商品便宜 30%。其特点有：第一，自有品牌商品节约了交易费用和流通成本。第二，使用自有品牌的商品不必支付广告费。第三，自有品牌商品可省去为打通流通渠道所需的费用。第四，大型零售企业的规模效益。

(3) 特色优势。使用制造商品牌的商品，各零售商业企业在所经营的产品品牌上的差异日趋缩小。而实施自有品牌营销战略，大型零售企业的自有品牌与制造商品牌的最显著区别在于零售企业的自有品牌只能运用于开发商品的企业内部，其他企业不能使用，因此，使用自有品牌也就把本企业的经营特色体现出来，以特色经营赢得顾客。

(4) 领先优势。市场营销的核心是把握、满足消费者的需求。零售商业企业直接面对广大的消费者，能比较准确地把握市场需求特点及其变动趋势，从而能根据消费需求特点来设计、开发、生产、组织商品，这样就使自有品牌的商品比制造商品牌的商品，更能快捷地体现市场需求，领先一步，在市场竞争中处于先发制人的有利地位，掌握竞争的主动权。

5. 自有品牌的实现途径

(1) 委托定牌生产——零售企业委托生产者制造。

委托定牌生产即商业零售企业根据市场动态对商品的质量、规格、类型、原材料、包装等方面自行设计，然后委托生产企业按照设计要求制造，在销售时使用自有品牌。其特点是：商业零售企业与生产企业是一种较为松散的协作关系，经营风险较大，放弃使用制造商品牌的生产企业生产的产品质量虽然较好，但因其规模小无法与其他较大的企业竞争，从而和大型零售企业联合，双方互惠互利。

(2) 自行设厂——零售商业企业自设生产基地。

自行设厂即自己投资办厂生产自己设计开发的商品。其特点是：生产企业和商业企业不是交易关系而是协作关系，有共同的利益，稳定性较强，交易费用低，但需要商业企业要有相当的规模与一定的经济实力。

任务二　订货管理

(一) 订货的含义

连锁企业门店的订货是指在连锁企业总部确定的供应商和商品范围内，依据订货计划而进行的叫货或添货的活动。

(二) 订货的作业流程

(1) 门店与总部及物流中心的订货模式(见表 4.3)。

表 4.3　门店与总部及物流中心的订货模式

连锁企业门店	总部	配送中心
提出货品要求	货品需求单	总货品需求单
	需求总量	提货单
	总货品需求单	送货单

(2) 门店自身的订货流程(如图 4.2 所示)。

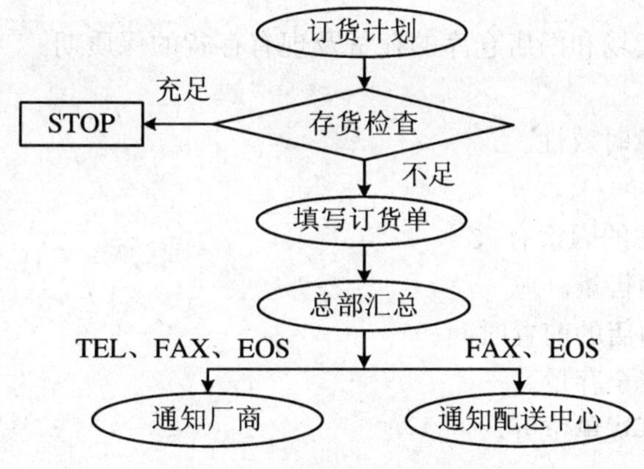

图 4.2　门店自身的订货流程

（三）制订订货计划

1. 制订计划时应考虑的因素

(1) 商品的订货周期。

(2) 配送周期安全存量。安全库存(又称保险库存),是指为了防止由于不确定因素(如突发性大量销售或供应商延期交货)影响销售需求而准备的缓冲库存,安全库存用于满足提前期需求。

(3) 最小库存量。

(4) 订货方式。

2. 检查存货

订货人员根据规范制度,定期检查各个商品库存,当库存量小于安全库存量的时候,应该及时发出订单。

3. 填写订货单

要填写的订货计划表如图 4.3 所示。

订货计划表

门店名称：　　　　　　　　商品类别：　　　　　　　　制表日期：

品种	货号	供应商号	规格	数量	单位	金额	提货	订货日期	到货日期

图 4.3　订货计划表

（四）门店在订货作业中的注意

1. 存货检查

店长应随时检查卖场和门店仓库的存货及现有存货的保质期。

2. 实时订货

门店订货必须注意时效性。

3. 适量订货

适量订货必须考虑的因素有：

(1) 商品每日的销售量。

(2) 订货至送达门店的前置时间。

(3) 商品的最低安全存量。

(4) 商品的规定订货单位等。

知识拓展

图 4.4～图 4.9 为一订货系统图例。

软件咨询QQ:886469 手机:13878179020 电话:(0771)2323516

版权所有:南宁浩展软件有限公司 官方网站: http://www.haoysoft.com

真正实现多人分工、流程化管理，同类软件中仅此一家！

图 4.4 订货系统图(1)

图 4.5 订货系统图(2)

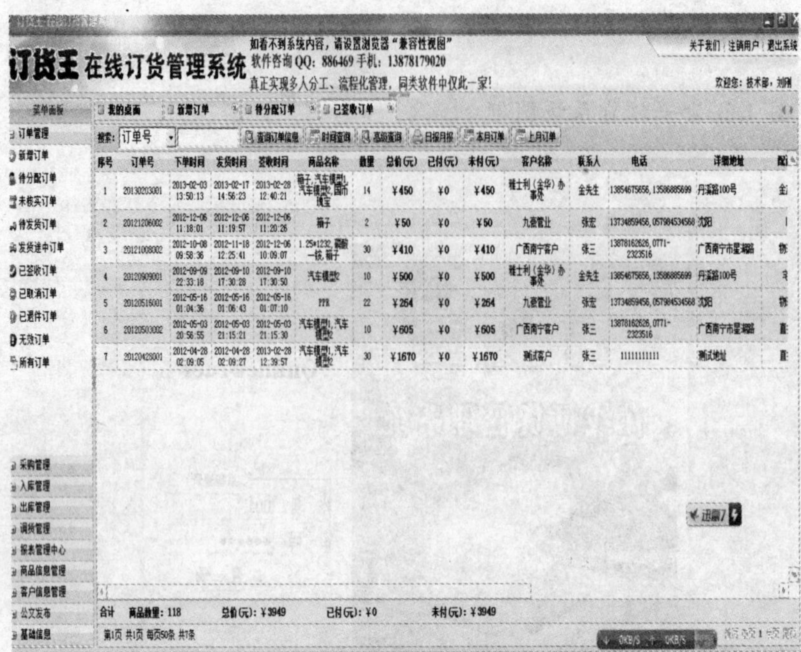

图 4.6　订货系统图(3)

图 4.7　订货系统图(4)

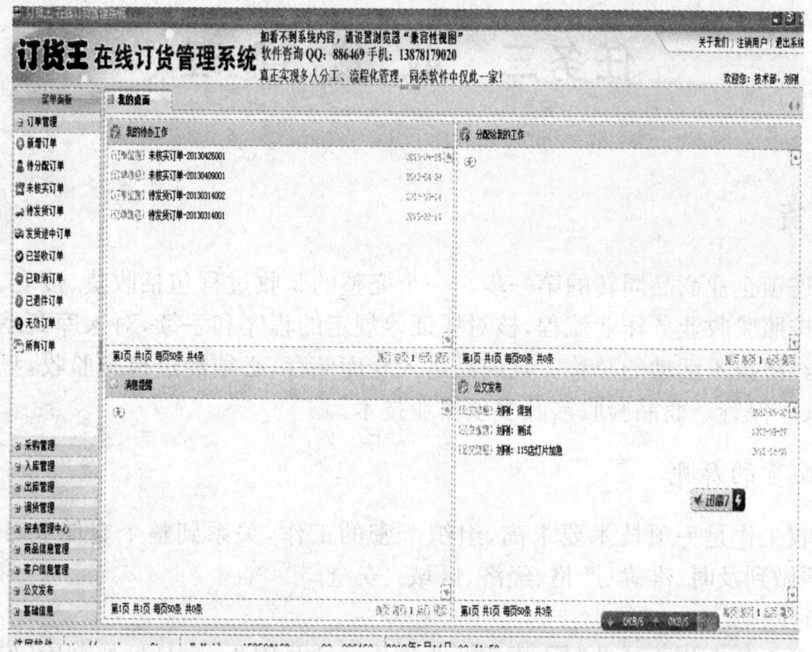

图 4.8　订货系统图(5)

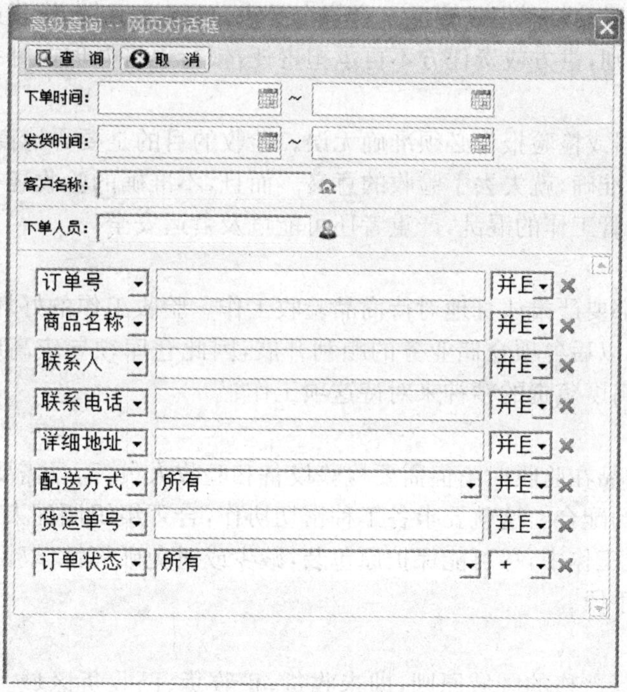

高级查询 -- 网页对话框

查 询　取 消

下单时间：　~

发货时间：　~

客户名称：

下单人员：

订单号		并且	×
商品名称		并且	×
联系人		并且	×
联系电话		并且	×
详细地址		并且	×
配送方式	所有	并且	×
货运单号		并且	×
订单状态	所有	+	×

图 4.9　订货系统图(6)

任务三 收货管理

一、收货

验收是连锁企业商品周转的第一步。一个完整的验收过程包括收货、接受、卸货、验收。商品验收是按照验收业务作业流程,核对凭证等规定的程序和手续,对入库商品进行数量和质量检验的经济技术活动的总称。凡商品进入仓库储存,必须经过检查验收,只有验收后的商品,方可入库保管。商品验收涉及多项作业技术。

(一) 收货的原则

商品验收工作是一项技术要求高,组织严密的工作,关系到整个仓储业务能否顺利进行,所以必须做到及时、准确、严格、经济、区域 、安全。

(1) 及时原则。

到库商品必须在规定的期限内完成验收工作。这是因为,商品虽然到库,但是未经过验收的商品不算入库入账,不能供应给用料单位。只有及时验收,尽快提出检验报告,才能保证商品尽快入库,满足用料单位需要,加快商品和资金周转。同时,商品的托收承付和索赔都有一定的期限,如果验收时发现商品不合规定要求,要提出退货、换货或赔偿等,均应在规定的期限内提出;否则,供方或责任方不再承担责任,银行也将办理拒付手续。

(2) 准确原则。

验收的各项数据或检验报告必须准确无误。验收的目的是要弄清商品数量和质量方面的实际情况,验收不准确,就失去了验收的意义。而且,不准确的验收还会给人以假象,造成错误的判断,引起保管工作的混乱,严重者还可能危及营运安全。

(3) 严格原则。

仓库有关各方都要严肃认真地对待商品验收工作。验收工作的好坏直接关系到国家和企业利益,也关系到以后各项仓储业务的顺利开展,因此仓库领导应高度重视验收工作,直接参与人员更要以高度负责的精神来对待这项工作。

(4) 安全原则。

多数情况下,商品在验收时不但需要检验设备和验收人员,而且需要装卸搬运机具和设备及相应工种工人的配合。这就要求各工种密切协作,合理组织调配人员与设备,以节省作业费用。此外,验收工作中,尽可能保护原包装,减少或避免破坏性试验,也是提高作业经济性和安全性的有效手段。

(5) 区域原则。

收货时必须执行严格的区域原则,即未收货、正收货、已收货区域。各个流程中的商品必须在正确的区域内,如未进行收货的商品或不符收货标准的商品必须在未收货区域内存放或处理,正在进行收货的商品只能放在正收货区域内,已经完成收货程序的商品才能进入已收货区域。

（二）收货业务总流程

收货业务总流程如图 4.10 所示。

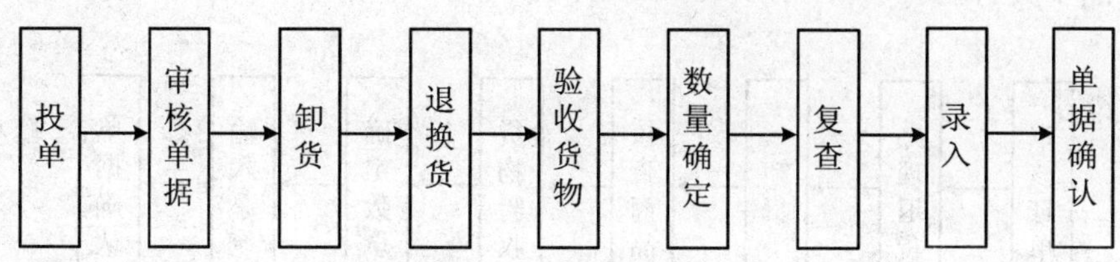

图 4.10　收货业务总流程图

(1) 投单。

供应商到达收货部的停车区域后，立即到收货部的单据受理处进行投单，并将货和送货明细交到受理处。

(2) 审核单据。

受理处立即对单据进行审核，判断订单是否符合标准。确定可以接受后，核发收货编号和顺序号。核对收货单据包括以下内容：

① 单据是否填写完整。

② 送货单、核查单是否已盖章。

③ 收货单是否有核查员签名，核查单是否有卸货员、核查员、供应商、仓台主管签名，送货单是否有仓台主管签名。

④ 核查收货单的收货单位、收货数量是否相符，若不相符，应该向有关人员求证核实。

⑤ 在上述工作核对完毕后在单据右上角签字，注明日期，并把一套完整单据放在“待输入计算机”文件架上。

(3) 卸货。

对该供应商进行收货时，要按合理码放的原则在规定的区域内卸货。

(4) 退货或换货。

按照办理退货或换货要求，在安全员的监督下办理退货或换货手续。

(5) 验收货物。

将货物拉到指定的区域内，执行验收程序。

(6) 数量确认。

认定货物符合质量要求后，双方执行数量的确定程序。

(7) 安全员复查。

安全员对收货的数量进行监督和必要的抽查。

(8) 计算机录入。

将收货的明细录入计算机系统。录入员第一次在“收货录入屏幕”输入，并在收货单“录入员”栏签名，整套单据放在“第一次输入计算机”文件架上；校核员第二次在“收货校核屏幕”输入，并在收货单上“校核员”栏签名。整套单据放在“第二次输入计算机”文件架上。

(9) 单据确认。

对收货的单据进行核实，确认无误后，在本工作日进行本次收货的确认。

(三) 各类商品的收货程序

(1) 食品干货、百货收货程序如图 4.11 所示。

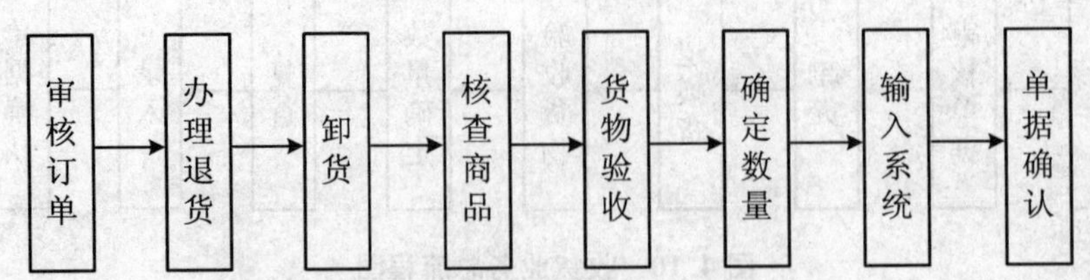

图 4.11 食品干货、百货收货程序

① 审核订单。审核订单是否有效，送货时间是否有效，送货时间是否正确，送货数量和品种是否符合收货要求，确定是否接受该订单。

② 办理退货。复查该供应商是否有退货，办理退货手续。

③ 卸货。按照连锁企业的标准进行卸货，货物必须卸在卡板上，并只能放在未收货区域检查是否符合标准。

④ 核查商品。收货员检查商品是否符合连锁企业的收货标准，如条形码、赠品、组合包装等。如发现不符合标准的，供应商必须在未收货区域自行更正。

⑤ 货物验收。对货物进行开箱检验，检查其证书原件和质量等。

⑥ 确定数量。进行扫描收货，查点数量，注意收货的单位。

⑦ 输入系统。将收货的明细输入计算机系统，打印收货明细报告。

⑧ 单据确认。所有单据、报告上的数量必须一致，收货员与供应商签字确认后，并在收货系统上做好确认工作。

收货时应要注意以下几点：

① 无条形码的商品一律在未收货区域进行处理，按规定贴店内码后，才执行收货程序。

② 条形码在本系统内无效的商品，原则上拒收。

③ 赠品和外包装必须符合标准，不符合标准的在未收货区域进行处理，不能现场处理的，原则上拒收。

④ 单品的送货数量在订单数量的 60%～100%之间浮动，送货品种在订单品种的 50%以上，可以接受收货，超出范围，原则上可以拒收。

⑤ 正在验货、点数的货物，必须在正在收货的区域。

⑥ 收货员必须亲自进行点数，不允许供应商点数与报数。

⑦ 收货员必须进行扫描收货，保证所有的条码在系统中有效。

⑧ 已经完成收货程序的货物，卡板上的商品必须做记号，写上商品编号，拉到已经收货区域或楼面。

⑨ 验货的内容包括：保质期、外箱、合格证、配件、单品的包装等，进口商品是否贴有商检标签和中文说明等。

⑩ 验货采取的方式是开箱验货，例如：对于非标准箱，必须全部打开，100%验货；对于标准箱，20 箱以内 50%抽验，20 箱以上 50 箱以内，20%抽验，50 箱以上，10%抽验。

(2) 精品类商品的收货程序。

精品类商品包括：香烟、贵重的酒类和保健品；化妆品、贵重的手表、贵重的笔和皮具类；VCD、DVD、录像机、照相机、复读机、计算器、电子记事本等；电池、胶卷等。其收货程序如图 4.12 所示。

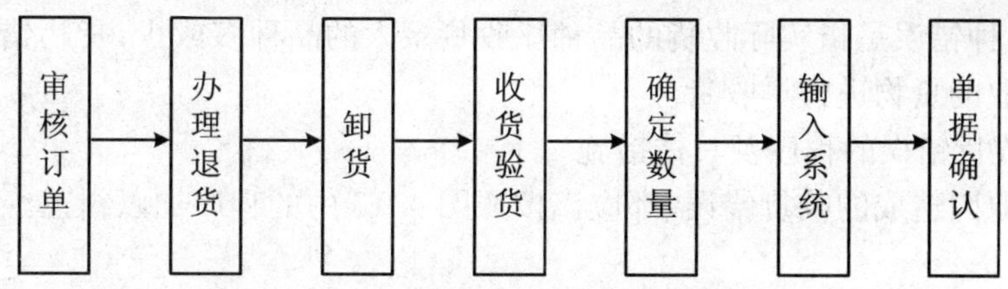

图 4.12 精品类商品的收货程序

① 审核订单。审核订单是否有效，送货时间是否有效，送货时间是否正确，送货数量和品种是否符合收货要求，确定是否接受该订单。

② 办理退货。复查该供应商是否有退货，办理退货手续。

③ 卸货。按照连锁企业的标准进行卸货，货物必须卸在卡板上，并只能放在未收货区域检查是否符合标准。

④ 收货验收。精品类商品 100%开箱查验，食品类要严格检查保质期和外包装。

⑤ 确定数量。进行扫描收货，查点数量，注意收货的单位。

⑥ 输入系统。将收货的明细输入计算机系统，打印收货明细报告。

⑦ 单据确认。所有单据、报告上的数量必须一致，收货员与供应商签字确认后，收货系统才能进行收货确认工作。

(3) 赠品的收货程序。

① 有“非卖品”或“赠品”明确标记的商品一般不经过“赠品发放处”分发，而是与商品一同包装销售。此类赠品不执行收货程序。

② 能被明确识别为非零售店销售的商品，如“欧珀莱”的手表和“浪琴”的手表等。此类赠品一般由精品柜的员工或促销员分发，不通过“赠品发放处”。

③ “买几搭赠”的商品，赠品与商品捆在一起，且赠品无条形码或条形码在本零售店的系统无效。此类赠品不执行收货程序，但赠品的条形码必须被覆盖至无法扫描。

④ 销售某商品时给予的赠品，赠品与商品不捆在一起，且不属于①与②。收货部对此类赠品执行点数程序，一定要以书面形式记录赠品的数量，加贴赠品的标签，并转交客服部的“赠品发放处”。

⑤ 供应商不是以任何商品促销为借口来赞助零售店的赠品，如条幅、灯笼等。此类赠品属非零售店销售，不执行点数程序。商场有类似商品销售的，需贴赠品标签，转交企划部。

⑥ 供应商额外提供给零售店部分商品作为赠品，如每购买 100 箱方便面，则免费赠送 1

箱方便面。对此类赠品必须执行系统收货程序，收货数量是 101 箱，但应标明其中有 1 箱是免费。

（四）纠正收货错误的处理

（1）错误的类型。

收货的错误通常是收货中由于价格错误、数量错误、商品品种错误、货物错收等原因所造成的。价格错误多在生鲜的永续订单中发生；数量错误是指实际数量比收货录入的数量多或少；商品品种错误是指实际收货的品种比收货录入的品种多或少；货物错收是指对本来不属于连锁企业的货物进行了收货。

（2）纠正收货错误的程序及具体措施。

无论什么原因造成的收货错误，都应该按照图 4.13 中的程序加以纠正。

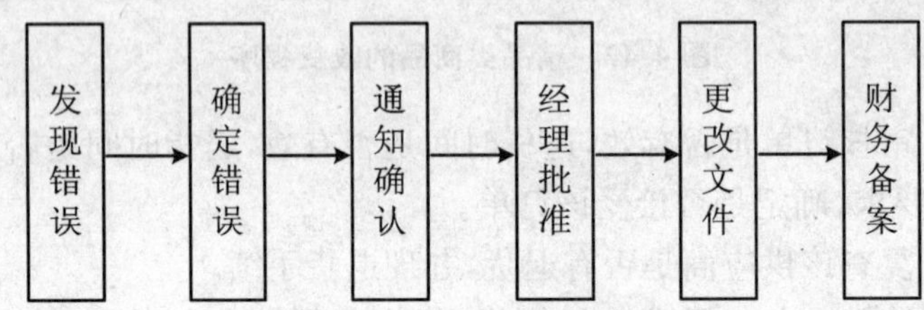

图 4.13　纠正收货错误的程序

具体措施有以下几点：

① 价格错误。核对订单价格与合同的价格是否一致，以本期有效合同的价格为准。

② 数量错误。若货物未进入楼面，应重新进行点数；若已经进入楼面，则进行盘点，确认数量，并咨询楼面人员或收货人员大约的数量是多少。

③ 商品品种错误。若货物未进入楼面，应重新进行清点；若已经进入楼面，则进行盘点，确认正确的品种，并就出现错误的原因咨询楼面人员和收货人员。

④ 货物错收。及时通知供应商，进行退货。

（五）收货管理制度

收货管理制度具体规定如下：

（1）收货专人专责。收货人只能是仓库收货员，其他人员不能代替收货，否则，一切责任后果由代收人独立负责，造成损失的，追究相关责任；特殊情况如收货员已下班，而供应商在晚上送货，则由仓库主管指定责任人收货，填写手工台账，第二天由收货人员补办手续入库。

（2）依订单收货。必须在有采购通知单与供应商送货单及录入的情况下才能收货，缺任一订单都不收货。如有紧急情况，必须先收货的，则沟通采购部由采购部开具手工单并签字盖章的同时请示仓库领导，注明提前收货原因，收货员凭此先收货，注明后补电脑采购订单注明原因；且订单上必须注明是“后补”字样，后补手续必须在 3 个工作日里完成。

（3）坚持单随物走、单实一致。收货员对照采购订单（打印一联）与送货单进行核对其品名、数量、厂家、规格、生产日期、有效期、单价是否一致，需要质检的，通知质检，质检开具质检合格单。按采购订单上的计量单位点收数量(或称重)，如数量多了则拒收，数量少了则在两订单的数量旁标上负数实物，核对完毕则在送货订单上签字。

(4) 收货方法。货物到库后，收货员指导供货商停车，搬运工卸货，并检查货物的运输环境。货物卸到待货区后收货员对大宗整货物进行开箱抽查，抽查率≥30%，如整件包装有缺失则进行全部开箱检查。零货与贵重物品则全部核对，核对其品名、数量、厂家、规格、生产日期、有效期、单价。如有破损、短少、污染影响销售的物品一律拒收，生鲜、冷藏物品必须先收，及时通知保管员拉货入库。收货员主要对商品外观进行目测。收货完毕，收货员通知保管员把货物分类入库，收货单据交由录入员。

(5) 电脑录入。收货员把所有单据交给录入员录入，按实际数量进行修改与录入，然后提交打印入库单，再交给收货员、质检员、供应商核对签字盖章(收货员)。送货单返还给供应商，录入提交打印的入库单(5 联)，财务联与客户联交给财务(付款凭证)，采购联交给采购，存根联交票务，仓库联自留。

(6) 安全卫生。收货员保证收货区的货物安全、工作工具按规定摆放、区域卫生清扫，随时保证收货区的整洁。

二、接收

商品的接收工作主要由后仓人员负责，接收作业必须严格遵守工作时间，服从统一安排，其工作流程如图 4.14 所示。

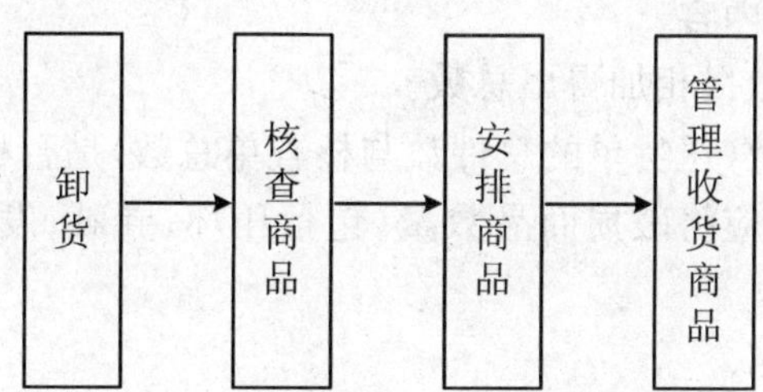

图 4.14　商品的接收工作流程图

1. 卸货

(1) 搬运商品时轻抬轻放，注意商品不被损坏。

(2) 在规定区域合理堆垛商品。

2. 核查商品

(1) 应准确清点商品，一般由两人完成，即一人清点，另一个人复查。

(2) 不要使用计算器，因为如果输入计算器的数字错误，则会导致计数的错误。

(3) 要明确责任，填写核查单应字迹工整。

3. 安排商品

商品堆垛应合理分区，一般可以分为：

(1) 待处理商品区。

(2) 索赔商品区。

(3) 畅销商品及上架商品区。

4. 管理收货商品

对收货商品应妥善管理,具体工具包括单据、印章、缠绕膜、封箱胶带等。

三、卸货

卸货作业首先必须明确供应商所送货物是不是零售店所订货物。如果不是,应通知办公室员工,并与采购员联系,或直接与供应商联系。

1. 填写核查单

开始卸货前,卸货人员应填写核查单,在核查单上填写供应商、承运商、订单号、车号、日期等内容。

2. 检查货车情况

(1) 打开车门,检查商品是否有倒塌或者破损的现象,如果有,应马上做出处理。

(2) 如果货车有任何潜在危险,应马上通知主管。

3. 进行卸货

(1) 卸下第一卡板货物。

(2) 打开其中一箱的商品。

(3) 再一次核对送货单、运送单,看看该商品是不是商店订购的商品。

(4) 按每一项收到商品填写核查单,内容包括商品编号、装箱数、卡板的包装数等。

4. 填写核查单的其他内容

(1) 将各个方格内的数目相加得出总数。

(2) 核查收到的总价数(送货单的总件数与核查单总数)是否相符。

(3) 如果有破损商品,应将破损商品数量(包括压坏、弄脏、发霉的商品数)记录在核查单上。

(4) 签上收货人的姓名。

(5) 注明短缺的商品的准确数量。

5. 码放货物

(1) 将带有卡板的商品堆放在指定区域。

(2) 叉车司机对带有卡板的商品进行堆放。

(3) 无订单商品、店面暂存商品、退换货商品存放在收货区时,都应有标签注明。

6. 更换坏卡板

(1) 商品应堆放在良好的卡板上。

(2) 如果原先的卡板不能使用,则应将商品重新堆放在另外的好卡板上。

(3) 将储存标签贴在新卡板上。

7. 用缠绕膜或橡皮筋包扎卡板

任何商品堆放或运至销售区以前,都应由主管确定是否应用缠绕膜或橡皮筋包扎,如果缠绕膜打包则采用 212 式捆扎,用交叉式包扎。

四、验收

货物到达企业的指定地点后，接着就要对货物进行验收。验收由验收人员同供应商的送货人或者企业本身的收货人员进行。

1. 验收程序

(1) 检查车辆情况。

商品点数验收的第一步是检查车辆情况，这一点对于冷冻或冷藏食品的检查尤为重要。由于冷冻食品的温度应控制在5℃以下，所以必须以冷冻车来运送，而冷藏品的温度只需维持在18℃以下，所以用冷藏车运送即可。不过这两类商品都必须以塑料容器或纸容器来包装，不要直接置于车内，否则易受污染而影响其品质。

(2) 按照商品标示规定检查商标。

《商品卫生管理法》所称的标示，是指标示于食品、食品添加物或商品洗洁剂的容器、包装或说明书上的品名、说明文字、图画或记号。有容器包装的食品、食品添加剂，应在容器或包装上用中文通用符号显著标示下列事项。

① 品名。

② 内容物名称及重量、容量或数量。

③ 食品添加物名称。

④ 制造厂商名称、地址。

⑤ 制造日期。

⑥ 其他经主管机关公告制定的标示。

(3)检查标示日期是否即将过期或已过期。

食品均标示生产日期和有效期限，为防止不法厂商将快到期或已过期的商品混入连锁企业，应检查每种产品的生产日期，一旦发现此类产品快到期或已过期应该立即退货或拒收。

(4) 检查商品外观。

商品必须密封包装，且不得用金属或橡胶带密封。冷冻食品或冷藏食品应检查其包装是否用订书机或其他金属密封，或用橡胶带捆绑；否则应拒收。另外，若有商品包装破损，因其品质较易发生变异，也应拒收。

(5) 检查数量。

检查供应商的送货件数是否与订单相符，并拆开几件货物抽看，看其数量是否与包装上标明的相符。

(6) 检查送货人员。

送货人员离开卖场前，验收人员还要再检查送货人员的物品，以避免夹带事件的发生。

2. 验收方法

(1) 感官验收法。

这是利用人的视觉、触觉、味觉、嗅觉、听觉等器官，来识别商品优劣真伪的一种方法。

① 视觉检验法。它是判断食品质量的一个重要感官手段。食品的外观形态和色泽对于评价食品的新鲜程度、食品是否有不良改变以及蔬菜、水果的成熟度等有着重要意义。视

觉检验应在白昼的散射光线下进行，以免灯光阴暗发生错觉。检验时应注意整体外观、大小、形态、块形的完整程度、清洁程度、表面有无光泽、颜色的深浅色调等。在检验液态食品时，要将它注入无色的玻璃器皿中，透过光线来观察；也可将瓶子颠倒过来，观察其中有无夹杂物下沉或絮状物悬浮。

② 嗅觉检验法。食品的气味是一些具有挥发性的物质形成的，嗅觉检验在 15～25 ℃的常温下进行，因为食品中的挥发性气味常随温度的高低而增减。在检验食品的异味时，液态食品可滴在清洁的手掌上摩擦，以增加气味的挥发。识别畜肉等大块食品时，可将一把尖刀稍微加热刺入深部，拔出后立即嗅闻气味。

③ 味觉检验法。感官检验中的味觉对于辨别食品品质的优劣是非常重要的一环。味觉器官不但能品尝到食品的滋味如何，而且对于食品中极轻微的变化也能敏感地察觉。如做好的米饭存放到尚未变馊时，其味道即有相应的改变。味觉器官的敏感性与食品的温度有关，在进行食品的滋味检验时，最好使食品处在 20～45 ℃之间，以免温度的变化会增强或降低对味觉器官的刺激。几种不同味道的食品在进行感官评价时，应当按照刺激性由弱到强的顺序，最后检验味道强烈的食品。在进行大量样品检验时，中间必须休息，每检验 1 种食品之后必须用温水漱口。

④ 触觉检验法。凭借触觉来鉴别食品的膨、松、软、硬、弹性（稠度），以评价食品品质的优劣，这也是常用的感官检验方法之一。例如，根据鱼体肌肉的硬度和弹性，常常可以判断鱼是否新鲜或腐败；评价动物油脂的品质时，常须检验其稠度等。在感官测定食品的硬度（稠度）时要求温度应在 15～20 ℃之间，因为相应温度可以确保食品的品质。

⑤ 听觉验收法。听觉验收法主要用于识别瓜果的成熟度，鸡蛋的新鲜程度，乐器、音响的音质，以及玻璃器具、铁锅等的质量好坏、有无破损情况等。

（2）标示验收法。

这是一种根据商品的外观或包装上特有标示或标记，来识别商品真伪的验收方法。标志验收法主要有以下五种：

① 商标标示验收。商标是用来区别同类商品的标示。根据我国商标法的规定，商标注册人享有专用权，受法律保护。商标一经注册，就可在商品的外包装上标志“注册商标”字样或 R 图样。通过商标可以识别商品的真伪优劣。这主要从商标图案的结构形式与颜色，商标的名称、字样与书写笔迹，商标的符号，以及商标的印刷与使用是否符合商标法的有关规定来鉴别。通过对比，辨别商品的真伪。

② 质量标示验收。产品质量标志是证明产品符合标准或达到某一水平的一种记号。如 QS 标志、3C 标志等。实行质量标志，不仅是贯彻国家标准、保证产品质量的有效手段，也是维护消费者利益，方便选购进货的一种有效方法。

③ 标记验收。就是根据商品或商品包装上的标记来识别商品的真伪、优劣、正品副品等。这种方法又可分以下四种。

A. 等级标记。如布匹的等级可以从标签上的颜色来鉴别：标签上印有红字的为一等品，绿字的为二等品，蓝字的为三等品，黑字的为等外品。

B. 规格标记。如男女衬衫都是按一定型号制作的，其标示一般都在衣领上。统一以厘米为单位。

C. 印记标示。如瓷器是以底部的印记表示等级的，圆形的印记为一等品，二字形印记为二等品，三角形印记为三等品，不合格产品底部印有“次品”字样。

D. 特定标记。例如：名牌自行车的主要部件上都有特定标记且规格精致，假冒名牌车则没有统一的标花和印记。

④ 激光全息防伪标示验收。这种标志是利用激光全息防伪技术制作的彩色多变立体图形，它犹如通讯密码一样，难以伪造或复制。我国在 1991 年以来，相继在医药、茶叶、服装及机电产品等行业使用了这样的防伪标志。

⑤ 条形码标示验收。条码是一组规则排列的条、空及对应字符组成的，用以表示一定信息的标记。商品条码又称商品编码或商品代码，它在编制过程中具有唯一性和无含义性的特点。其唯一性是指商品项目与其标志条码一一对应，即一个商品项目只有一个条码。条码的无含义性指条码数字本身及其位置，不表示商品的任何特定信息。在通用的条码中，商品编码仅仅是识别商品的手段。通过商品条码标志，也可以鉴别出商品质量的高低。一般来说，能够使用商品条码的商品，必须是得到质量认证的商品。

(3) 包装验收法。

设计新颖、造型美观、色彩鲜艳的商品包装，不仅可以保证商品的质量、方便储存，而且可以极大地美化商品、吸引消费者、激发消费者的购买欲。这就要求验收人员从以下几方面掌握包装验收的方法。

① 从商品包装标示上鉴别。包括：运输标志和商品标志。

A. 运输标志主要由一个简单几何图形和一些字母、数字及简单的文字组成。它不仅是运输过程中辨认货物的依据，而且是一般贸易合同、发货单据和运输、保险文件中，记载有关标志的基本部分。内容主要包括目的地名或代号，收货人或发货人的代号，商品的合同号、件号、体积、重量、原产国等。

B. 商品标志。通常由一些注明包装内商品特征的文字、符号组成。它既是发货的依据，也是收货工作和识别货物的依据，内容主要包括商品的编号、品名、规格、色别、计算单位、数量等级等。

一般来说，真品、名优商品的包装标志使用的文字符号、图形等，不仅符合国家有关规定，而且选用文字简洁、图案清楚。使人看了一目了然，方便查对。伪劣品则文字不规范，图案不清晰，印刷模糊不清。

② 从包装装潢上鉴别。真假商品的包装在装潢上存在着差异性。一般名优商品的包装比较讲究，包装纸不仅质量好、白度高、光泽度好，而且装潢和商标印制精美、套印精确、色彩鲜艳、画面美观。而假冒伪劣的包装纸粗糙、白度差、光泽度差，商标装潢印制常有套印不准确、颜色不纯的现象。如“娃哈哈”饮料，凡属真品，各种规格的包装上均印有醒目的“娃哈哈”注册商标图案，包装精致，印制清晰；而冒牌的“娃哈哈”一般没有“娃哈哈”图案，包装装潢粗劣。

③ 从包装标签上鉴别。购进有固有包装的商品，应特别注意识别商品包装标签的真伪。

④ 从包装材料上鉴别。一般商品的包装材料因商品的性质和特点不同而不同，似乎很难从包装的材料上识别出商品的真伪优劣。但多数名优产品，不仅包装上的商标、装潢等与

众不同，而且包装的材料也特别讲究。

(4) 文件验收法。

文件验收又称凭证验收。购进耐用家电商品，如电视机、电冰箱、音响、空调等商品，按国家有关部门规定，除通过当面验机外，还应索取发票和"三包"(包修、包退、包换)等凭证。

情景案例

合肥市某超市进了一批茶叶，仓储管理员将茶叶储存于一日化仓库，请问他这样操作是否正确？茶叶的储存应注意哪些方面？

案例解析：

仓储管理员的操作不正确。首先，茶叶必须储存在干燥、阴凉、通风良好、无日光照射，具备防潮、避光、隔热、防尘等防护措施的库房内，并要求进行密封。其次，茶叶应专库储存，不得与其他物品混存，尤其严禁与药品、化妆品等有味、有毒、有粉尘和含水量大的物品混存。库房周围也要求无异味。最后，一般库房温度应保持 15 ℃以下，相对湿度不超过 65%。

任务四　退货、调拨管理

一、退货管理

(一) 退货的原则

退货作业是对不合格商品或问题商品常见的处理方式，一般由验收人员、仓管人员和采购员按照一定的退货原则协调进行。

1. 优先原则

所有的供应商在办理收货手续时，必须办理退货手续。

2. 时限原则

所有已经确认的退货，供应商必须在规定的时限内办理，如商品 5 天、百货 10 天等，超过时间的，退货组则自行采取措施予以处理。

3. 准确原则

供应商名称、商品的品名、退货的数量必须准确无误，退货实行 100%的复查原则。

4. 财务确认原则

所有的退货必须在系统进行退货确认前得到财务处确认，真正做到可以在付款上体现出退货的扣账项目。换言之，只有财务确认的退货，才能在系统中减库存，才可以在退货区域存放。任何未经财务确认的退货，退货组一律不接受。

（二）退货的标准与例外情况

1. 退货的标准

（1）生鲜商品。

① 符合合同的退换条件。

② 商品自身不符合商品的质量标准或合同规定的标准。

③ 顾客投诉有质量问题的商品。

④ 国家质检部门检查出的有质量问题或不符合标准的商品。

⑤ 包装破损、冷冻食品解冻后不能食用、超过保质期等。

（2）家电类商品。

① 符合合同的退货条件。

② 有质量问题，符合《消费者权益保护法》的相关规定。

③ 国家质检部门检查出的有质量问题或不符合标准的商品。

④ 属于季节性的商品。

（3）其他商品。

① 有质量问题，符合《消费者权益保护法》的相关规定。

② 国家质检部门检查出的有质量问题或不符合标准的商品。

③ 符合合同退货条件。

④ 变质、包装破损等。

2. 例外情况

退货商品出现下列情况之一时，不能退货。

① 不符合退货条件的，如在商场销售过程中死亡的虾、蟹等。

② 家电类商品的包装、配件、说明书等不齐全或损坏的。

③ 陈列的样品。

④ 非供应商原因而产生瑕疵的商品。

⑤ 过期的商品（生鲜除外）。

⑥ 已经使用过或开了包装的卫生用品、电池、胶卷等消耗性商品。

⑦ 不够组合包装的最小包装数量的商品。

⑧ 因顾客或员工因素而损坏的商品。

⑨ 退货的总金额达不到退货标准。

（三）退货作业流程

1. 退货流程图

退货作业流程图如图 4.15 所示。

2. 退货注意事项

（1）必须符合退货的条件，包括连锁企业规定的最低退货金额和合同规定的相关退货协议，不符合条件的不能退货。

（2）退货组必须得到财务部的确认，才能接受楼面部门的退货。

(3) 退货组必须实施楼面人员与退货组人员交接制度,退货必须有退货单,退货组不接受无单的退货,双方人员当场清点数量,核实后封箱。

(4) 退货的点数单位必须与系统中的销售单位(即库存单位)一致,包装不够一个销售单位的不能退货。

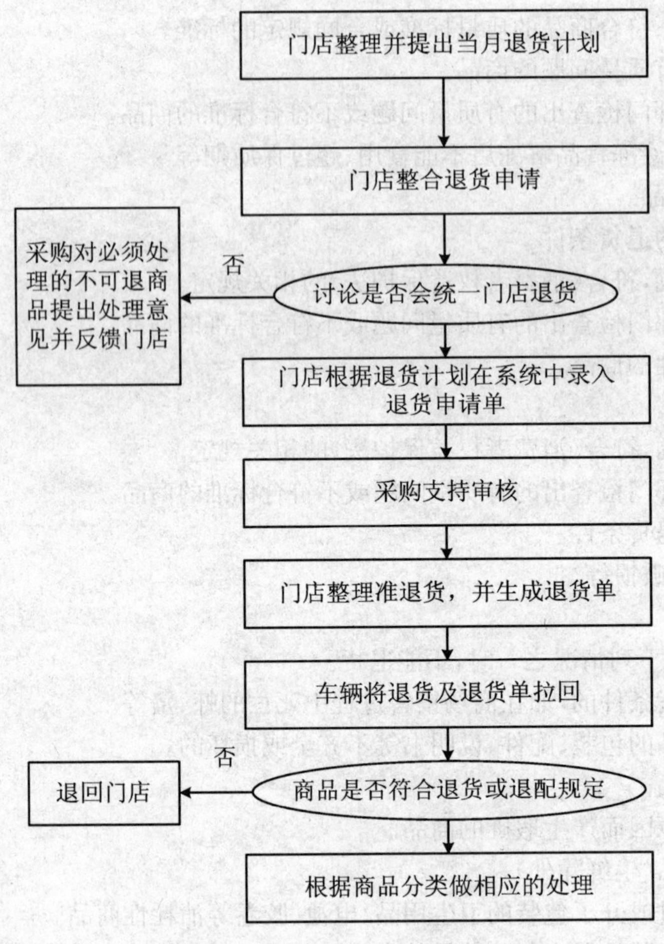

图 4.15 退货作业流程图

(5) 退货确认后,若计算机库存数据中出现负数,退货组要书面通知楼面人员库存存在异常。

(6) 凡是不能实现实际退货的商品,退货组应决定是否进行报损处理。

(7) 退货必须执行退货金额的权限标准,规定退货主管、楼面经理、连锁企业经理的退货权限,超过一定金额的退货,必须报连锁企业经理审核批准。

(8) 大宗退货必须有采购部的书面通知。

(9) 不许任何条件的空退货(有单无货)。

3. 退货商品的领取程序

(1) 领取退货的通知。

退货组在办理退货的 12 小时内，以传真方式通知供应商领取退货。

(2) 通知内容。

通知内容包括领取退货主要的时限、箱数、总金额等。

(3) 领取退货。

领取退货主要包括两个方面：

① 供应商送货时办理退货。供应商在送货时办理退货手续。

② 供应商领取退货。供应商单独领取退货时，必须出示公司的证明或委托证明、身份证明等。

(四) 退货管理制度

1. 文件的管理制度

(1) 退货通讯录的管理。

退货通讯录的管理是指供应商的详细通信地址、电话等，以及采购部最新的退货条件等。将退货通讯录中的各种资料按照部门和供应商的编号进行排列，并定期对其进行修正。

(2) 退货文件的管理。

对所有的退货文件，特别是退货更正单和退货单等，必须予以保留，并按日期和退货验货号进行存放。

(3) 报损登记的管理。

每日商品报损单按日期进行存放，其他类的报损单据分类进行存放。

2. 办公室的管理制度

(1) 非授权人员和供应商不得进入退货办公室。

(2) 退货办公室的计算机设备为退货专用。

(3) 退货办公室内不能销毁任何商品。

(4) 退货办公室应该保持环境清洁和安全。

二、调拨管理

1. 调拨的含义

调拨是连锁企业门店之间的作业，它是某门店发生临时缺货，且供应商或配送中心无法及时供货，而向其他门店调借商品的作业。

2. 调拨的原因

(1) 门店销售急剧扩大，而存货不足。

(2) 供应商送货量明显不足。

(3) 顾客临时下大量订单。

3. 调拨的作业流程图

调拨的作业流程图如图 4.16 所示。

4. 调拨前的注意事项

(1) 若临时下大量订单，最好先联系其他门店。

(2) 商品调入与调出，须在店长同意下进行。

(3) 调拨车辆安排。

(4) 工作人员与时间安排。

5. 调拨时注意事项

(1) 填写调拨单,并签名确认。

(2) 由双方门店验收检查并确认。

(3) 调拨单一式两联。

(4) 调拨单需定期汇总并送至总部会计部门,以配合账目处理。

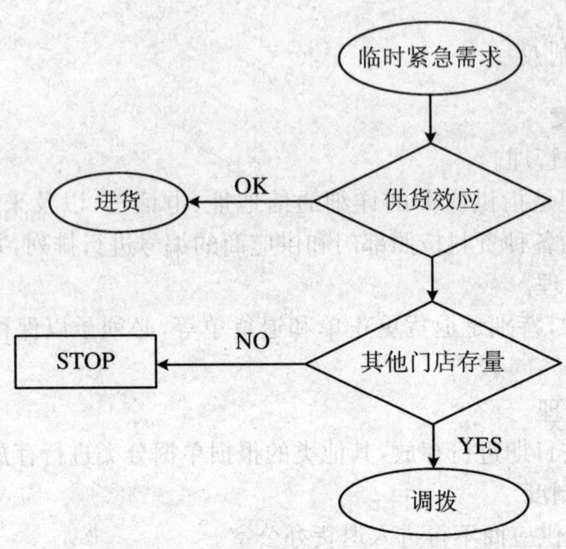

图 4.16 调拨的作业流程图

6. 调拨后注意事项

(1) 拨入、拨出门店均须检查存货账与应付账是否正确。

(2) 拨入门店应注意总结教训,重新考虑所拨人商品的最低安全存量、每次订货量以及货源的稳定性,尽量避免重复发生类似事件。

任务五 盘 点 管 理

在连锁企业门店作业中,盘点作业可以说是一项繁重、最花时间的作业。通过盘点作业可以计算门店真实的存货、费用率、毛利率、货损率等经营指标。盘点的结果可以说是一份门店经营绩效的成绩单。

(一) 盘点的目的

在连锁企业门店作业中,盘点作业可以说是一项最繁杂、最花时间的工作。盘点工作的进行是对现有商品库存实际状况的具体清点,而电脑反映的数据与实际数据总有一定的差距。通过盘点作业可以计算出连锁企业门店真实的存货、费用率、毛利率、耗损率等经营指标，因而，盘点作业是必不可少的，盘点的结果是衡量连锁企业经营状况好坏最准的尺度。盘点的目的主要是：

(1) 确认门店在一段经营时间内的销售损益情况。

(2) 掌握门店的存货水平、积压商品的状况。

(3) 了解目前商品的存放位置和缺货状况。

(4) 发现并清除门店已到报警期商品、过期食品、残次品或滞销品等。

(5) 对于经常出现异常的商品部门，采取抽查的方式，进一步发现其弊端，杜绝不轨行为。

(二) 盘点的相关概念

(1) 手持终端(HHT)：计算机设备的一种，可以存储商品的资料和数据，相当于输入终端记忆器。它与主机联网后，可以将数据传输给主机进行处理。

(2) 初点：第一次进行的商品点数。

(3) 复点：第二次进行的商品点数。

(4) 三点：在两次盘点计数后，数据不能一致的商品。进行第三次或多次的点数。

(5) 抽点：对已经经过复点的商品进行点数。

(6) 点数单位：商品在点数时的计数单位。

(7) 正常陈列区：商品正常陈列销售的货架和区域。

(8) 货架库存区：商品正常陈列销售的货架上方用来存放商品的库存的区域。

(9) 后仓：非销售区域的仓库。

(10) 周转仓：收货部临时用于存放商品的区域。

(11) 控制台：在盘点进行过程中设置的盘点控制中心。

(12) 锁库：计算机中心对系统的数据进行“锁住”的动作，锁库后，系统不能收货和销售，不接受任何数据的更改。

(13) 系统陈列图：将楼面的陈列图按盘点程序输入计算机系统。

(三) 盘点制度的建立

盘点制度是由连锁企业总部统一制定的，其内容一般包括以下几个方面。

1. 盘点的周期

(1) 定期盘点。即每次盘点间隔期间一致，如一个月或一季度盘点一次。采用定期盘点以事先做好准备工作，因而一般连锁企业都采用这种方式，但是该方式未能考虑假期等特殊情况。

(2) 不定期盘点。即每次盘点间隔期间不一致，机动弹性较大，主要考虑到节庆假期、经营异常或意外事件的发生等特殊情况。它是在调整价格、改变销售方式、人员调动、意外事件、清理残货等情况下进行的盘点。

2. 盘点的原则

(1) 真实。要求盘点所有的点数、资料必须是真实的，不许作弊或弄虚作假来掩盖漏洞和失误。

(2) 准确。盘点的过程要求准确无误,无论是资料输入、陈列的核查、盘点的点数都必须准确。

(3) 完整。所有盘点的流程,包括区域的规划、盘点的原始资料、盘点点数等都必须完整,不要遗漏区域商品。

(4) 清楚。盘点过程属于流水作业,不同的人员负责不同的工作,所以,所有资料必须清楚,人员的书写必须清楚,商品的整理必须清楚,才能使盘点顺利进行。

(5) 团队精神。盘点是商场员工共同参加的运营过程。为减少停业的损失、缩短盘点的时间,零售企业各个部门必须有良好的配合协调意识,以大局为重,使整个盘点按计划进行。

3. 盘点的方法

(1) 按实地盘点。它是按商品存放的位置、地点的顺序进行的盘点。主要是防止重盘、漏盘。盘点时要做到商品件件移位,对已拆包的整箱、整件商品也应点清数目。

(2) 复式平行盘点。一人负责点实货,另一人负责在盘点表上填写数字并结出金额,然后互相校对复查以避免错误,这种方法采取重复盘点的方式,以保证盘点的准确性。

(3) 按账盘点。其也称按表盘点,即按盘点表上所列商品的顺序进行实物清点。盘点表上所列商品顺序与实物排列的顺序不可能完全相符。在盘点时常会出现交叉串盘,若抄写盘点表时遗漏或搞错货号,就会造成错盘,错盘又很难找出原因,因此,一般不采用这种盘点方法。

(四) 盘点作业的程序

盘点作业的程序如图 4.17 所示。

1. 建立盘点制度

为加强商品存货管理,保障商品资产的安全性、完整性、准确性,及时、真实地反映商品库存状况,使盘点更加规范化、制度化,企业必须建立盘点制度。

2. 盘点组织落实

盘点组织落实要明确盘点职责。

(1) 商场经理:负责盘点组织工作,主导盘点工作。

(2) 商品部、柜组:负责商品盘点工作。

(3) 财务部:负责对盘点抽查、盘点盈亏调整审核;定期或不定期对各项存货进行稽核、盘点。

(4) 相关部门:负责本部门盘点及盘点协助工作。

3. 盘点责任区确定

盘点作业要确定责任区域落实到人。为使盘点作业有序有效,一般可用盘点配置图来分配盘点人员的责任区域。

4. 盘点前的准备

5. 盘点

(1) 初点:第一次进行的商品点数。

(2) 复点:第二次进行的商品点数。

6. 盘点结果处理

(1) 盘点若产生盈亏,应于盘点后 3 个工作日内,由部门主管编制《盘点盈亏报告》,报部门经理审核后转财务部。

(2) 财务部对《盘点盈亏报告》复核无误后,编制《盘点汇总表》,将《盘点盈亏报告》、《盘点汇总表》报主管经理审批,要求在一个工作日内完成。

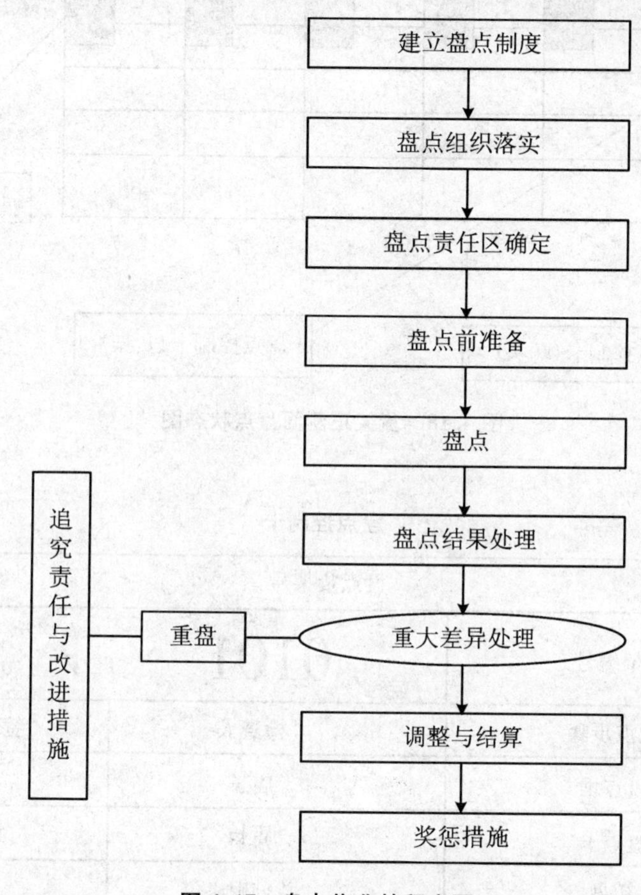

图 4.17 盘点作业的程序图

7. 重大差异处理

(1) 财务部门在接到审批后的《盘点盈亏报告》后,根据问题产生的原因和产生差异的实际情况,完成财务调整工作。

(2) 盘点报告编制及后续工作。

8. 调整与结算

盘点结束后,柜组须在规定的日期内进行呆废物料处理申报工作。

9. 奖惩措施

财务部门须将盘点奖惩结果转交综合管理部编制奖罚通告,罚款则在责任人当月的工资中予以扣取。

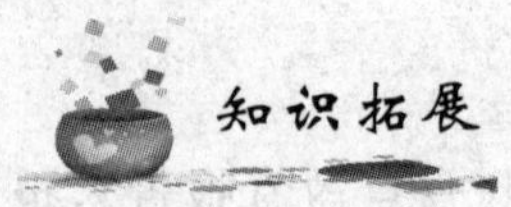

图 4.18～图 4.24 为盘点的相关图表。

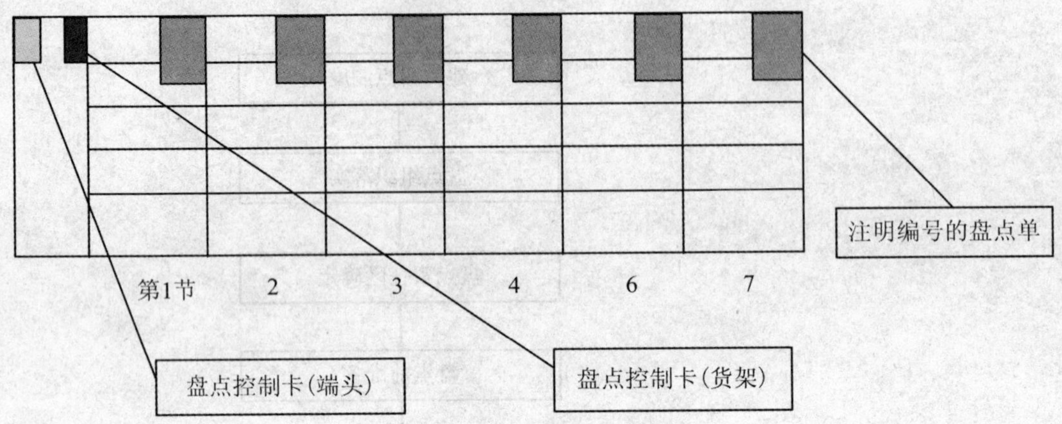

图 4.18　货架正侧面盘点状态图

盘点控制卡

盘点货架号		
货架编号	0101　(合计___节)	
盘点步骤	检查人	签　字
盘点堆	店长	
盘点卡	店长	
初盘	总部财务	
复盘	总部财务	
收单	总部财务	
输入	总部财务	

图 4.19　盘点控制卡

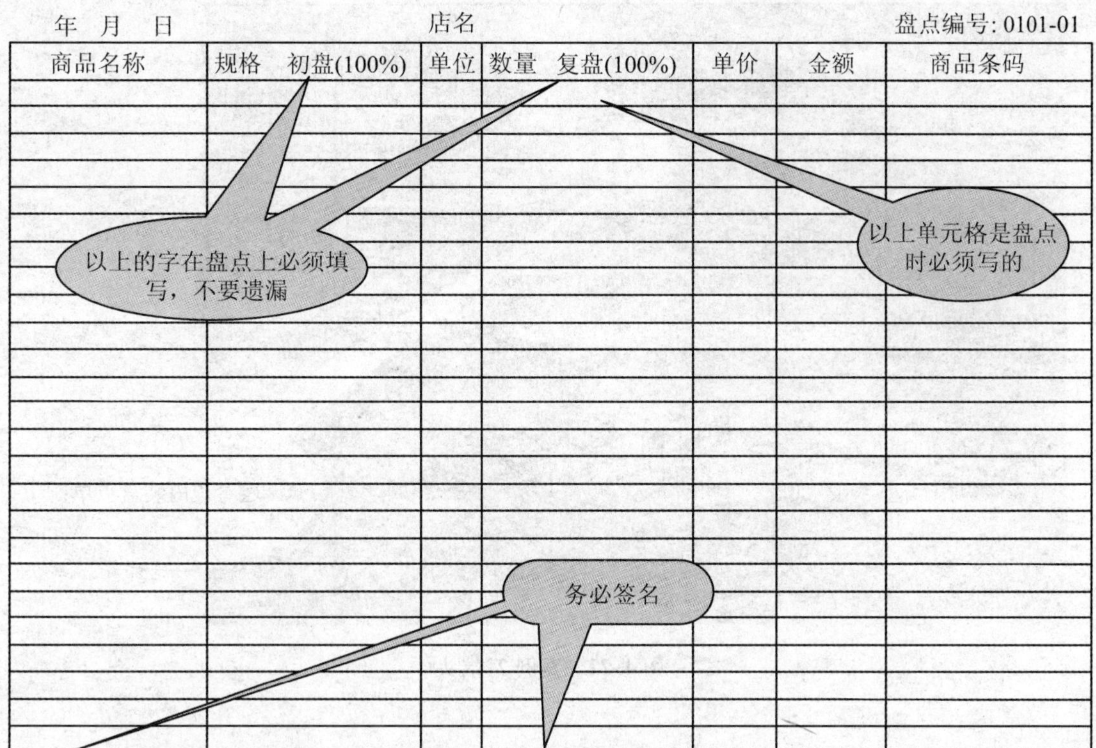

超市商品盘点单

年　月　日　　店名　　盘点编号: 0101-01

商品名称	规格　初盘(100%)	单位	数量　复盘(100%)	单价	金额	商品条码

初盘人签名　　复盘人签名

图 4.20　超市商品盘点单

图 4.21　案例 1:货架编号

图 4.22 案例 2:端头

图 4.23 案例 3:堆头

图 4.24 案例 4:地堆

任务六 存 货 管 理

(一) 存货管理的意义

(1) 可以帮助企业仓库管理人员对库存商品进行详尽、全面的控制和管理。
(2) 帮助库存会计进行库存商品的核算。
(3) 提供的各种库存报表和库存分析可以为企业的决策提供依据。
(4) 实现降低库存、减少资金占用,避免物品积压或短缺,保证企业经营活动顺利进行。

(二) 存货控制

每个店长都要面对存货管理问题。存货要占用资金,存货越多,资金使用效率就越低,因此需要对存货进行有效控制,那么该如何进行控制呢?

门店可以以商品周转期(商品从进货到销售出去的时间)和商品订购前置时间(从订货到进货的时间周期)来规划安全存量。可用平均每日销售量和订购前置时间粗略地计算安全存量,再视缺货情况和淡旺季做调整。

此外,连锁企业门店可以用周转率来控制存货。周转率的计算公式为:

周转率=月销售额/平均库存额

一般来说,商品若毛利低、周转快,则需要较高的周转率(为 2.5～3.0),如商品专卖店;商品若毛利高、周转慢,则周转率可适当低一些(为 0.5～1.0),如珠宝专卖店、高级服装专卖店等。

（三）存货管理的途径分析

（1）严格执行财务制度规定，使账、物、卡三相符。

存货管理要严格执行财务制度规定，对货到发票未到的存货，月末应及时办理暂估入库手续，使账、物、卡三相符。

（2）采用ABC控制法，降低存货库存量，加速资金周转。

对存货的日常管理，根据存货的重要程度，将其分为ABC三种类型。A类存货品种占全部存货的10%～15%，资金占存货总额的80%左右，实行重点管理，如大型备品备件等。B类存货为一般存货，品种占全部存货的20%～30%，资金占全部存货总额的15%左右，适当控制，实行日常管理，如日常生产消耗用材等。C类存货品种占全部存货的60%～65%，资金占存货总额的5%左右，进行一般管理，如办公用品、劳保用品等随时都可以采购。通过ABC分类后，抓住重点存货，控制一般存货，制订出较为合理的存货采购计划，从而有效地控制存货库存，减少储备资金占用，加速资金周转。

（3）加强存货的采购管理，合理运作采购资金，控制采购成本。

① 计划员要有较高的业务素质，对生产工艺流程及设备运行情况要有充分的了解，掌握设备维修、备件消耗情况及生产耗用材料情况，进而做出科学合理的存货采购计划。

② 要规范采购行为，增加采购的透明度。本着节约的原则，采购员要对供货单位的品质、价格、财务信誉动态监控；收集各种信息，同类产品货比多家，以求价格最低、质量最优。

③ 对大宗原燃材料、大型备品备件实行招标采购，杜绝暗箱操作，杜绝采购黑洞。这样，既确保了生产的正常进行，又有效地控制了采购成本，加速了资金周转、提高了资金的使用效率。

（4）充分利用ERP等先进的管理模式，实现存货资金信息化管理。

要想使存货管理达到现代化企业管理的要求，就要使企业尽快采用先进的管理模式，如ERP系统。利用ERP使人、财、物、产、供、销全方位科学高效集中管理，最大限度地堵塞漏洞，降低库存，使存货管理更上一个新台阶。

对于商品的存量控制，要遵守一定的商品管理规则，具体有：

① 规范商品的存放。店长要尽量避免将货物胡乱堆放或不打开纸箱从而不知道里面是什么货品，甚至不知道货品放在何处。要保持仓库和营业场所一样整齐，货物摆放有条不紊，以方便管理。

② 促进商品销售。连锁企业门店的店长要树立这样一种意识：商品卖不出去就是损失。因此每天工作都要小心谨慎，要细心做好商品的整理排列，提早做好滞销商品的打折促销工作，以免延误商机，将货砸在手里。

③ 及时做好换货、补货工作。销售人员应提前预测哪款商品可能会热销，并及时做好补货工作，以免错失良机；同时要强化与供应商的关系，极力争取退货或换货，尽可能减少库存，并实时追加商品。

任务七　损耗管理

一、门店损耗的产生

（一）门店损耗概述

1. 门店损耗的定义

美国食品营销协会《超市防盗手册》对超市的损耗有如下定义：损耗是店铺接收货物时的商品零售值与售出后获取的零售值之间的差额。这样看来，损耗产生的原因就不仅限于前述的理解，损耗应该是由于盗窃、损坏及其他因素共同引起的。这个定义比较着重于损耗在价值上的综合体现。

据说，全世界零售业每年的商品损耗高达1600亿美元；在我国，这一数字也是高达250亿元人民币。上海某超市开业第一个月的营业额为60万元，但商品损耗却超过10万元，因而被迫歇业。随着中国加入WTO，国内连锁企业中的大卖场发展迅速，前景看好。但由于竞争激烈，目前其经营利润只有1%左右。业内人士普遍认为，若能将大卖场在2%以上的商品损耗率降低到1%，则其经营利润可以增长100%。可见防损耗管理对大卖场发展的重要性。

2. 门店耗损产生的原因

(1) 收货单据计数错误。在收货环节上，由于相当一部分为非标准生鲜品和原材料，因鲜度、水分含量和冷藏温度等的不同，收货的标准受收、验货人员的经验影响较大，出现判断误差和计数错误的可能性也较大，这里也不排除故意的人为原因造成的误差。

(2) 内部和外部偷盗行为。生鲜商品和原材料因其可直接食用的方便性、保存陈列的方式和位置不同，一般来讲，水果、熟食、面点等部组的偷盗损耗率会高一些，而且一旦失窃不易查证；内部员工偷吃公司的商品或未经许可试吃商品等。

(3) 收银计数错误。这类错误常出现在两个环节：一是非标准生鲜品在称重计量时打错商品名称，出现计价错误；二是收银台对商品扫描时发生计数错误。

(4) 退换/索赔商品处理不当。部分超市未设立索赔商品管理组或专职人员，或管理工作不到位，索赔商品得不到及时处理，无法取得合理的索赔商品补偿，使得本可挽回的损失扩大化。

（二）门店损耗的防范

由于损耗控制涉及面广而且复杂，因此要以全员损耗控制意识和高标准的管理制度为保证，辅之以强化损耗原因分析。减少损耗的基本思路可从三个方面展开：

1. 损耗控制的制度保证

制度保证的核心目的是列出相关工作流程，找出关键控制点，以高标准的管理制度的制定和执行来减少各个工作环节中可能出现的损耗机会，降低损耗发生的几率。它起着全面预防的作用，但同时也带有一定的被动性，在这个基本思路中有几项工作要点特别值得注意：

(1) 要根据各生鲜部组具体的商品类别的加工生产流程，制定出各项操作规范和管理工作制度，建立健全各个加工生产、服务、仓管等工位的岗位工作责任制。

(2) 根据上述损耗原因分析和生产工作流程，进一步明确并列出关键控制点，采取切实可行的关键点检查和控制措施，以便针对损耗多发环节有重点地进行控制与管理。

(3) 本着数字化经营理念，建立完善的损耗原因分析数据资料记录，每次重大损耗和事故的发生时间、环境、当事人、品种、数量、金额、原因等信息都应详细记录在案，定期对原始记录进行统计分析，将损耗控制要点及时提示给有关工作人员，指导、跟踪专项损耗控制工作的进行，最终使损耗控制工作建立在翔实的数据分析的基础之上。

2. 损耗控制的方法保证

方法保证是在工作制度执行过程中，不断总结经验，选择管理重点，以良好的管理技巧和方法达到损耗控制的目的。

(1) 把握好供、存、产、销之间的平衡关系。

管理人员要与员工一起，注意做好同期销售记录的积累和销售总结，共同分析不同季节和节假日的各类产品的销售规律，平衡好供存产销的关系，提高原料和产品订货的准确性，这种平衡是建立在长期的经验积累和销售记录分析的基础上。

(2) 做好产品二次开发工作 。例如，生鲜产品的二次加工和深度开发，就是将即将过期卖不掉的商品，提前回收，转到其他生鲜部门去加工成熟食制品、半成品配菜，或者其他促销赠品，这方面的转化品种较多，毛利也大一些。

生鲜品二次加工和品种深度开发建议归入适当的部门，以便灵活经营促成良好的转换，这是经常被忽略、却有助于降低生鲜损耗的方法。例如：

① 切片面包可转制为：面包干、三明治。

② 蔬菜水果可转制为：各式配菜、快餐、果盘、果汁。

③ 肉类可转制为：调理肉、半成品肉菜。

④ 水产品可转制为：半成品配菜等。

(3) 有效期管理解决方法。

商品的有效期管理是一项十分繁琐，但又必须认真对待的工作。有效期管理无序必将导致大量产品过期损耗，在这项工作中有几点细节考虑：

① 安排专人整理货架，明确岗位责任或班组责任制。

② 所有产品的封口纸颜色隔日交替使用，例如，单日为红、双日为绿等。

③ 建立严格的有效期管理工作检查和复查制度。

3. 损耗控制的培训保证

从防范损耗的各种工作分析中可以发现，人员专业培训投入与损耗发生明显呈反比，专业培训对于减少损耗起着不可忽视的作用。这种培训一方面是生鲜区的相关操作规程及管理规范的培训、示范和演练；另一方面也是更为重要的是加强员工对生鲜商品属性和管理的认识，着重提高员工的商品认知水平，因为在实际工作中相当一部分的商品保管、处置不当的损失就是由于员工对所经营商品缺乏基本了解所致，而这方面的业务培训却常常会被忽视。

二、门店偷窃事件的防范与处理

由于社会结构的转变、道德意识的薄弱、商店经营形态的改变，以及个人心理等因素，造成卖场商品被窃的比例逐渐升高，逐渐成为商品耗损的主要原因之一。商品偷窃主要有员工偷窃、供应商偷窃和顾客偷窃等多种类型，尤以员工偷窃最为严重。以美国为例，全美国全年由于员工偷窃造成的损失高达4000万美元，比顾客偷窃高出5～6倍。这些资料表明，防盗是卖场防损的首要工作。

（一）员工偷盗的防范与处理

1. 员工偷盗的行为表现

(1) 员工直接偷窃公司的商品、赠品、用品。

(2) 员工直接偷窃公司同事的私人财物。

(3) 员工未按有关程序而故意丢弃公司的商品，以逃避责任。

(4) 员工与员工或外人进行勾结，策划、协助进行盗窃或一条龙的盗窃活动。

(5) 员工偷吃公司的商品或未经许可试吃。

(6) 员工利用改换标签或包装，将贵重的商品以便宜的商品或价格结账。

(7) 员工未经过正常程序，故意将价格标低，使自己的朋友、亲友受惠。

(8) 员工未按公司的程序，私自将楼面的文具、工具、用具拿来自己用。

(9) 员工未经过许可，私自使用或拥有供应商提供的赠品。

(10) 员工贪污公款、携款潜逃。

(11) 收银员从收银机中盗窃钱款。

(12) 收银员为亲属、朋友等少结账或不结账。

(13) 收银员利用其他手段从收银机中盗窃钱款。

(14) 客服人员利用退货、换货等手段盗窃公司钱款。

(15) 员工接受供应商的回扣、礼品、招待、用餐、消费及旅行等各种形式的馈赠等。

2. 员工偷盗防范

超市防内部偷盗是超市管理中非常重要的一环，是上至总经理下至每一位管理层的重要工作之一，也是每一位超市工作人员必须遵守的最重要、最基本的行为规范。可以说，诚实的良好品德是从事零售商业，特别是在零售的营运领域工作的人员，最重要、最基本的道德要求。在这个问题上，无论其职位的高低，一律是一票否决，因为商场的最大损耗产生于内盗，它也是超市损耗的主要组成部分。管理者要降低损耗，控制损失，必须在对内盗的防范上进行严格有效的管理。

(1) 员工的预防教育。

对员工进行从入职开始的不间断的教育工作，教育分正面、反面等多种方式，采用开会、板报、活动等多种方式，必须阐明：

① 公司具备严格的管理制度和监视系统。

② 公司对偷盗严厉打击的措施和处罚方法。

③ 员工应具备在本行业工作的最基本的道德规范。

④ 员工因偷窃将给个人带来严重的后果,包括承担刑事责任。

⑤ 偷盗不仅损害公司的利益,同时损害所有公司同事的利益与福利。

(2) 内部举报制度。

控制损耗是超市每一位员工的责任和工作内容。因此鼓励员工检举偷盗行为,调动员工的积极性,设立内部举报奖励制度。

① 内部举报必须是实名举报,不接受匿名举报。公司对举报者的举报姓名、内容予以保密。

② 设立举报电话、员工信箱,接受内部员工的举报。

③ 对于举报的查证,由安全部进行,在规定的时间内完成。

④ 对于举报经查证属实者,对举报者给予一定的经济奖励,根据举报案例所挽回的经济损失,具体决定奖励的数额。

(3) 内部安全调查。

为严厉打击内盗,安全部每日都要进行安全调查。安全调查不仅仅是案件发生后或接到举报后进行的取证工作,也是日常工作中随时对正在进行的偷盗行为予以制止和查处。以下列举一些员工异常迹象的警讯,管理层需要提高警觉,防患于未然。

① 员工背大包上下班。

② 员工在工作时间内未从员工通道进出。

③ 员工在操作间、洗手间、电梯间吃东西,附近无管理层在现场。

④ 夜间作业的员工场所,发现较多的商品空包装。

⑤ 员工表情过于紧张或异样。

⑥ 员工与某顾客熟悉并亲自为其挑选商品。

⑦ 员工特意为某顾客到仓库取商品。

⑧ 员工在仓库对原包装商品进行更换包装。

⑨ 员工购买大包装商品。

⑩ 贵重商品的销售与电脑库存不能一一对应。

(4) 严格的管理/检查体制。

① 严格特殊标签的管理程序。

② 严格降价的执行程序。

③ 严格赠品的管理与发放程序。

④ 严格家电提货的检查和库存登记程序。

⑤ 严格贵重物品的收货及台账程序。

⑥ 严格收银的退换货程序。

⑦ 严格现金的提取程序。

⑧ 严格各种人员、商品进出的管理程序。

⑨ 严格试吃程序。

⑩ 严格员工的购物程序。

3. 员工偷盗的处理程序

员工偷盗的处理程序如图 4.25 所示。

图 4.25　员工偷盗的处理程序

4. 员工偷窃事件的处罚

所有内盗的人员，无论其盗窃的金额是多少，商品是多么小，理由多么充分，一旦发现确实，一律予以立即解聘。公司有权利通过合法途径追回被盗的商品和要求赔偿盗窃的金额；内盗的司法处理根据其盗窃行为情节的严重和金额的大小，移交司法机关处理；所有内盗事件的曝光不得公开盗窃者的私人资料；内盗事件的曝光职能在本公司范围内进行，不得在公共媒体进行。

（二）供应商偷盗事件的防范与处理

1. 供应商偷盗的行为表现

(1) 由供应商派驻超市的促销人员，因偷盗而引起的处罚同“内盗”一样。

(2) 将已经收货完毕的商品，重新按未收货点数。

(3) 利用收货员的疏忽，趁机偷窃商场的商品。

(4) 在收货员称重时，进行作弊行为。

(5) 私自丢弃应属于退货的生鲜食品等。

2. 供应商偷窃事件的防范

(1) 安全员的检查。

① 安全员严格对供应商的进出进行管控，对进出携带物品进行检查核实。

② 不允许供应商人员进入仓库。

(2) 严格的管理制度。

① 由收货人员进行全过程的收货操作。

② 将已经收货/未收货的商品必须按区域严格分开。

③ 由楼面操作人员同收货人员共同配合，做好每日生鲜食品的退换货工作。

3. 供应商偷窃的处理程序

供应商偷窃的处理程序如图 4.26 所示。

图 4.26　供应商偷窃的处理程序

4. 供应商偷盗的处罚

(1) 供应商罚款/赔偿。

① 对已经造成的损失进行赔偿。

② 对其行为进行罚款处理。

③ 对因此中断合作关系而造成超市未来的预计损失，进行赔偿。

(2) 中断合作关系。

（三）顾客偷盗事件的防范与处理

1. 顾客偷盗的行为表现

(1) 顾客利用衣服、提包等藏匿商品，不付账带出超市。

(2) 顾客更换商品包装，用低价购买高价的商品。

(3) 顾客在大包装商品中，藏匿其他小包装的商品。

(4) 顾客未付账白吃超市中的商品。

(5) 顾客撕废商品的标签或更换标签，达到少付款的目的。

(6) 顾客与店员相互勾结，进行盗窃活动。

(7) 盗窃团伙的集体盗窃活动。

2. 顾客偷盗的防范

(1) 便衣安全员。

设置便衣安全员是有效防止和发现顾客盗窃的有利手段，他们的隐蔽性好、专业反扒能力强，是超市防盗的强有力队伍。通常安全人员通过如下异常现象来发现外盗：

① 购买的商品明显不符合顾客的身价或经济实力。

② 购买商品时，不进行挑选，大量盲目地选购商品。

③ 在商店开场或闭场时，频繁光顾贵重商品的区域。

④ 在超市中走动，不停东张西望或到比较隐蔽的角落。

⑤ 拆商品的标签，往大包装的商品中放商品，撕掉防盗标签或破坏商品标签。

⑥ 往身上、衣兜、提包中放商品。

⑦ 几个人同时聚集在贵重商品柜台前，向同一售卖员要求购买商品。

⑧ 顾客表情紧张、慌张、异样等。

(2) 超市的防盗系统。

除以上方法，超市多采用如下方法，进行多方位的超市防偷盗：

① 超市的防盗安全门系统。

② 超市的监视系统。

③ 超市张贴的各种警示标语。

④ 超市商品采取的安全标签。

⑤ 超市的广播等。

(3) 员工防盗意识的教育。

防盗不仅仅是安全员和安全部的事情，也是所有员工的责任。超市中要形成人人都是防盗员的风气，人人都有很强的防盗意识，小偷成功的机会会大大减少。

① 当你发现可疑的顾客时，请微笑向着顾客走去，进行整理商品、清洁或补货等，或主动同他打招呼，引起注意，从而制止偷盗。

② 当你发现顾客已经有盗窃的种种迹象时，你需要不动声色地跟踪，并立即通过电话、对讲机或通过其他同事，报告给安全部，等待安全员来顶替你，决不能当面质疑顾客。

3. 顾客偷盗的处理程序

顾客偷盗的处理程序如图 4.27 所示。

图 4.27　顾客偷盗的处理程序

4. 顾客偷盗的处罚

(1) 和解方式。对于盗窃情节轻、金额少或未成年盗窃者,一般给予严厉的教育和警告,并记录在档,一般采取等价买回偷窃商品等方法进行处理。

① 偷窃商品 400 元以上人员,可送公安机关,超市需开具一个商品零售价证明,并盖财务专用章,当事人、赃物、证人、谈话记录齐全。

② 偷窃商品 400 元以下人员的处理方法:做谈话记录一份,做等价购买,当事人到原单位开个人表现证明,无单位者到住址所属地区的街道办事处开个人表现证明。

③ 抓获 14 岁以下(含 14 岁)人员,批评教育,写书面检查,通知监护人或学校来人,将其带回。

(2) 司法方式:盗窃情节严重、金额大,或多次来本超市的惯偷,或属于团伙盗窃的,或认错态度不好的,送交司法机关处理。

(3) 对偷盗者,超市不能采取公开其照片、姓名等个人资料,或进行殴打、当众出丑等违反法律的行为。

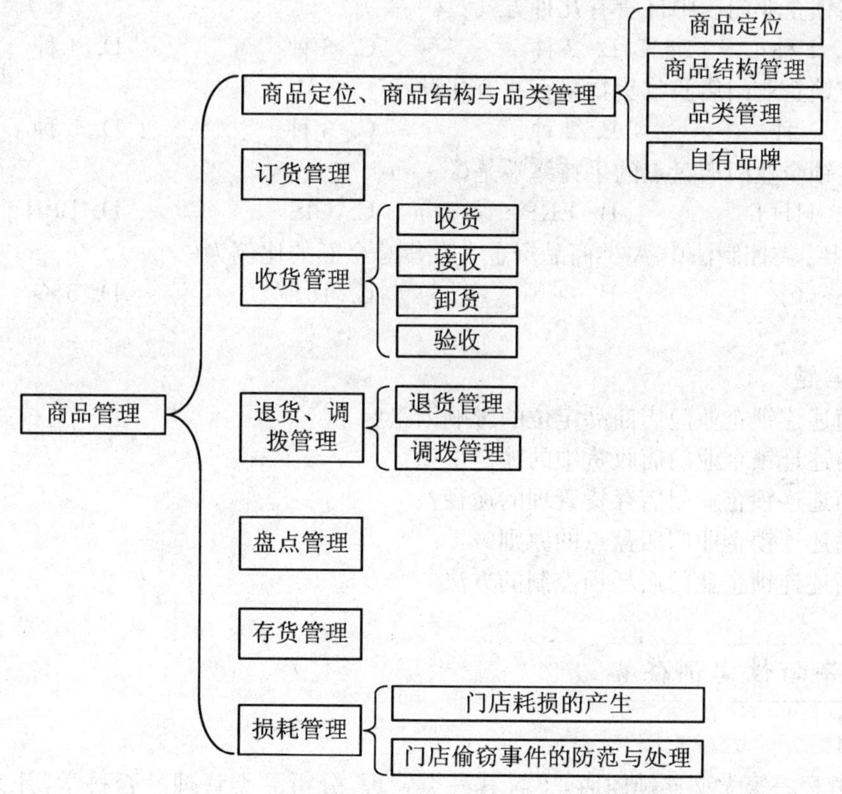

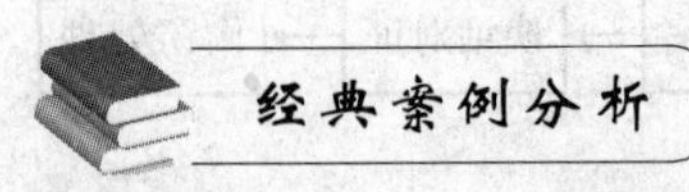

经典案例分析

位于广州的A连锁超市最近新开了一家大卖场，该店商圈包括一个大型居民区和一个典型的城中村。该店在生鲜商品经营上遇到麻烦——初级产品销售不错，加工制品销售很不理想。店长很不理解“我的熟食都是按照家庭主妇的口味制作的，促销时段在下午4:00到6:00，商品出炉时间在下午4:00左右，商品很新鲜，怎么就卖不好呢？”分析之后，发现问题就是目标顾客不明，尤其是熟食产品的核心目标顾客是单身人士、学生、双职工等。

案例思考：如果你是该店的店长，接下来如何解决这个难题？

案例解析：商品构成从满足家庭主妇为核心“广式口味”转变为满足外地大学生群、单身、双职工为核心的“全国风味”。具体的操作方式可以采用联营抽成的方式，改变包括商品包装、商品出炉时间等。

巩固练习

1. 单项选择题

(1) 连锁企业门店统计商品的销售状况的系统是(　　)。

A. POS系统　　B. EOS系统　　C. CRM系统　　D. MIS系统

(2) 连锁企业门店中订货有几种方式？(　　)。

A. 1种　　B. 2种　　C. 3种　　D. 4种

(3) 连锁企业门店验收货物感官法有几种？(　　)。

A. 1种　　B. 2种　　C. 3种　　D. 5种

(4) 连锁企业门店盘点的手持终端是(　　)。

A. HHT　　B. ERP　　C. CIS　　D. BPR

(5) ABC类控制法中A类商品资金占存货总金额的比例为(　　)。

A. 60%　　B. 80%　　C. 15%　　D. 5%

2. 简答题

(1) 简述连锁企业门店商品定位的影响因素？

(2) 简述连锁企业门店收货中的注意事项？

(3) 简述连锁企业门店存货管理的途径？

(4) 简述连锁企业门店盘点的原则？

(5) 简述连锁企业门店耗损控制的方法？

导向性实训任务

任务1

实地考察一家大型连锁门店，了解其品类管理，分析品类管理是否科学，并为其提供一些改进建议。

任务 2

到当地连锁企业去了解他们的防损管理情况，看看他们的防损措施，如果你是一家连锁门店的店长，你将怎样进行防损？

职场风向标

随着商品品类在连锁行业不断增多，完善的品类管理越发重要。品类管理做得好的连锁企业，不仅可以规范门店商品，还可以尽可能减少门店货损。为此，企业设置了品类管理经理、理货员等岗位，而胜任此岗位必须具有良好的管理协调能力、责任心以及对商品敏感度等能力。能够完成对商品的归类、定位及商品结构化等工作。

项目五 促销管理

知识目标

1. 掌握连锁门店促销的基本形式。
2. 理解促销管理的重要性,能够根据实际情况选择合适的促销方式。
3. 掌握常用的促销策略,培养店长的促销管理能力。

能力目标

1. 能够学会调查与分析竞争对手的促销活动。
2. 能够评估门店促销活动的可行性。
3. 能够组织和控制门店促销活动。
4. 能够根据实际情况为连锁门店制作合理的促销方案。

素质目标

培养学生创新意识、团队合作精神和吃苦耐劳的品格。

职业指导

通过本项目的学习培养学生作为高素质店长人才需具备的促销活动设计、管理能力,使学生能够胜任与门店促销相关的职位,如促销员、营销员、市场部负责人、促销部经理、主管等职位。

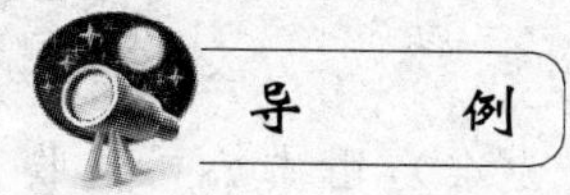

2014春节上海太平洋百货三店贺岁迎新抽金条

活动时间:2014年1月31日～2014年2月9日

活动地点:太平洋百货淮海店、徐汇店、不夜城店

徐汇店地址:徐汇区衡山路932号

淮海店地址:黄浦区淮海中路333号

不夜城店地址:闸北区天目西路218号

活动内容:

(一) 宝马喜迎春,福运添惊喜

活动时间:2014年1月31(周五),10:00～12:00,仅一天

活动地点:徐汇店8F活动场、淮海店2F中庭、不夜城店4F活动场

活动方式:顾客以现金200元购买活动区新年福运板上任意一个福袋,每个福袋内均有价值超过或等同250元的商品或汇点卡,限量徐汇店200份/淮海店150份/不夜城店100份,每位顾客单次限购买1袋,售完即止。

徐汇店福袋商品包括:价值3000元周大福马年10克金条1根、价值2399元松下空气净化器2台、价值1000元汇点卡3张、价值350元汇点卡100张、价值250元汇点卡94张。

淮海店福袋商品包括:价值3000元周大福马年10克金条1根、价值2399元松下空气净化器1台、价值1000元汇点卡2张、价值350元汇点卡60张、价值250元汇点卡86张。

不夜城店福袋商品包括:价值3000元周大福马年10克金条1根、价值2399元松下空气净化器1台、价值1000元汇点卡1张、价值350元汇点卡30张、价值250元汇点卡67张。

注意事项:

1. 上午9:40～9:45在徐汇店衡山路大门、淮海店淮海中路大门、不夜城店民立路大门发放预约号码牌,限量发完即止。

2. 预约号码牌仅作为购买新年福袋商品的购买顺序。

3. 预约券限在当天中午12:00前参与有效,逾时视为自动放弃。

4. 公司及专柜员工不得参与,发现者按公司条例处罚。

(二) 贺岁迎新,新春福袋

销售时间:2014年1月31(周五)～2014年2月2日(周日),共3天

销售地点:各店各品牌专柜内

(三) 新年金条天天抽

赠奖时间:2014年1月31(周五)～2014年2月9日(周日)

赠奖地点:各店贵宾厅(徐汇店7F、淮海店6F、不夜城店4F)

活动期间凭当日累计收银条每满200元,可至贵宾厅换取抽奖券1张,有机会赢取周大福10g马年金条1根,每天抽取1名幸运顾客。

注意事项:

1. 次日 12:00 在贵宾厅抽取 1 名幸运顾客。

2. 开奖当日中奖号码公布于 1 楼总服务台。

3. 中奖者需缴纳金条价值 20% 个人所得税(以兑奖当日金价为准),由本公司代收代缴。

4. 中奖顾客须凭本人身份证、兑奖联、消费凭证及相应税金至贵宾厅兑奖。领奖截止日期 2014 年 2 月 16(周日),逾期视同放弃。

(资料来源:http://www.shhbm.com/news/2/6/2014/0129/144755.html)

案例思考:这次节日促销中太平洋百货选择了哪些促销方式?

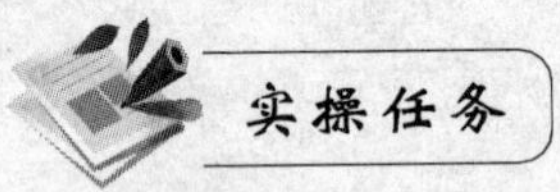

任务一 促销活动设计

请利用十一黄金假期,设计彩棉品牌顶呱呱的大促销活动,提高产品销量,消化库存和换季产品,刺激渠道的活跃性。

顶呱呱彩棉服饰有限公司隶属东华纺织集团,是国内最早从事天然彩棉种植、培育和纺织加工技术研究及技术推广应用的高新技术企业之一。公司所在地为江苏省常州市。公司在新疆、江苏、安徽、湖南拥有大面积的彩棉种植基地。顶呱呱公司拥有强大的生产能力、超强的设计能力、与国际接轨的研发能力、实战的营销能力、雄厚的资金实力以及世界水准的制造工艺,希望打造中国彩棉第一品牌。"顶呱呱"牌彩棉产品涉及内衣、线衫、童装、T恤、衬衫、家居服、家纺、袜子八大系列 500 多个品种。

思考:顶呱呱彩棉服饰有限公司这次五一活动适合选择什么样的促销方式呢?

连锁门店促销是指连锁门店为告知、劝说或是提醒目标市场顾客关注有关企业任何方面的信息,使其接受并采取购买行为而进行的一切沟通联系活动。促销是指以满足消费者的需要为前提,为了激发顾客的购买欲望,影响他们的消费行为,扩大产品的销售而进行的一系列宣传、报道、说服、激励、唤起等促进工作。其主要功能在于信息沟通、增加销售。想要制定出合理的促销方案,首先是明确促销目标。

一、促销目标

确定正确的促销目标要了解为什么做促销。常规来说门店促销的目的主要有:

(1) 扩大营业额并提升毛利额。

增加来客数:此为促销最大的目的,吸引人潮,稳定老顾客、吸引新顾客来提高来客数。

提高客单价:提高每位顾客购买品项,刺激游离顾客购买。

(2) 促进商品的回转,新商品上市的试用。加速滞销品的销售,及时清理店内存货。

(3) 商圈的耕耘和竞争对手抗衡,降低其活动对本店的影响;活跃卖场气氛。

(4) 提升企业活力,提高员工的士气、企业形象和门店知名度。

案例中这次促销的目的显然有(1)、(2),长远来看还有(4)。

二、促销策略及内容

促销策略里包含选择什么样的促销思路以及要达到什么样的目的;促销内容涵盖促销的时间、地点、执行人、促销政策、宣传及陈列方式。

(一) 常见的促销形式

1. 买赠

买赠活动是一种常规化促销方式,买赠促销能克服顾客观望心态,打消顾客购买疑虑,鼓励顾客尝试购买,对提升销量扩大份额有一定的帮助。但买赠促销也存在局限性和负面性,具体表现在:对品牌形象建设无益,会降低品牌价值感,无利于提升品牌珍贵价值感和品牌形象;形成销售依赖性,过多的买赠促销会形成依赖性,一旦停止买赠促销活动,销量会迅速下降,从而步入促销陷阱难以自拔。由此可见,应该正确选择活动时机。一般来说,开展买赠活动的时机是:

(1) 新品上市。为提高新品知名度,鼓励第一批购买者,可在广告宣传的前提下,开展买赠活动。

(2) 老品排空。为加速库存周转,调整产品结构,如果无需或不想使用价格和销售政策策略,可采用买赠形式争得经销商支持,拉动消费者购买,以排空老品。

(3) 应对降价。在价格大战中,担心降价伤害品牌降低利润的企业,可以采取买赠活动,以变相降价方式应对直接降价。

(4) 提升销量。当销量处于非季节性、非行业性下滑期、徘徊期难以提升时,或者企业希望强力提升销量和市场份额时,可以考虑采取买赠方式促销。

(5) 促销竞争。在面临激烈的促销大战如广告大战、买赠大战、抽奖大战等竞争局面时,为维持市场份额时,亦可采用买赠促销。

(6) 增进感情。在企业开展义卖、捐资助学等公益性、亲情性营销活动时,为争取公众支持与参与,感谢顾客购买,可同时开展买赠活动。

赠品的选择是买赠活动成功的关键之一,合适的赠品会增加顾客的兴趣,刺激和强化顾客的购买动机。那么,在赠品选择上有哪些讲究呢?具体来讲,不妨概括如下:

(1) 产品关联性。赠品和产品应该有使用上的关联性,如买药送便携式体温计,买保健品送食用油等。

(2) 品牌协调性。赠品品牌和产品品牌档次和品牌个性上一定要匹配相称,以相互陪衬、相互提升实现双赢。

(3) 顾客接受性。赠品的种类要适应消费者的口味与偏好,不能硬塞给消费者不需要不喜欢的赠品,赠品选择应尽可能投顾客所好。不同的顾客会喜欢不同的赠品,希望选择一种所有的顾客都喜欢的赠品是不现实的。因此，事先明确买赠活动对象的定位是十分重要的。

(4) 价格适当性。选择什么价位的赠品，虽然要看促销竞争的力度、竞争对手赠品的价格，但更要看品牌地位和产品价格与利润空间。赠品的价位是次要的，品位却是主要的，一般品牌要使用高价位的赠品才见效，名牌则没有这样的必要。一般品牌可以使用一般品位的赠品，但名牌应选择高品位的赠品。

(5) 质量可靠性。不能因为是赠品，质量就可以放松。劣质赠品会对品牌形成明显伤害，会使消费者对产品质量产生怀疑和不好的联想。因此，必须把握赠品质量关。

赠品价值不大没关系，但最好要制作精美、质地精美。

(6) 时尚流行性。为彰显品牌活力，避免品牌老化，增强赠品的吸引力与接受性，应尽可能选择时尚流行的产品做赠品，而不能过分贪图便宜采用过时落伍的产品。在当今健康备受关注的时代，针对都市时尚一族开展买保健品套餐送人体健康秤，效果就比较好。

(7) 健康亲善性。赠品在消费使用上应该健康向上，对人体、对财产、对自然、对社会都具有积极意义，以体现品牌的社会责任感，而不应该迎合低级趣味。因此，送碟片应该送弘扬正义的大片。

(8) 时间季节性。赠品种类应视买赠活动时间而有所调整，夏季送雨伞正当时，冬季送雨伞不合时宜；夏季送电风扇犹如锦上添花清凉宜人，冬季送取暖器犹如雪中送炭温暖人心。

2. 试吃或派样

试吃或派样一般情况用于新产品开拓市场的时候，它能直接实现消费者对新产品的初次尝试。具体指在确定的时间、地点，将新产品样品免费派发给目标消费者。其有两种基本的操作方式，“入户派样”及“随机拦截式派样”。随机拦截式派样多选择商场内外、闹市街头作为派样地点，其虽然操作简单但因派发对象的随意性而效果较差。

活动适用范围和前提：

(1) 新产品有“创新性”，容易被消费者接受。如产品有新用途、特殊目标消费群、全新的品牌等，上市铺货时就应考虑进行样品派样。

(2) 有足够的促销费用支持。派样所需成本较高。

(3) 派样对象选择。随机拦截式派样通常没办法对派发对象进行选择，但是入户派样我们可以在派发前期多做一些工作，帮助我们选择派发对象。通常可以通过以下几种方法判断住宅区或某一栋居民楼是否符合派样标准。

① 隶属单位判断法。家属区一般都是所在单位职工的集中居住区，可通过对这些“单位”的判断确定是否符合派样标准。比如金融系统、电信系统、电力系统的家属区就比厂矿单位、学校的家属区要富裕得多；高档商品的派样在那里就比较适合。

② 询问法。往往一些商品房的住宅小区也是由一些公司或机构集体购买的；所以，可以向物业办或其他知情者询问每一栋楼住户的基本情况。

③ 垃圾观察法。是在没有任何背景资料的情况下了解住户收入状况的常用方法。即观察其生活用品的“档次”如何，高收入者较为集中的楼群，其垃圾中高档商品的外包装就比较多。

派样的操作要点：

(1) 联系派样场地(征求家属区、学校、物业办的同意;并找到附近可配合工作的单位，如零售店、小卖部等)。实地确认派样地点、时间(与居委会、学校、物业办最终确认，公关)。对派样区进行提前铺货、陈列示范布置并张贴派样告知海报。联络配合单位(确认时间、地点，提前准备)。

(2) 产品到位。

(3) 招聘促销员、培训促销员(务必统一服装、统一派样"话术")。促销员到位，分发样品，协同派样(陪同促销员一道，观察其派样过程)。

(4) 流动稽查(以随机抽查的方式检查已经派过样品的住户，确认促销员派样的真实性、规范性)与派样同步进行强力铺货，确保该点新品的铺货率。

3. 特价

特价促销是指在短期内的直接降价促销，以低于平常的零售价来吸引顾客，以促进销售的方法。这是商家使用最频繁的促销工具之一，也是影响顾客购物最重要的因素之一。降价需要一个恰当的理由，不能让顾客认为是商品卖不出去或质量不好才降价。现实中商家降价的名目、理由通常有：季节性降价、重大节日降价酬宾、商家庆典活动降价(如新店开张、开业一周年、开业 100 天、销售突破若干万元或若干万件等)、特殊原因降价(如店铺拆迁、店铺改变经营方向、柜台租赁期满等)。另外，即使降价，也应尽量使用"折扣优惠价"、"商品特卖"、"让利酬宾"等给人较好印象的字眼。

4. 游戏

游戏促销，是企业设计一些构思奇巧，妙趣横生的游戏或竞赛让消费者参与，同时把企业信息、产品信息传达给消费者的一种促销行为。既然是游戏，自然以趣味、游戏、娱乐为主，比赛尚在其次。如现在流行的广场秀当中，总是会设计一些观众参与的游戏，如"一分钟谁重复的企业名多"、"一分钟内数出产品的十大卖点"、"明星模仿秀——谁比谁更像××明星"以及诸如拼图游戏、搭积木比赛、跳棋比赛、猜字谜等。游戏促销是基于人们爱玩的天性而设定，形式新颖，规则简明，奖品诱人的游戏不只是儿童的渴望，他对于成人来讲也具有吸引力。游戏促销容易给消费者带来深刻的印象，从而增加品牌的认知度。

情景案例

巧用游戏和奖品做促销

曾经有一个膨化食品企业，将一些复杂而有趣的拼图拆散，分装于不同的产品包装内，消费者要想集齐这些拼图，不反复购买几十次该企业的产品恐怕不行。拼图完成后，有可能是一辆翻斗大卡车，有可能是一架波音 747 飞机，也有可能是一个电子宠物，消费者根据拼出的图样，就可以到商家指定的地方，领取一辆非常不错的电动玩具翻斗大卡车或一架电动玩具波音 747 模型飞机等。拼图游戏就又变成了寻宝游戏，试想一下，这样的游戏怎么会没有吸引力?

要设计出一个有创意、简单的、极具吸引力的主题，其内容不但要具备趣味性，能够吸引顾客的注意力，而且要产品或品牌内容巧妙地融入其中。如果具备一定的新闻性最好不过。参与门槛越低越好，零售终端游戏活动最好不要限制参与条件，以集聚人气、寻求商机为目的；制造商以产品为载体的游戏活动可以配合优惠券一起搞。消费者参与的诱因归根结底还在于奖品上，奖品的设置以少数大奖吸引人、以多数小奖平衡其心为原则；一般不用现金作为奖品，大奖可以是小汽车或出国旅游，中奖一般为产品，小奖一般为纪念品。同时，奖品设置不忘品牌传播。

5. 换购

换购是商家促销的一种方式，换购主要目的是鼓励消费。以某超市的满五十换购为例：消费者购买的商品超过了50元，就可以在它的换购商品中选择一款，加上相应的换购价，消费者就可以得到换购商品。换购商品的市价通常是换购价的两倍左右，所以如果换购商品中真的有消费者需要的产品，换购是相当合算的。

6. 抽奖

抽奖促销就是利用公众消费过程中的侥幸获大利心理，设置中奖机会，利用抽奖的形式，来吸引消费者购买商品。抽奖促销是我们在日常生活中最常见的促销方式。采取抽奖促销的不论是大品牌，还是新进入市场的品牌，都是屡试不爽的促销方式。抽奖促销的形式，常见的有以下几种。

(1) 一次抽奖形式。即消费者凭借购物发票或者其他凭证，参加抽奖，根据预先设定的方案，中奖者领取奖品。原来购物发票或者凭证参加一次抽奖活动后，就失去抽奖效用，消费者不再享有参加抽奖的资格。

(2) 多次抽奖形式。即消费者凭借购物发票或者其他凭证，可以多次参加抽奖活动，兼中兼得。这种抽奖活动对于提高品牌的忠诚度具有积极的作用。

例如，JVC的“震撼促销活动”规定，凡购买任何一款JVC产品，即可获得两次中奖机会：一是佳佳奖，赠送特制手表；二是旅游奖。这就是多次抽奖的促销形式。

(3) 答题式抽奖。即根据广告宣传作品或者其他介绍材料甚至社会读物，回答企业设计的问卷表，所有问题回答正确的公众，即可凭借编号问卷或者电话号码，参加抽奖活动，中奖后到指定地点领取奖品。

(4) 游戏式抽奖。即预先设计某种游戏项目，消费者完成游戏项目后，获得参加抽奖活动的资格，中奖者领取奖品。

(5) 连动抽奖。即消费者凭借优惠券、贵宾卡等，自动享有资格参加抽奖活动。

7. 积分

积分促销是操作起来相对较为简便的一种促销方式。积分促销一般设置价值较高的奖品，消费者通过多次购买或多次参加某项活动来增加积分以获得奖品。其优点是：吸引顾客重复购买，适应于购买频率较高的东西；可以增加参加某项活动的次数，增加上网者对网站的忠诚度；在物品选择上尊重客户需求，活动到达率高，提升企业和品牌形象，可以提升活动的知名度；根据品牌价值设置对应积分，活动成本较低，引导顾客趋向重点品牌的消费；有利于信息收集和分析。通过对积分客户消费信息的收集、分析，便于及时把握市场动向、细分市场，有针对性采取营销措施。

积分促销需要写明买赠或特价内容细则以及限制条件。

（二）广告宣传方式与陈列方式

1. 手绘 POP，注意它的张贴位置

POP(Point Of Purchase)意为“卖点广告”，又名“店内陈设”。本来是指商业销售中的一种店头促销工具，其形式不拘，但以摆设在店内的展示物为主，如吊牌、海报、小贴纸、纸货架、展示架、纸堆头、大招牌、实物模型、旗帜等，都是林立在 POP 范围内的。其主要商业用途是刺激引导消费和活跃卖场气氛。常用的 POP 为短期的促销使用，它的形式有户外招牌，展板，橱窗海报，店内台牌，价目表，吊旗，甚至是立体卡通模型等。其表现形式夸张幽默，色彩强烈，能有效地吸引顾客的视线，唤起购买欲，它作为一种低价高效的广告方式已被广泛应用。

POP 主要应用于超市卖场及各类零售终端专卖店等，各大型超市卖场多采用印刷成统一模板后由美工根据要求填写文字内容，以满足琳琅满目的货品柜面不同的使用要求，机动性和时效性都很强。所以一般单纯的手绘 POP 是难以胜任的，必须以模块化方式批量制作。中小型零售店，产品专卖店目前有向品牌经营、连锁经营的趋势发展，在产品组织结构促销计划，店面风格等不少和品牌经营者厂家同步运作，但在 POP 的使用上不少还是各自主张采用不同的文案，推出不同的折扣信息，有的店面甚至还有用黄纸毛笔书写“特大喜讯”之类的招揽顾客。

POP 海报制作六大原则：

① 单纯：形象和色彩必须简单明了（也就是简洁性）。

② 统一：海报的造型与色彩必须和谐，要具有统一的协调效果。

③ 均衡：整个画面需要具有魄力感与均衡效果。

④ 销售重点：海报的构成要素必须化繁为简，尽量挑选重点来表现。

⑤ 惊奇：海报无论在形式上或内容上都要出奇创新，具有强大的惊奇效果。

⑥ 技能：海报设计需要有高水准的表现技巧，无论绘制或印刷都不可忽视技能性的表现。

POP 在店面销售中主要的使用类型：

① 招牌 POP。它包括店面、布幕、旗子、横（直）幅、电动字幕，其功能是向顾客传达企业的识别标志，传达企业的销售活动信息，并渲染这种活动的气氛。

② 货架 POP。货架 POP 是展示商品广告或立体展示售货，这是一种直接推销商品的广告。

③ 招贴 POP。它类似于传递商品信息的海报，招贴 POP 要注意区别主次信息，严格控制信息量，建立起视觉上的秩序。

④ 悬挂 POP。它包括悬挂在超级市场卖场中的气球、吊牌、吊旗、包装空盒、装饰物，其主要功能是创造卖场活泼、热烈的气氛。

⑤ 标志 POP。它其实就是商品位置指示牌，它的功能主要是向顾客传达购物方向的流程和位置的信息。

⑥ 包装 POP。它是指商品的包装具有促销和企业形象宣传的功能，例如：附赠品包装，礼品包装，若干小单元的整体包装。

⑦ 灯箱 POP。超级市场中的灯箱 POP 大多稳定在陈列架的端测或壁式陈列架的上面,它主要起到指定商品的陈列位置和品牌专卖柜的作用。

制作出一张精美的 POP 广告,需处理好以下几点。主标题是 POP 的重心,形成对消费者最直接的视觉冲击。副标题是在主标题不能充分表达主题时,起到进一步诠释的作用。有"画龙点睛"之功效。说明文对 POP 的内容及诉求目的进行详细说明。指示文一般用来对活动的时间、地点或举办单位进行说明。插图对 POP 进行装饰,美化画面。让 POP 更加生动,进一步吸引消费者注意力。初学者制作 POP 时,颜色应尽量不超过 3 种。尽量不要用对比色进行搭配,如:红—绿、红—蓝等。主标题突出,各要素所占比例适当。

2. DM 广告,注意发放时间及频率

DM 是英文 Direct Mail advertising 的省略表述,直译为"直接邮寄广告",即通过邮寄、赠送等形式,将宣传品送到消费者手中、家里或公司所在地。亦有将其表述为 Direct Magazine advertising(直投杂志广告)。两者没有本质上的区别,都强调直接投递(邮寄)。一般认为只有通过邮局的广告才可能称为 DM 广告。而国家工商行政管理局 1995 年出版的全国广告专业技术岗位资格培训教材《广告专业基础知识》,把 DM 硬性定义为直销广告(Direct Market advertising)。

DM 广告可按传递方式作为报刊夹页。与报社、杂志社或当地邮局合作,将企业广告作为报刊的夹页随报刊投递到读者手中,这种方式已为不少企业所采用。也可以专门信件寄送。例如,对于大宗商品买卖,特别是从厂家到零售商,从批发商到零售商,可用顾客名录进行寄送。又如,杂志社或出版社针对目标客户寄送征订单。也可以随定期服务信函寄送。如商业银行针对信用卡客厂,每月随对账单寄送相应广告或者雇佣人员派送。仓业雇佣人员,按要求直接向潜在的目标顾客本人或其住宅、单位派送 DM 广告。例如,大型超市针对附近小区居民定期派送优惠商品目录房地产销售商雇人派送宣传资料小区会所请物业人员派送宣传信函等。

3. 堆头也是做促销需要注意的点

堆头是指超市中商品单独陈列所形成的商品陈列,有时是一个品牌产品单独陈列,有时会是几个品牌的组合堆头。一般都是放在花车上,或箱式产品直接堆码在地上。堆头一般都是供货商要向超市缴纳一定的费用才能申请到。对于最佳的堆头地段,供货商甚至需要通过激烈的竞争,付出最高价才能争取得到。商场的面积是非常有限和宝贵的,每一个堆头所占的面积都比较大,对于商场而言,就要在这块面积上创造出尽可能大的效益,对顾客而言,堆头商品向顾客提供了一种强烈的信息,所以,正确地选择堆头商品是很重要的。切记,不要为了打堆头而随便找几种商品来应付。

堆头太低和太高都是不好的,而且堆头高度运用得当,可以增加卖场错落有致的感觉。堆头陈列是最能突出商品表现力的陈列方式。堆头太低,顾客只能看见商品的瓶盖,堆头太高,顾客取货不方便,而大部分顾客的身高都在 1.5～1.9 m 之间,当一个顾客推着购物车稍弯腰时,视线的高度一般在 1.3～1.7 m 左右,所以,确定堆头的高度有以下几个原则:主通道的堆头高度不得超过 1.3 m,以增强卖场的通透性;货架端头的堆垛后部可与货架同高,但前部不得超过 1.3 m;也可以采用上部为货架层板,下部为堆垛的形式;靠墙堆垛可采用梯形陈列,后部可达 2 m 高,但前部不得超过 1.3 m。

（三）促销准备、各岗位人员配置及职责

实质性的准备工作需细分责任，落实到人，规定完成时间，避免某项工作出现疏漏而影响整体进程。

广告设计周期为2天，美工部应提前设计，促销前两周左右交项目经理审核通过，并开始造势。采购周期3天，提交给项目经理。礼品制，制作周期5天，样品交项目经理审核通过。

准备备货、定价、提供场地、广宣品布置方式、厂方促销人员数量、促销区域等鉴定协议，并获得驻场促销人员核准手续。与店方洽谈供货事宜，确认在促销日前店方有充足、全品项备货。

促销人员招聘。招聘熟手促销人员（有当地身份证、健康证），按促销培训指引进行岗位培训。促销主管负责，活动组员工协助。

促销开始前。店内广告宣传品、产品备货、陈列达到设定要求。促销方案中对促销现场的备货、陈列、标价、码放等作出详细规定（最好有现场模拟图），促销前一天要求全部到位陈列。

促销时间一到即安排促销人员进场开始促销，促销第一天促销活动组全体人员到场，项目经理全天跟进，及时纠偏，销售经理当天审查促销效果。各岗位、各工作环节之间建立必要简洁的信息汇报记录工具，畅通检核、督办、复命渠道和增加预警危机处理功能。需要特别注意的是广告宣传品的制作、赠品的管控、及时补货以及奖罚制度的执行。

任务二　促销成本控制

促销成本在整个企业经营中占有重要地位。我们知道，企业从事经济活动的主要目的就在于追逐利益，而利益是企业收入减去成本之后的余值。“成本”的价值不仅仅在于“成本”本身，还在于它能创造出更多的“剩余价值”。

控制成本需要把展台、展位、门头、POP、易拉宝、展板、展架等各项开支尽可能控制在最小范围内；把宣传手册、宣传资料、海报、临时促销人员工资、活动进场费等各项开支列出并合理计算；别忘了，促销礼品的种类、数量、单价也需要计入成本。

想要控制好成本，需要把促销所用材料都详细用列表列出，并选择合适的制作和投放渠道，使成本最小化、利润最大化。

以下是顶呱呱促销活动的完整文案。

“购物七天乐，天天都快乐”顶呱呱十一促销文案

一、促销目的

利用黄金假期，进行大规模促销活动，提高产品销量，消化库存和换季产品，刺激渠道的

活跃性,并有效掌握消费者的顾客资料。

二、促销对象

顶呱呱的目标消费群。

三、促销时间

2014 年 10 月 1～7 日,根据需要可适当提前或者延长促销区间,以保证促销活动最大量接触消费者。

四、促销城市

全国顶呱呱零售网点。大型促销活动地点主要放在三级市场及平时销售业绩不好的城市,这么做一是可以避免大面积的伤害品牌形象,二是可以大幅度提高顶呱呱在当地的销售业绩和知名度。

五、促销方式

运用强有效的价格利器,采用多重优惠组合,以造成彩棉革命和大普及的气势,凸显强品牌和强势营销的风范。

六、促销主题

购物七天乐,天天都快乐;副标题:四重大礼,送你惊喜。

七、促销产品

DEBEST 各系列特价产品。

八、促销操作

1. 促销策略。为完成年前库存换季清销工作,本次促销活动以向消费者让利为主要操作手段;为了展 DEBEST 品牌产品线的完整性,向消费者传达一线品牌的全面形象,所以此次促销活动将针对所有终端销售产品进行,根据产品的库存时间安排,库存产品折扣力度放大,以产生足够销量;新上市产品适当让利,以与消费者接触为目的,并产生一定的销售量。

2. 促销形式。本次活动考虑到在节日期间各大商场会针对女性消费者推出各种主题促销低价折让活动,为避免与这些活动混为一体,将采取三种促销内容叠加的方案,以四重大礼送你惊喜为主题副标,以多重利益吸引消费者购买。

(1) 曾经买过,一定送!(第一重礼)如果您曾经买过顶呱呱产品,凭累积 300 元购物票据到营业网点可换取彩棉袜一双。

(2) 现在来买,立刻送!(第二重礼)指定产品均享受快乐价!新品 8.8 折,详见吊牌五一价,购任何顶呱呱产品满 200 元送内裤一条,折上再送!

(3) 特款特价,特别送!(第三重礼)公司将向经销商提供特价产品,特价产品涵盖内衣、线衫、裤类、内裤、家居、衬衫等。特价产品详单及供货价、市场销售价由客服部提供。

(4) 即使不买,还能送!(第四重礼)用女性比较感兴趣的额外利益吸引女性消费者前来购买并进行产品接触。同时用一个高价值的美容用品作为一等奖奖品加强促销活动与女性目标消费者的心理需求关联,以此吸引消费者进行品牌接触,创造线下传播及尝试性购买的可能性。

3. 规则设定。到顶呱呱专柜的即使不买东西只要愿意填写顾客资料的就可以参加抽奖活动。

4. 奖品设置。一等奖价值 400 元的美容护肤品(也可用价值比较高的顶呱呱产品替代)；二等奖 DEBEST 彩棉内裤一条或等值 DEBEST 产品；三等奖 DEBEST 袜子一双或等值 DEBEST 产品。

注：(1) 一等奖数量设置为三位，但具体执行数量及执行价格可根据实际情况安排。此活动为女性消费者参加，一等奖奖品由经销商在当地采购，二等奖、三等奖数量设置由经销商根据当地顶呱呱平时销售情况预估而设名额，抽奖箱由经销商自购，抽奖用的客户资料卡可以做成名片大小，材质就和名片材质一样即可，这由经销商自己制作。顾客资料卡设计以抽奖卡为参考。

(2) 购买特价品不再参加买赠活动，购买特价品和参加买赠活动的同样可以参加抽奖活动。买赠指买正品、新品达到多少金额，送内衣或线衫一套/件，赠品可从特价品中选出一部分不做特价销售，专门用于赠品。对终端要求：

① 客户活动组织能力强，愿意投入、配合。

② 活动前有大量备货和一定量的广告宣传。

③ 严格按照公司制定的促销价格执行，如不能按统一的促销价销售，公司将对其进行严厉处罚。促销物料准备：吊旗 16～20 面/10 平方米；DM 宣传单 1000 张；海报 1 张。

(3) 吊旗、DM 单、海报公司可统一制作，营销经理需提前和客户沟通，做好统计，9 月 15 之前将各个数量报回公司客服部，以便公司及时安排印刷。

九、大型促销活动准备

(1) 活动期间活动点派销售人员在各大商场入口处派发活动 DM 单页。

(2) 活动点 9 月 20 日门店或专卖点营业结束，在门店内或专卖点内悬挂活动主题吊旗，张贴海报，用于吸引消费者驻足观望并烘托主题活动氛围。

(3) 醒目处放置主题背景及内容说明物料一个(X 展架或其他物料)。

十、人员安排

本次活动由各地经销商按照方案自行操作，为保障此次活动的顺利执行，针对活动执行过程中的几个细节，需要指定专人负责。

(1) 单页派发人员：活动期间每天在营业时间于活动场地人流量最大的通道派发 DM 单页，负责向女性消费者传递活动第一手信息，派发人员要求形象、气质佳，着装整洁，并配有 DEBEST 明显标志。

(2) 抽奖活动管理人员：为保证抽奖活动有序进行，必须指定专人对抽奖箱、奖券、奖品进行管理，避免发生不必要的纠纷，影响到品牌形象。

(3) 活动检查人员：活动执行期间，DEBEST 各大区派出人员进行活动检查，如发现各地经销商操作上的一些偏差行为即刻调整，保证各地活动的同步进行。

十一、物料制作说明

五一活动所需物料及媒体支持如下：

① 场地支持(50 平方米以上)。

② 海报。

③ X 展架。

④ 横幅。

⑤ 吊旗。

⑥ 活动背板喷绘。

⑦ DM 宣传单页。

⑧ 报纸广告。

⑨ 电视字幕广告。

⑩ 抽奖箱一个，用于存放消费者留下的个人信息。

注：货品请提前三天准备好，广告发布提前一周，道具喷绘制作请提前五天做好。如有必要，经销商可以自行增加其他方式，如歌舞走秀节目。

海报文字部分：顶呱呱（左上角商标）购物七天乐，天天都快乐，五一“购物大片”激情七天连映。

曾经买过，一定送！

现在来买，立刻送！

特款特价，特别送！

即使不买，还能送！

海报制作注解：按照电影海报风格，体现经典、同时具备服饰影像，建议色调为刺激、醒目、大气的颜色。如果是专卖店，做成海报贴在橱窗，如果是商场终端，做成展架（X 展架）或店堂公告（用来解释优惠内容，建议使用印刷体，不建议手体书写，公司可以设计样本）。

① 曾经买过，一定送：如果您曾经买过顶呱呱产品，凭累积 300 元购物票据到营业网点换取彩棉袜一双。

② 现在来买，立刻送：指定产品均享受五一快乐价！新品 8.8 折，详见吊牌价，购任何顶呱呱产品满 200 元送内裤一条，折上再送！

③ 特款特价，特别送：您很想买顶呱呱的产品，但又很想省点钱，怎么办？顶呱呱特别为您送出了 T 恤、家居服、衬衫等特款特价产品，只要掏个成本价您就可以买到喜欢的产品。

④ 即使不买，还能送：即使您从不买顶呱呱产品，但是不小心路过顶呱呱专柜，请您留下姓名和电话号码，活动结束当天，我们将抽出 30 名幸运奖，礼品为彩棉线衫、彩棉内裤和彩棉袜，中奖后我们会第一时间通知您。

横幅内容：购物七天乐，天天都快乐。

吊旗：正反面内容为“十一快乐购物节盛大开幕，购物七天乐天天都快乐，重重大礼送你惊喜”。

项目小结

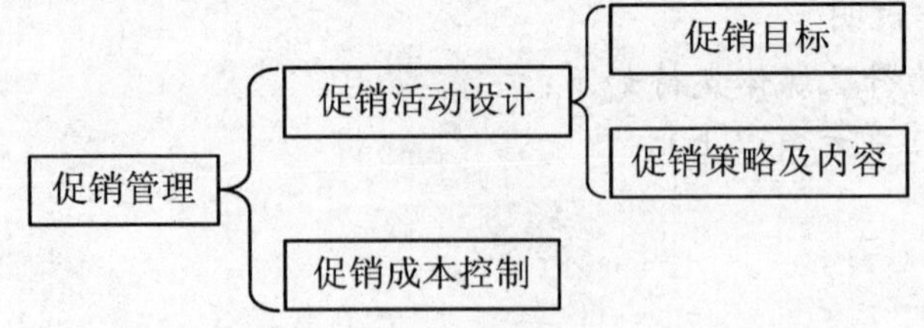

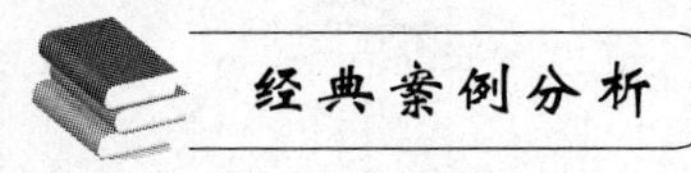

经典案例分析

9点过后超市生鲜打折

由于最近半个月温度持续上升，很多超市在晚上对卖剩的蔬菜、水果、酸奶、熟食等生鲜食品进行特价处理。记者昨天在一些连锁卖场看到，由于部分水果在傍晚前后就开始五折销售，而一些蔬菜的价格低至两三折，豆浆、豆腐干、面包等均有“买一赠一”销售，不少主妇专门在晚间9点以后结伴逛超市购物，狠狠省下一笔。

今天在我市一家规模不小的超市，记者看到，在一些标有“买一赠一”广告的货架旁，不少消费者手持购物筐正在大量购买。周女士告诉记者，她每天晚上9时后都要和邻居结伴专门去超市买蔬菜水果，仔细挑比较新鲜的，能省不少钱。一位李先生拉着妻子，买了一只烤鸭、几样小菜。“这几天懒得做饭，因为超市里的成品菜和半成品菜晚上很便宜，我们最近一直在晚上到超市买些熟食回去放冰箱，第二天用微波炉热一下就能吃。”一位收银员告诉记者，每天晚上9点以后她都忙不过来，因为有许多顾客都是冲着超市的打折生鲜来的，往往拎了几大包买回家。

一家超市生鲜处负责人告诉记者，一般早上超市里人最少，而蔬菜、鲜肉类食品以及海鲜产品是最新鲜的。晚上9点以后很多食品如蔬菜、海产品、豆制品等的新鲜度大打折扣，降价幅度一般都很大。因此闭店前两三个小时的特价促销时段，生鲜部的客流会明显增加，不少顾客专门挑晚上打折的时段来抢购便宜菜。华润万家超市的一份统计数字表明，半个多月来，晚上生鲜整体销售比上月同期增长了39%，其中水果增长幅度最大，中老年顾客和家庭主妇是主力军。

（资料来源：姑苏晚报，2014-04-29）

案例思考：

(1) 超市用什么方式在提高销售额？

(2) 目的是什么？主要方式是什么？

(3) 目标顾客是谁？可以选择何种广告方式？

案例解析：

(1) 这是在超市中常见的促销。

(2) 促销的目的是：吸引客流，加速商品流转，提高销售额。

促销的主要方式有：打折、买赠。涉及的产品主要是不易保存或保质期较短的鲜食类产品。

(3) 主要的目标客户是：中老年人和家庭主妇。

选择的促销工具是最节省成本的POP海报，有可能还会结合DM广告。

1. 单项选择题

（1）（　　）是门店最常用的促销方式。

A. 低价促销　　B. 打折促销　　C. 堆头促销　　D. 积分促销

（2）POP 必须具备的基本点是（　　）。

A. 醒目简单易懂　　B. 有趣简单醒目

C. 主题鲜明易懂　　D. 醒目简洁易懂

（3）以下不是促销对连锁企业门店营运作用的是（　　）。

A. 提高产品单价，建立品牌价值

B. 能沟通信息，刺激消费者的购买欲望，扩大对商品的需求

C. 可以突出连锁企业的特点，树立良好形象，扩大企业影响

D. 激发顾客的购买欲望，影响他们的消费行为，扩大产品的销售

（4）商店搞促销活动，某品牌袋装牛奶买 4 赠 1，这种牛奶相当于降价（　　）出售？

A. 80%　　B. 75%　　C. 25%　　D. 20%

（5）促销的目的是引发刺激消费者产生（　　）。

A. 购买兴趣　　B. 购买决定　　C. 购买行为　　D. 购买倾向

2. 判断题

（1）促销员除了要负责为企业推销产品外，还应该成为顾客的顾问。（　　）

（2）POP 广告的重点在于美化卖场。（　　）

（3）DM 广告可以到达目标顾客的家中。（　　）

（4）试吃非常适合新产品的促销。（　　）

（5）对于有过促销相关经验的促销人员，可以不经过培训就直接上岗。（　　）

3. 简答题

（1）常见的促销形式有哪些？

（2）如果康师傅又出了新口味的方便面，现在使用买赠促销，请问你会选择什么赠品？

任务 1　POP 广告设计

请为以下促销活动制作 POP 海报一张，可以二选一。

商场名称：大洋百货龙阳店。

打折品牌：虹猫蓝兔。

活动时间：10 月 1 日～3 日。

优惠内容:大洋百货龙阳店五楼虹猫蓝兔专柜迎国庆特价酬宾,新冬款一件 8.5 折,两件 7.5 折,10 月 1 日～3 日限时 6.9 折。更有部分精选春秋冬款 5 折,专柜会员可享折上 8 折。

商场名称:武汉广场。

打折品牌:亚洲时尚淑女服。

活动时间:9 月 27 日～10 月 7 日。

优惠内容:全场 8 折;武广高端卡可再享 9 折折上折;满 3000 元办理品牌金卡(原 5000 元办理)并送小猫包,满 1200 元办理品牌银卡(原 2000 元办理)并送小猫包。

任务 2　组织一场门店促销活动

请为以下任一产品做一场完整的促销活动。

商场名称:大洋百货龙阳店。

打折品牌:秋水伊人。

活动时间:国庆节。

优惠内容:新秋款满 400 减 100,会员尊享折上再折,27 号大型特卖,往年秋冬款 3.8 折封顶!

商场名称:武汉广场。

打折品牌:雅戈尔。

活动时间:9 月 17 日～9 月 29 日。

优惠内容:雅戈尔秋冬款男装 100 元起。10 月 1 日～7 日,罗马春天全球名品直销广场盛大开业!现场不仅有游戏嘉年华、艺术花香、高级冷餐,十一期间还有免费班车直达哦。

职场风向标

在终端为王决胜终端的市场战略格局之下,终端促销的力量绝对不容忽视,每个品牌、每个经销商以及专卖店,都需要掌握促销的方法。所有的厂家都在感叹如果拥有一支强大的促销团队,就不用再为完不成销售业绩的事情头疼了,企业就可以快速提升品牌竞争力轻松超越竞争对手。掌握促销方式方法的店长自然也成为各连锁企业追捧的对象。

想要做好促销的必要条件:对产品熟悉,掌握产品的特点卖点以及功效;知道产品的目标消费群体。这样才有可能找出合适的促销方式。找到和培训出合适的促销一线人员也是成功的必要条件。

项目六　供应商管理

知识目标

1. 了解供应商开发包括哪几个步骤，考察选择供应商的几个基本条件。
2. 了解在日常经营过程中，如何加强对供应商的管理以及对供应商的评价标准。
3. 了解如何对供应商进行激励。

能力目标

1. 能够从众多的供应商中挑选出符合企业要求的供应商。
2. 具备对供应商进行管理的能力。
3. 与供应商进行有效沟通并对其进行激励。

素质目标

培养学生吃苦耐劳、爱岗敬业的精神和创新意识，能够与团队成员良好沟通，分工合作。

职业指导

通过本项目的学习培养学生作为高素质店长人才需要具备的供应商管理能力，使学生能够胜任与供应商管理相关的职位，如供应商管理专员等。

导　例

联华超市的供应商管理

联华超市是比较早开始在供应商管理方面进行实践的连锁零售企业。早在1996年就开始进行了自动订货系统的开发与应用。2001年又在供应商系统中开发了颇具特色的“供应商综合服务平台”。随后又基于互联网技术建立起统一供应商服务平台，在此平台上，供应商可以及时查询并下载订单信息，查询自己商品的销售、库存等信息并进行自动结算对账操作。通过与供应商有效共享各项信息数据，让供应商参与联华超市的商品销售管理、库存管理，从而建立起联华超市与供应商的紧密联系。

现代商业，信息为王。谁能充分有效地掌握应用信息技术，谁就掌握了市场主动权。联华超市在信息管理系统项目启动阶段十分谨慎，当初的目标是建立一套智能化的物流配送系统，做到信息共享，这套智能化的物流配送系统首先要解决连锁门店的供货问题。联华超市当初的决策无疑是正确的，但并不完善，因为从信息管理系统来说，要有一个总部分析决策系统，物流配送支持系统，然后是门店的销售管理系统和供应商综合服务平台。

在日常经营活动中，连锁零售企业的核心包括两个方面。一方面是总部对下属门店实行统一的业务监控和管理工作，主要包括订货、配送、退货、结算等。另一方面是连锁零售企业与供应商进行日常的业务交易，主要包括与供应商之间的订单、退货、验收、新品、促销、变价、货款结算等。内外部两个信息系统在建设与管理方面有分有合，而且必须作为一个整体进行优化和提升。

目前，联华超市已建立了集中统一的数据仓库和数据交换平台，全面收集联华总部多业态、多地区的经营数据、管理数据、运行数据，以及供应商、顾客和外部竞争环境数据，建立完整的企业级数据仓库，形成了真正意义上的信息数据共享系统。

联华超市在信息管理系统建设和管理上，始终遵循谨慎、务实、变通的原则，形成了自身的特色：一是找准“切入点”。先从建立一个智能化的物流配送中心入手，做到信息共享。然后在此基础上逐步升级，逐步将总部分析决策系统和社会化的供应商系统纳入联华超市信息管理系统。二是学会“变通法”。联华将信息管理系统一分为二，一半使用国外的先进模式，一半根据联华超市的特点而开发模块。联华在供应商管理的具体细节上也根据自身的特点，使其为我所用。正因为如此，联华超市从1998年的357家门店，发展到2008年年底的3932家，经营业务从一种发展到三种。

联华超市依靠信息管理技术的快速发展，推进了规模发展进程、管理现代化转型和零售技术的提升，实现了企业营运全过程的监控，随着企业的快速发展和公司信息建设五年规划的实现，市场监控工作质量将得到进一步提高，联华的核心竞争能力也将得到不断增强。

（资料来源：www.chinawuliu.com.cn/zixun/201310/31/48303.shtml）

案例思考：联华超市供应商管理策略对我国连锁企业供应管理有何借鉴之处？

实操任务

任务一　供应商开发步骤

连锁企业供应商的开发主要包括以下步骤：

首先，要对它的质量体系进行全面、深入、认真的调研，因为质量体系是质量稳定的保障。之后，按照企业的发展状况，初步评审质量体系。评审完后，对合格品可进行样品评估。如果样品不合格，则中断合作。如果产品合格，则进行品质确认，并给予产品确认书。品质确认在实践操作中要特别注意封样制度，在封口上还可以用签名制度。接下来要到厂家进行技术调研，确认待查样品是不是供应商生产出来的，重点考察其工艺是否可靠。在此基础上就可以询价议价了。询价议价要掌握一定的技巧。先要了解市场的平均价格，还要了解其成本组成，大概毛利多少，有多少利润空间。当价格谈妥之后，便进入采购合同阶段。合同内容要详尽，条目不能过于简单，必要的时候可以添加附件。合同一旦签订，就要建立档案，并实行专门保管。对于档案，ISO 9000 和 2000 年版都有严格的规定，必须保存 5～10 年。而且还必须有文字档案，进行定期考核并装入档案，考核完后还要进行动态分类，因为一次考核只是某个时间点的静态结果。随着时间的变化，供应商的情况会发生变化，所以要连续考核，动态分类。动态分类的结果也有两种，即继续合作和中断合作。

从连锁企业的角度看：对于重要的供应商，可以采用如下步骤进行选择。

（1）成立供应商评估与选择小组。供应商的选择不仅是采购部门的事情，而且还是整个企业都需关注的重要决策，需要企业各部门有关人员共同参与讨论，参与决策，包括采购部门的决策者和其他部门的决策影响者。供应商的选择涉及企业的生产、技术、计划、财务、人事、物流、市场部门等。

（2）确定全部的供应商名单。通过供应商信息数据库，采购人员、销售人员或行业杂志、网站等媒介渠道，了解市场上能提供所需物品的供应商，当然，以前合作的供应商也在选择范围之内。

（3）列出评估指标并确定权重。确定代表供应商服务水平的有关因素，据此提出评估指标。评估指标和权重对于不同产品的供应商是不尽相同的。

（4）逐项评估每个供应商的履约能力。

（5）综合评分并确定供应商。在综合考虑多方面的因素之后，就可以给每个供应商打出综合评分，选择出合格的供应商。

任务二　供应商的选择

供应商良莠不齐，如果想有效地执行采购工作，寻求合格的供应商是采购的首要任务。最适当的供应商，应具备许多条件，但能提供合适的品质、充足的数量及准时交货、价格合理以及完善的服务，应该是共同的要求。以下为供应商选择的基本条件：

1. 过硬的商品质量

供应商提供的商品质量的好与坏，高与低是供应商选择的第一条件。供应商最好应取得 ISO 的系列认证，并有质量合格证、商检合格证等。

在我国商品的执行标准有国家标准、专业(部)标准及企业标准，其中又分为强制性标准和推荐性标准。但通常在买卖的合同或订单上，供应商的商品质量是以以下各种形式其中的一种来表示的，这也是选择供应商的重要标准之一。

(1) 市场上商品的等级。

(2) 品牌。

(3) 商业上常用的标准。

(4) 物理或化学的规格。

(5) 性能的规格。

(6) 工程图。

(7) 样品(卖方或买方)。

(8) 以上的组合。

2. 齐全的企业资料

超市是遵纪守法、诚实经营的商业企业，同样也要求供应商遵纪守法。由于市场上供应商的数量特别多，并不是所有的供应商都能成为超市的供应商。对于初次与超市接触的供应商，超市要求其务必提供以下资料，以便对其资信等各方面进行调查、评估。

(1) 营业执照的副本。

(2) 税务登记证(国税、地税)。

(3) 生产许可证(特种商品由制造商提供)。

(4) 商检合格证。

(5) 进口商品检验合格证(进口商品适用)。

(6) 商品检验报告。

(7) 商标注册证(由制造商提供)。

(8) 卫生许可证(食品制造商适用)。

(9) 安全认证(即:长城标志，电工类商品适用，其中电视机、收录机包含组合音响及卡拉 OK 机，电冰箱、电风扇、房间空调器等几类商品必须提供)。

(10) 代理授权书(代理商适用)。

(11) 指定/总经销证书。

除以上基本文件外，各地工商，技术监督部门，卫生检验部门还可能会针对各地自身的情况，对生产或经销商品的单位有一些特殊的规定和要求，例如，针对外地企业生产的食品类商品，进入本地销售，许多地方要求生产企业必须办理进入当地销售的许可证。此证通常在卫生防疫部门办理，但各地会有差异，且该证通常有期限限制，原则上一个许可证只对一个产品有效。但以目前的时间情况而言，各地的执行并非十分严格。

除以上基本文件资料外，供应商还应提供或填写“供应商简介”、“供应商基本资料表”、“供应商报价单”、“新供应商问卷调查表”及一套完整的“产品目录”或“样品”。

3. 合理的交易条件

(1) 低廉的供应价格。

供应商低廉的供应价格是相对于市场价格而言的。如果没有相同商品的市价可查，应参考类似商品的市价。

同时，供应商低廉的价格，还可通过单独与供应商进行采购或由数家供应商竞标的方式来取得。单独与供应商进行采购时，采购人员最好先分析成本或价格；数家供应商进行竞标时，采购人员应选择两三家较低标价的供应商，再分别与他们谈判采购，求得公平合理的价格。但在使用竞标方式时，采购人员切勿认为能提供最低价格的供应商即为最好的供应商。另外，超市在选择供应商时不能一味地追求低廉的价格，超市必须综合评价一个供应商的送货、售后服务、促销支持、其他赞助等方方面面的支持。所以有时候超市会放弃与提供极低价格的大批发商的合作，而选择不愿意提供极低价格的制造商合作，因为通常制造商在产品质量、货源保证、售后服务、促销活动及其他赞助上会有更多的营销费用支付。

价格是选择供应商的关键所在，也是最困难的项目，但愈是困难的项目，令人愈觉得有挑战性，这也是供应商选择的难点所在。

(2) 合适的折扣。

理想的供应商应能向超市提供合适的折扣，因为超市的许多商品都必须进行打折促销。若供应商提供的折扣数无法达到让超市的商品售价能吸引他们上门，就算超市向供应商订货，这一关系也不可能持久，这种交易反而不利于超市的价格形象，故最好不要选择这样的供应商。

(3) 较长的付款期限。

付款期限是供应商用来商谈采购价格的砝码。在国内一般供应商的付款期限(账期)是30～90天左右，视不同的商品周转率和产品的市场占有率而定。对于超市而言，一般的食品干货类商品账期在货到45天以上，百货类商品的账期在货到60天以上。而且由于超市实行每月统一付款，供应商实际收到货款的时间要比合同平均延长15天。超市应尽量选择最有利的付款天数(账期)，对于惯于外销或市场占有率大的供应商，一般要求的付款期限都比较短，有的甚至要求现金或预付款，如果商品好卖，知名度高，也可以选为供应商。

在正常情况下，超市的付款作业是在交易齐全时，按买卖双方约定的付款天数(账期)，由银行直接划款至供应商的账户，这是超市的一大优势，因为一般国内的零售商在付款时，总是推三拖四，找一大堆借口，延迟付款，造成供应商财务的困难。

对于新进供应商来说，超市必须请供应商详细了解超市“供应商手册”有关付款部分的内容，并对超市的付款流程详细予以说明。在以往的经验中，由于超市采用了国际上先进的商业运作模式，与国内传统的商业模式有很大区别，一些供应商（尤其是内陆城市的供应商）对此相当陌生，另外超市开业初期，许多流程尚未顺畅，导致付供应商款不及时，影响超市与供应商之间的配合与合作。

(4) 准确的交货期。

由于超市电脑计算订单数量的公式中，交货期是个重要的参数，采购人员应要求供应商以较短的时间交货，这样就能够降低存货的投资。但是不切实际的压短交货期，将会降低供应商商品的质量，同时也会增加供应商的成本，反而最终影响超市的价格优势及服务水平。故采购人员应随时了解供应商的生产情况，以确立合理及可行的交货期。一般而言，本地供应商的交货期为 2～3 天，外地供应商的交货期为 7～10 天。

(5) 强大的促销支持。

"超市快讯"是超市营销最重要的武器，但快讯的成功与否，全依赖于采购人员选择的商品是否正确，供应商的支持与否，以及售价是否能吸引顾客上门，通常"超市快讯"所选择的品项都是一些价格相对较低的商品，它们都是得到供应商强力促销支持的、畅销的、高回转的、大品牌的日用消费品。在采购人员采购中，供应商提供促销支持的必要性，即超市每个门店的每期快讯发行数量达到 30000～50000 份，直接邮寄到公司的目标顾客群中，影响力极大，对提高供应商商品的品牌知名度及市场占有率有很大帮助，对于一些担心快讯价格会扰乱其市场价格的供应商，超市采购人员则应强调超市是实行会员制的超市，会员顾客与非会员顾客之间享受不同的类别待遇，一般采取"非会员顾客不得购买"或"会员价与非会员价"方法，甚至可采取"每卡限购"、"印花限购"等方法或措施，加以控制，故不会对其价格体系造成很大的影响。

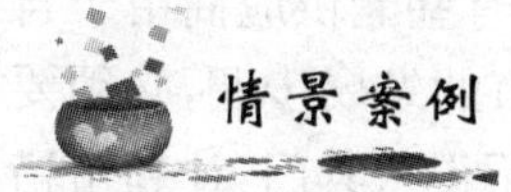

家乐福对供应商的选择

家乐福目前在中国实行的是"集中管理模式"，进行集中协调、管理与供应商的谈判。例如，统一供货价格、付款条件、新品购入等。家乐福对商品进行细分，在每一个细分市场上选择不同的供应商。家乐福对想为家乐福供货的供应商提出了九大要求：第一，是有出口权的直接生产厂商或出口公司；第二，如果出口产品是纺织品，供货商须有欧盟纺织品配额；第三，产品要有价格优势；第四，产品要有良好的质量；第五，生产商要有大批量生产的能力；第六，要有迅速的反应能力；第七，必须能准时交货；第八，要有进取精神和提高对欧盟市场认知度的愿望；第九，要有创造性和创新精神。同时，家乐福在选择供应商时通常会从以下两点考虑：

(1) 对方的分销系统是否能够覆盖所有门店。比如：在中国，家乐福的门店向西到了成都、重庆，向北到了哈尔滨，向南则在广州落户，但家乐福是没有大仓的，所有产品都要通过合作公司的分销商或者第三方物流送达。如果合作公司部分地区分销商不能够满足家乐福对送货的要求，或者合作者的分销商很弱，管理和物流分销能力不足，就会在很大程度上影响家乐福的利益。

(2) 对方的产品是否适合在其他所有门店销售。有些时候，即使公司的分销系统能够覆盖所有家乐福的门店，还要考虑产品是否适合在该地区门店销售。比如：黄酒类产品在华东地区销量很好，很受消费者青睐，可是在北方地区就有口味隔阂，公司就要考虑是不是暂时不要进入北方市场，但是有一点需要注意的是，如果选择上海市场，那么家乐福在上海的 6 家门店（古北、金桥、南方、曲阳、共江、武宁）必须都有该类产品销售，不能够只选择其中几家。

（资料来源：www. docin. com/p-68450856. html）

任务三 供应商的管理

市场上的供应商何止千家，一个城市的综合超市潜在供应商可能上万家，全国范围内更是上百万家，如何开发最适合综合超市发展的供应商，并与他们发展互利互惠的商业关系，是每一个地区公司采购部的重大战略任务。俗话说："水能载舟，亦能覆舟"。超市好比是舟，而众多的供应商则是水。如果选择好的供应商，则他们可成为超市的战略合作伙伴，双方可以齐步发展，共创未来；反之，超市的前途就不堪设想了。

供应商管理可分为：新供应商进场，旧供应商清场，旧供应商年度合同，旧供应商年度评估，年度供应商表彰大会。现分述如下：

1. 新供应商进场

有部分新供应商经营者经常向公司领导抱怨说："要见超市的采购不容易"。这句话说明了超市的部分采购人员已有了傲气，只喜欢或愿意与老供应商交往，把超市的进货大门关闭了，这是不对的。要知道超市的成长及永续发展，必须靠供应商的支持，有些老供应商由于自身的原因（如财力、人力、广告、促销、研发、物流、质量……）无法跟上超市的发展步调，必须要更换，因此必须补充新血，而且市场不乏好的热销商品，但因为种种原因不得入其门，让超市错失了商机。同时，让有些顾客老是抱怨超市缺少市场上热销的商品，或品种不齐全等。

因此，采购人员"引进新供应商"是个重要的课题，不可借故拒人于千里之外，超市应让新供应商有机会凭其实力与旧供应商公平竞争。引进新供应商对超市有一些明显的好处：对老供应商有压力，俗语说："有竞争才有进步"，他们会对超市提供更好的交易条件，以保住其生意。新供应商的引进可为超市增加较多的营业外收入，如果一家"1 万元"，一年引进"300 家"新供应商，就会为超市增加"300 万元"的其他收入。新供应商通常可弥补超市现有商品结构的不足，可让超市的品种更齐全。最重要的是，新供应商的供货及交易条件通常会比老供应商更好，也能提供某些市场上"热销"的产品，为超市带来大量的利益。

各地区公司采购部应采用以下的方法引进新供应商：

（1）建立一个公司采购部网站，网站有"新供应商进场程序"的信息。

（2）在各地区公司总部接待柜台设置一个"公告栏"，把采购部的网址公告，让新供应商可以上网浏览"新供应商进场程序"的信息。同时"公告栏"上应说明可以在接待柜台价购（如人民币 200 元）"新供应商进场程序"及"供应商手册"。

在接待柜台设置"新供应商登记本"，规定采购部应在一周之内正式函复超市采购部的决定。

"公告栏"的信息举例如图 6.1 所示。

新供应商朋友们:

(1) 假若你们的产品有价格、质量、包装、品种或服务上的优势,超市采购部竭诚欢迎你们前来洽谈。

(2) 你们可以经由采购部的网址"www. …… . com. cn"了解与超市交易的程序。

(3) 你们也可以向本接待柜台价购"新供应商进场程序"及"供应商手册"。

(4) 在你们按"新供应商进场程序"把"供应商基本资料表"、"供应商简介"、"供应商报价单"、"新供应商问卷调查表"、"新供应商产品问卷调查表"及"目录或照片"交给本接待柜台的一周之内,采购部将正式函复是否需要进一步约定时间洽谈。

谢谢你们的合作　欢迎光临

图 6.1　公告栏信息举例图

新供应商进场程序如图 6.2 所示。

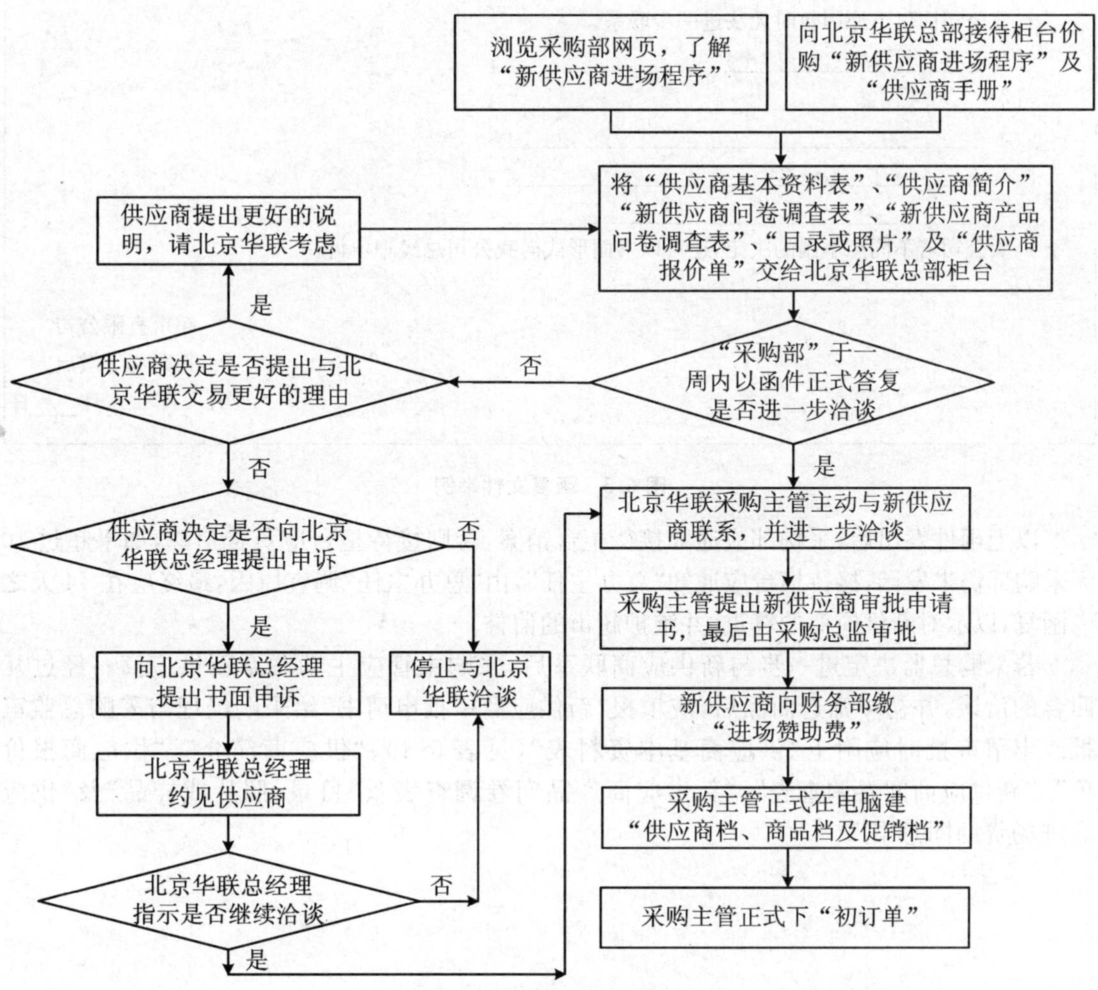

图 6.2　新供应商进场程序

采购部收到由接待柜台转来的“供应商基本资料表”、“供应商简介”、“供应商报价单”、“新供应商问卷调查表”、“新供应商产品问卷调查表”及“目录或照片”后，应设立一个登记本，登记“日期、供应商名称及资料名称”，然后交给“采购总监”。“采购总监”研究后，作批示，并交给相关的“采购经理”。“采购经理”做详细的调查后，与“采购主管”研究后，最后呈报“采购总监”，由“采购总监”作最后决定是否进一步洽商，并正式函复供应商有关超市采购部的决定。正式的函复文件举例如图 6.3 所示。

尊敬的____________________公司：

感谢贵公司 201__年____月____日所提供的资料，经采购部研究后，我公司的决定如下：

- 请尽快与我公司采购主管____________先生/小姐联系，电话为______________转分机________。
- 贵公司的产品在以下几方面没有优势，恕难合作。

  □价格 □质量 □包装

  □品种 □售前服务 □售后服务

- 我公司因以下原因暂时无法进一步联系。

  1. ________________________________。
  2. ________________________________。
  3. ________________________________。
  4. ________________________________。
  5. ________________________________。

- 贵公司若不同意本函的决定，还可以书面形式向我公司总经理申诉。

超市有限公司

采购部 敬启

201__年____月____日

图 6.3 函复文件举例

以上函件发出后，采购部应通知接待柜台销案，否则接待柜台应负责追踪，如果超过 10 天采购部仍未发函，接待柜台应通知“总办主任”，由“总办主任”调查原因，最终应在 14 天之内函复，以示对新供应商的尊重，并维护超市的信誉。

若采购总监决定进一步与新供应商联系后，采购主管应主动联系新供应商。经过几回合的洽谈，并初步筛选商品后，应填报“新供应商审批申请书”给采购经理与采购总监审批。申请审批时应附上“供应商基本资料表”（见表 6.1）、“供应商简介”、“供应商报价单”、“新供应商问卷调查表”、“新供应商产品问卷调查表”、“目录、照片或样品”及“供应商进场赞助同意书”。

表 6.1　供应商基本资料表

超市有限公司 供应商基本资料表　（适合者打“√”）					填表日期 200____年____月____日
供应商	名　称		销售总部 电话号码		销售总部 传真号码
	销售总部 地　址		邮　编		销售部 电子邮箱
成立日期	____年____月____日	资本额	￥____万	员工人数	____人
主要股东姓名	1.	2.	3.	4.	5.
职　称					
主要客户名称	1.	2.	3.	4.	5.
供应商综合状况	盈利状况：□是　□否　□不清楚；　比同业：□高　□相等　□低　□不清楚				
	资金状况：□充足　□刚好　□紧张　□不足　□不清楚				
	存货状况：□充足　□刚好　□紧张　□不足　□时多时少　□不清楚				
	销售状况：□良好　□一般　□较差　□很差　□不清楚				
	人员状况：□稳定　□流动率尚低　□流动率较高　□流动率很高　□不清楚				
	配送状况：□良好　□刚好　□紧张　□不足　□不清楚				
供应商属性	□内资企业　□合资企业　□外资企业　□股份制　□国有企业　□集体企业　□私营企业 □上市公司 □制造商　□进口商　□经销商　□代理商　□一级批发商　□二级批发商　□其他：____				

目前主要商品品牌	1.	2.	3.	4.	5.	6.	其　他	总计
商品品类								
销售额占比	%	%	%	%	%	%	%	100.0%
本市市场份额	%	%	%	%	%	%	%	
年广告促销费（万）	万	万	万	万	万	万	万	万
生产能力（以数量表示）								
目前产能利用率	%	%	%	%	%	%	%	%

最近四年总营业额	________年	________年	________年	________年（预估）
	￥________万	￥________万	￥________万	￥________万

续表

主要销售渠道	经销商	代理商	批发商	零售商直供	KAC(主要/重点客户)	其他:____	其他:____	总　计
销售占比	%	%	%	%	%	%	%	100.0%
客户数	家	家	家	家	家	家	家	家
零售网点数	家	家	家	家	家	家	家	家

提供以下证件(有者请打"√"):

1. □营业执照副本
2. □税务登记表(国税、地税)
3. □生产许可证(制造商适用)
4. □商检合格证
5. □进口商品检验合格证(进口商品适用)
6. □商品检验报告
7. □商标注册证(制造商适用)
8. □卫生许可证(食品制造商适用)
9. □安全认证(长城标:电工类商品适用)
10. □代理授权书(代理商适用)
11. □其他(1)____
(2)____

填表人姓名		全国销售部负责人		公章
职　　称		职　　称		
联系电话		联系电话		
手　　机		手　　机		

采购经理与采购总监对于采购主管所推荐的供应商,应约谈其最高业务负责人,除了核实"供应商资料表"、"供应商简介"、"供应商报价单"、"新供应商问卷调查表"及"新供应商产品问卷调查表"的正确性外,最后把双方合作的利益充分沟通,并试探对方的虚实,毕竟两家公司的合作(如同男女的联姻)应更慎重一点较好。采购总监有最终审批权,经审批同意进场后,按正常进场程序,向财务部缴交"进场赞助费"后,由采购主管正式建档,并下订单进货。

2. 旧供应商清场

有些供应商言行不一致,表现欠佳,呈现一些问题,例如:产品没有优势、促销也不积极、产品质量不稳、包装不良、送货不及时、赞助费用很少、拒绝退换货、供货价格经常调涨、账期太短、账额太小、沟通困难、服务不佳……这些都是应该"清场"的征兆,但"清场"不能单凭采购主管说的算,否则因为个人恩怨,变成公报私仇,暗箱操作,这是采购工作的大忌!

为了让"清场"有凭有据,"清场"应该与"进场"一样有一个类似的程序。"旧供应商清场审批申请表"是用来决定"清场"用的。采购主管鉴于某一个供应商的绩效不好,远不如预期,在开发替代供应商的同时,可填写"旧供应商清场申请表",经由采购经理与采购总监同意后,正式办理"清场"手续。清场时,应先通知"财务部"暂缓付款,等与供应商谈判库存清理办法之后,获得妥善的解决办法(如供应商补价差,或做清仓处理)后,才可做最后的货款结算。

3. 旧供应商年度合同

每年年底,除半年内的新供应商外,采购主管应与所有旧供应商谈下一年度的合同。

"年度交易合作合同书"须在年底完成,否则视为自动延长一年。年度合同主要涉及规范价格、价格上涨、条码、交货天数、付款方式、付款账期、商品管理费用、进货奖励、节庆赞助、促销、广告意向、试吃演示、损耗补偿、食品及百货质量问题、退换货等项目。

采购主管在谈判年度新合同时,最好能请采购经理或采购总监一起参加,这样可以集思广益,添漏补遗,并且能让采购主管如猛虎添翼,气势高涨,无往不利。

4. 旧供应商年度评估

每年底除了要与供应商谈下一年度的交易合同外,采购主管还需对其管辖的所有供应商做一个"旧供应商年度评估表"(见表6.2)。这个表的评估项目与"进场"及"清场"是一样的,只是增加了实际的年度总销售额及毛利率。

表6.2 供应商年度评估表

供应商名称	供应商编号	超市供应商年度评估表							
生鲜:□蔬果组 □肉品组 □水产组 □面包熟食组 □日配组	食品:□酒饮组 □休闲食品组 □粮油组 □冲调组 □日化组			百货:□精品组 □文教组 □文体组 □家居组 □大家电组 □小家电组 □DIY组 □妇婴组 □家纺组 □服饰组					
评估项目	采购主管评估(打"√")			采购经理评估(打"√")			采购总监评估(打"√")		
	好(10分)	一般(7分)	差(5分)	好(10分)	一般(7分)	差(5分)	好(10分)	一般(7分)	差(5分)
(1) 价格:愿以最低价格供货									
(2) 诚信:不可有贿赂及违背诚信行为									
(3) 质量:质量有保障									
(4) 包装:商品及包装符合顾客需要									
(5) 服务:能配合超市的营采作业及售后服务									
(6) 批发:愿意经由超市批发给专业客层									
(7) 货源:财务及管理完善,货源可靠									
(8) 远见:不贪近利,愿与超市齐步成长									
(9) 促销:促销支持力度									
(10) 赞助:赞助金支持力度									
总分	______分			______分			______分		
年度总销售额及毛利率	¥____万____%			¥____万____%			¥____万____%		

续表

综合评估 （针对优缺点）			
同意往来与否	□同意　□不同意	□同意　□不同意	□同意　□不同意
签　　字	（采购主管）	（采购经理）	（采购总监）
日　　期	20___年___月___日	20___年___月___日	20___年___月___日

凭这个“评估表”，采购部也可以在年底顺便决定年度10%～20%应替换的供应商。若总数有500家供应商，则应在此时替换50～100家供应商，汰劣择优，形成一种“良性循环”。

5. 年度供应商表彰大会

每年年底，各地区公司可举办一个“年度供应商表彰大会”，其目的是：感谢供应商一年来的配合与支持及辛劳；借表彰大会的透明化，激发供应商的攀比性及积极性；展现超市的采购及销售实力，吸引新的、有实力的供应商前来洽商。

“表彰大会”可以是有偿的（如由供应商自费参加有餐宴的“颁奖大会”）或无偿的。也可以仅有精神奖励（如奖状或奖牌等），或同时给予物质奖励（如奖金或提前付款等）。更可以请新闻媒体参加报导，以扩大影响力。表彰的内容可以包括营业额、营业额增长率、毛利额、毛利增长率、准时交货率、低退货率或无退货率、售后服务水平、商品创新、促销支持力度、广告支持力度、综合配合度等项目。更可以针对供应商的业务人员及超市的采购人员颁奖给“最佳业务能手”及“最佳采购能手”等，以激励买卖双方关键人员，奖项可以是奖状、奖牌、奖金或国外旅游等。各地区公司在这方面的投入愈多，下一年的回报肯定会愈大。

任务四　供应商的评估

当今社会，风云变幻莫测，为了生存，我国连锁零售企业必须选择一种新型的管理模式来提高自己的竞争力，这种管理模式必须使企业具备很强的应变能力以及风险处理能力，必须以超越于单个企业资源所提供的市场表现力来参与竞争。因此，建立行之有效的供应链系统是现代连锁零售企业的必然选择，而与上游供应商的紧密合作将是供应链建设中很重要的环节，对于供应商的选择和评价显得尤为重要。通常，我们会从以下几个方面对其进行选择和评价。

1. 供应商的企业背景

（1）该企业的运作是否合法、规范？

（2）该企业的领导人是否优秀？

（3）该企业的管理层是否高效能？

（4）该企业的员工是否稳定？

(5) 该企业的管理是否规范？

2. 供应商所提供的价格

(1) 是否是市场最低价？

(2) 是否在大批量销售的前提下能够让利？

3. 付款条件

是否能接受我方提出的付款条件并能积极配合？

4. 送货能力

(1) 是否能准时送货？

(2) 是否能按量送货？

(3) 是否有足够的运输条件送货？

5. 合作性

(1) 长期合作是否融洽？

(2) 突发事件的处理是否配合？

(3) 临时顾客的大量订单是否能够满足？

(4) 顾客投诉是否及时处理？

6. 充分合理的利润

(1) 供应商提供的进价是否使本超市有充分合理的利润？

(2) 供应商的通道费用是否大力支持？

(3) 在大批量销售的情况下是否愿意让利或有返利的规定？

7. 可靠性和质量保证

(1) 供应商是否为该商品长期稳定的供应商？

(2) 供应商的产品质量是否有长期保证？

(3) 供应商是否有具体的售后服务措施？

8. 供应商的历史表现和成长性

(1) 供应商过去的表现如何？ 名声如何？

(2) 供应商的市场增长率如何？

(3) 供应商是否一直在不断成长？

(4) 供应商的新品开发能力如何？

(5) 供应商的市场推广能力如何？

和供应商打交道的注意事项

和供应商打交道是一项技术活，店长要熟悉和供应商打交道的注意事项：

(1) 在调换货的问题上，与供应商一定要事先达成一致，以免造成日后纠纷，什么可以换，什么不能换，换的周期是多长，自己和供应商都要做到心中有数。

(2) 作为新手，一定要通过交流看清供应商的性格特点，进而选择你认为可以信任的供应商合作。如果发现供应商太狡猾，要及时脱身，以免因为对行业不熟悉等原因受骗。

(3) 不要过分相信供应商的话。如果他们为你推荐的款式，总是说销量很好，或者某商场马上售空，这其实是供应商的一种手段，如果因此而轻信，很容易造成货品的积压。商场上只有永远的利益，不要轻信任何人。

(4) 与供应商的每一次货款交易，都要留有凭证。如进货时对方开具的发货单、向对方欠款时的欠条等。最好有专门的文件夹存放。如果与供应商有欠款，一定要在还清欠款后请对方开具收条，收条要妥善保管。

(5) 让供应商在重要问题上先让步，如价格、进货额等，在条件允许时，店长也要做出些许让步。

(6) 尽量成功地控制至少五个供应商，才能保证充足的货源，也可以在对比中降低进货成本。

（资料来源：王柳珍. 最棒店长的 200 个管理工具[M]. 武汉：华中科技大学出版社，2012.）

任务五　供应商的激励

1. 信任激励

合作伙伴关系的前提就是相互信任，因此企业之间需要建立相互信任的机制，以维持长期合作，主要有以下几种：

(1) 合作信任关系，主要是诚实守信，准时付账，保持信任度。

(2) 竞争信任关系，取决于企业执行一项职能时技术和管理方面的竞争力。

(3) 良好愿望性竞争关系。

2. 信息共享激励

信息交流有助于减少投机行为，有助于减少促进重要生产信息的自由流动。如果供应商能够快捷地获得需求信息，他就能够主动采取措施提供优质服务，同时，如果超市能够及时了解供应商的信息，挑选到最优秀的供应商，这对双方建立信任有着非常重要的作用。

3. 商誉激励

商誉是无形资产，对企业极其重要。因此即使没有显性激励合同，供应商也有努力工作的积极性。

4. 新产品的共同开发

他可以让供应商全面掌握产品的开发信息，有利于技术在供应链企业中的推广和开拓供应商的市场。在这种情况下，整个产品开发的成败不仅影响到超市的本身，同时也关系到供应商。因此，这就构成了一种激励作用。

家乐福与供应商的谈判

选好供货商之后，家乐福就开始和供货商进行谈判，谈判的一般流程是：全年合同谈判—新店开业谈判—新产品上市谈判—促销活动谈判。家乐福一直在培养其员工养成一种“进攻型”的态度来面对与供应商的谈判。

(1) 让销售员对得起他们的工作，让他们出汗。

(2) 对供应商第一次提出的条件，要么不接受，要么持反对意见。

(3) 永远要求那些不可能的事情。对于要谈判的事，要求越离谱越好，说不定和供应商的实际条件比较吻合。

(4) 把事情拖到下一次解决，在谈判要结束时，采购员要声称由上一级经理决定，为自己争取到更多的时间来考虑拒绝或重新考虑一份方案。

(5) 采用“去皮”原则。80%的谈判在最后的20%时间取得成效，在谈判开始时提出的要求可以被忽略。

（资料来源：www.docin.com/p-68450856.html）

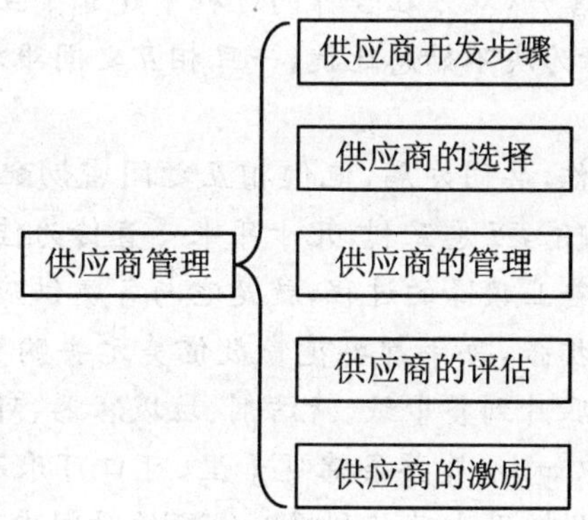

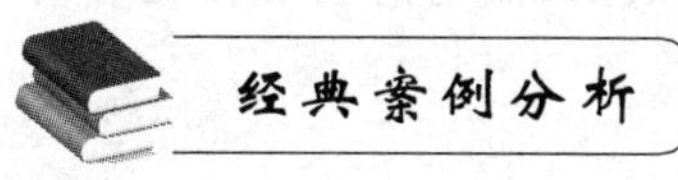

麦当劳的供应商管理

麦当劳是一个快餐连锁企业，供应商对其来说是很重要的。麦当劳不仅要求自己销售的快餐食品的品质是最完美的，同时还以一种毋庸置疑的态度要求他的供应商遵守这一标准。在利益谋求上，麦当劳竭尽全力和供应商达成一致。

1. 用心选择供应商

麦当劳在对供应商的选择上尤其用心，可谓独辟蹊径。麦当劳最初选择的供应商规模都不大，但富有开拓精神。他们伴随着麦当劳一起成长，麦当劳的兴衰与他们息息相关。对于麦当劳，他们有着极大的认同感，他们把自己看作麦当劳大家庭中的一员，并以此为荣。通过长期的合作，麦当劳培养起了一批对自己忠心耿耿、尽职尽责、服务又完全符合麦当劳标准的供应商群。

2. 严格管理供应商

在经营上，麦当劳对供应商要求严格，如果麦当劳发现供应商对麦当劳所提供的原料不合格，麦当劳会令其更正；供应商如不能在期限内更正，则停止其供应商资格。当然，麦当劳愿意给予供应商大力的扶持，与其共进。

1962 年，在土豆的主要产地爱达荷州，麦当劳的有关人员看到，土豆收获之后，供应商只是随随便便放在事先挖好的浅洞中储存。因此，许多本来合乎标准的土豆发生溃烂，已经不再符合麦当劳制定的标准。面对这种情况，麦当劳便不惜花费人力、物力，经常前往该产地向土豆农提供种植、施肥、建立自动调温储藏间等方面的技术指导。久而久之，麦当劳扶持帮助供应商的过程，竟然逐渐带来了一场土豆工业化生产的重要变革，产生了巨大的社会效益，促进了当地生产技术的提高和经济的进步。

在大力扶持的同时，麦当劳也严格约束供应商。麦当劳为供应商设下无数条条框框，不允许其越过一步。尽管麦当劳的苛刻要求给供应商的生产造成了不小的麻烦，但他们看到麦当劳是深具潜力的稳定顾客，关系到自己的切身经济利益，也就心甘情愿地接受了麦当劳的要求。而麦当劳也坚决执行自己的标准，尽心尽力，也为其赢得了“不容易骗到”的好名声。麦当劳的供应商都是老客户，双方在合作的过程中建立了互信互利的合作关系，与此同时，麦当劳对供应商的卑鄙行为决不姑息迁就，一旦相互之间难以合作，便立即终止合同。

3. 与供应商共同发展

麦当劳与供应商长期合作，共同发展，他们相互之间密切配合，彼此利益迅速扩大。在美国，麦当劳和供应商唇齿相依，互惠互利，几十年来一直传为佳话。

麦当劳逐步达到世界快餐业顶峰的过程，就是它与各类供应商共同发展的过程，麦当劳连锁系统规模一步步不断地扩张，每年都要花费数亿美元去购买各类必需品等，从面包、肉饼、洋葱、芥末、番茄酱、泡黄瓜片到餐巾纸、清洁剂、垃圾容器、可乐等，应有尽有。毫不夸张地说，麦当劳消耗的牛肉堆积如山，炸薯条绵延千里，可口可乐及咖啡可以汇集成河。这样巨大的需要能不使麦当劳的供应商大获其利吗？很短的时间内，很多原本规模很小、默默无闻的供应商就迅速发展起来了。他们与麦当劳的长期合作，共同成长，成为唇齿相依的合作伙伴。

4. 在中国的供应商管理

在中国市场，麦当劳一开始就打定主意让自己的原料全部“MADE IN CHINA”，有关资料显示，虽然麦当劳 1990 年才在中国建立第一家餐厅，但麦当劳的供应商早在 1983 年就已经在中国投资建厂、开发农场，为麦当劳半成品的生产与加工做好准备。

1984 年，麦当劳的马铃薯供应商派专家来到中国，考察了黑龙江、内蒙古、河北、山西、甘肃等地的上百种马铃薯，最后在承德培育出符合麦当劳标准的马铃薯，1998 年产量已达到12000吨。麦当劳自1990年在深圳开出中国内地第一家餐厅后，美国OSI、可诺奈等长期为麦当劳服务的美国企业也随之来华投资。麦当劳目前在中国有43家供货商，其中北京有10家。

(1) 福喜食品公司。福喜食品有限公司是麦当劳在长江以北的唯一一家肉类供应商。福喜食品有限公司由全球最大的肉类加工集团美国OSI公司创建，是麦当劳最大的牛肉、鸡肉、蛋品供货商。

(2) 北京可诺奈食品有限公司是美国可诺奈公司投资建立的食品公司，为麦当劳提供新鲜蔬菜的加工。

(3) 为麦当劳提供派类食品的北京百麦食品加工有限公司，也是其全球合作伙伴为服务麦当劳中国餐厅而设立的合资公司。

(4) 此外，为麦当劳提供面包、薯条及物流分发的全球合作伙伴怡斯宝特、辛普劳、夏晖等公司也跟随该品牌来到中国。

(5) 2003年，麦当劳在云南制定的四家生菜生产公司落户嵩明县内，发展订单生菜1000余亩，每年为全球的麦当劳"洋快餐"提供高品质生菜4000余吨。

(资料来源：倪宁.麦当劳餐饮攻略[M].广州：南方日报出版社，2013.)

案例思考：

(1) 为什么早期麦当劳选择规模较小的供应商？

(2) 为什么供应商愿意遵守麦当劳的严格标准？

(3) 试述麦当劳的供应商管理给你的启示。

案例解析：麦当劳是全球著名的快餐连锁企业，它之所以做得如此成功与它的供应商管理关系密切，麦当劳对供应商的管理要求十分严格，以保证它的产品质量始终保持优良，这种做法值得很多连锁企业借鉴。

巩固练习

1. 选择题

(1) 供应商的选择与评价的目的是(　　)。

A. 对供应商满足企业要求的结果进行评定

B. 选择合适的合作伙伴

C. 鼓励优秀供应商，淘汰不合格供应商

D. 促进供应商不断提高产品质量

(2) 以下哪级供应商可以获得财务结算方面的优先？(　　)。

A. A级供应商　B. B级供应商　C. C级供应商　D. 不合作的供应商

(3) 供应商业绩评定的方法主要有(　　)。

A. 合格评分法　B. 不合格评分法　C. 综合评分法　D. 单项评分法

(4) A级供应商应该是(　　)。

A. 大于90分　B. 90分　C. 大于85分　D. 85分

(5) 供应商业绩评价在 76～85 分之间是属于(　　)供应商。

A. A 级供应商　　B. B 级供应商　　C. C 级供应商　　D. 风险供应商

2. 判断题

(1) 对 A 级供应商予以表彰和奖励,提高供货比例且新产品配套、财务结算等方面予以优先。(　　)

(2) 连锁超市的供应商不需要了解超市的《供应商管理手册》。(　　)

(3) 供应商年终考核小于 60 分为 C 级供应商。(　　)

3. 简答题

(1) 连锁企业选择供应商的标准包括哪些?

(2) 供应商考核包括哪几个方面的内容?

(3) 试述供应商管理的目标包括哪些?

(4) 结合所学知识谈谈应从哪些方面对供应商进行激励。

导向性实训任务

1. 实训任务

选择供应商管理中的某一块或某几块内容,通过收集资料将其形成一个完整的内容体系,要求具有一定的逻辑性和相应的深度。

2. 推荐内容

(1) 供应商调查:供应商调查的目的,供应商调查的内容、方法(内容和方法相结合,如调查问卷表设计),调查资料的来源等。

(2) 供应商选择:供应商选择范围的确定、由谁去选择即选择团队、选择考虑的因素、选择方法等。

(3) 供应商考评:不同阶段供应商的考评目的,考评内容,考评方法以及供应商评价指标体系的设计(指标的确定,考核方法的确定)等。如开发过程中的供应商考评、使用过程中的供应商考评。

3. 实训作业方式

(1) 案例分析:可选择关于供应商管理的有关案例,进行深入分析,写出对该案例的启示。

(2) 对供应商管理某一点内容的系统总结。范围要小,内容要全面,一定要超出书本范围。

(3) 选择一家连锁企业,了解该企业的实际情况,并根据该连锁企业对供应商调查的内容,为其设计一份供应商调查表,完成后咨询该企业采购主管对供应商调查表的意见,并进行有效的改进。该内容要介绍企业情况,然后根据采购商对供应商调查的内容,进行调查表设计。

(4) 调查某一连锁企业对供应商管理的措施,如激励、控制等。

（5）为某一连锁企业（餐饮业、流通业、服务业）写一份供应商调查方案。

4. 实训的组织与管理

可进行单独完成，也可自行组合，1～2 人为宜。实训周本课程同学自己安排，收集资料、总结内容。可自行安排图书馆等地收集资料。

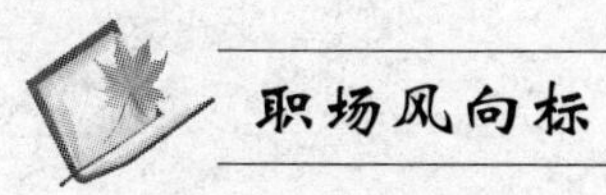

在连锁企业竞争日益激烈的背景下，对供应商的管理越来越被企业重视，为此企业设立了供应商管理专员等岗位，而胜任此岗位必须具备缜密的思维、良好的沟通能力和管理协调能力，能够完成供应商的管理以及对供应商的挑选，评估和激励工作。

项目七　客户管理

知识目标

1. 了解客户让渡价值、客户商业价值等相关知识。
2. 理解客户细分的标准与意义。
3. 了解客户满意度内涵、掌握客户满意度提升方法。
4. 掌握解决服务质量差距的基本方法与策略。
5. 掌握提升服务能力的基本策略。

能力目标

1. 能够从客户价值方面识别并合理认知连锁门店顾客。
2. 能够利用客户体验管理与服务接触管理相关理论知识进行客户开发与维系。
3. 能够进行客户满意度测评表的制定与实施。
4. 能够发现连锁门店服务质量差距产生的原因，并提出可行的解决办法。
5. 能够提出促进连锁门店服务能力提升的具体策略，树立连锁门店良好形象。

素质目标

引导学生不断丰富自己的理论知识，不断扩大自己的知识面和理论修养，提高自己的境界和层次，提高自己看问题的高度和准确性，提高自己制定解决问题措施的战略性、全面性和有效性。作为未来连锁门店的中高层管理人才，应不断学习和不断总结，提高自己专业技能，不断对自己提出新的挑战，树立起强烈的创新意识，加强观念和思维的创新、思路和方法的创新。

职业指导

通过本项目的学习，培养学生作为高素质店长人才需具备的客户管理能力，使学生能够胜任门店客户关系开发与维系及相关的门店服务管理等职位。

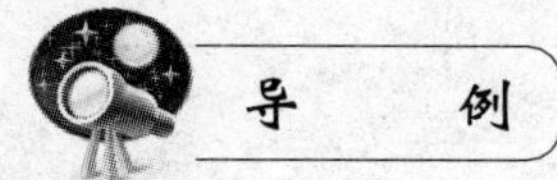

顾客反馈的秘密

2012年王品于中国台湾上市，旗下拥有王品台塑牛排、西堤牛排、陶板屋、原烧等13个品牌和300多家门店，年销售额为25.40亿元，其中进驻大陆5个品牌共58家门店，营收额为5.60亿元。王品在过去几年挖掘、积攒了丰富的消费者反馈数据，王品台塑牛排在中国台湾的顾客资料已达到约200万份，自2003年进入大陆市场到现在累积的客户资料近20万份。

初看王品台塑牛排的意见调查表，与通常的餐后问卷并无二样，但细究一下则发现其细致之处，比如在用餐后感觉的问题中，详细列举了主餐、面包、汤类、沙拉、甜点、饮料、服务和整洁等类别。除了常规的满意度调查，还涉及顾客生日和结婚纪念日等个人问题。许多公司会忽视顾客反馈后的分析，然而王品的开发部门成立了一个资料分析小组，从"满意度"寻找产品和服务的问题；从"用餐频率"分析消费者忠诚度；询问消费者是否愿意推荐给家庭成员或朋友，这比"满意度"更能了解消费者的真实想法。透过数据分析，王品的店长也能从中针对异常情况做出管理控制。

王品台塑牛排主打中高价位套餐制西餐料理，消费群体多属中高端的商务人士。针对这样的消费群体，王品每个店大约设置60名服务员，一名服务员通常只负责两桌客人。当客人在就餐过程中对某项菜品表现出特殊喜爱时，服务员需要当场询问他是否需要多来一份，并将这个偏好信息录入王品的客户数据库。在王品消费满15次后，可获得白金卡会员身份。白金卡客户到任何一个城市的王品店就餐，服务员都会根据数据库了解到顾客信息，也会根据记录询问要不要多来一份他喜爱的菜品，以此营造一种宾至如归的感觉。录入资料库的顾客会在特殊节庆日和新品上市时，收到王品发来的信息。

在生日和结婚纪念日到王品就餐的顾客，王品会提供一些额外惊喜，比如赠送蜡烛和蛋糕等。这项支出来自于王品每家店每月500元的"慷慨基金"。如遇有客人在填写调查表时对某项菜品和服务打出差评，店长会马上道歉并找出原因和解决之道。王品设置了一个400意见专线，如果客户直接拨打电话进行投诉，专线负责人会将意见记录在案后，马上电话通知该店店长，同时在30分钟内将此意见编辑短信发送至李森斌和大陆事业群主席陈正辉，他们是第一时间了解情况的最高负责人。该店店长需在3小时内联系到顾客进行口头致歉，并在3天内对顾客进行拜访。"只要客户有抱怨，跪也要把客人跪回来。"这是公司内部的一条准则。

"如果有店员通知400来电话了，店长几乎会吓得腿都软了。"赵广丰介绍，尽管该专线对外被称之为"天使专线"，但对于店长来说则几乎是"死亡之音"。按照王品的规定，如果一个店铺一个月内没有收到任何投诉，则可以在月底拿到集团下发的1000元奖金，供所有店员外出活动使用。

(资料来源：环球企业家网站，2013-07-17)

案例思考：

(1) 如何获得和处理顾客信息？

(2) 王品在顾客关系维系过程中采用了哪些方式方法?

任务一 识别与认知客户

客户作为连锁门店最宝贵的资源,与有价值客户保持长期稳定关系是门店获得持续竞争力的关键,如何识别并合理认知客户,对于店长管理实务与门店实施客户管理具有重要意义。

(一) 认知客户价值

1. 客户让渡价值

顾客让渡价值是菲利普·科特勒在《营销管理》一书中提出来的,"顾客让渡价值"是指顾客总价值(total customer value)与顾客总成本(total customer cost)之间的差额。顾客总价值是指顾客购买某一产品与服务所期望获得的一组利益。顾客总成本是指顾客为购买某一产品所耗费的时间、精神、体力以及所支付的货币资金等。具体内容与关系如图 7.1 所示。

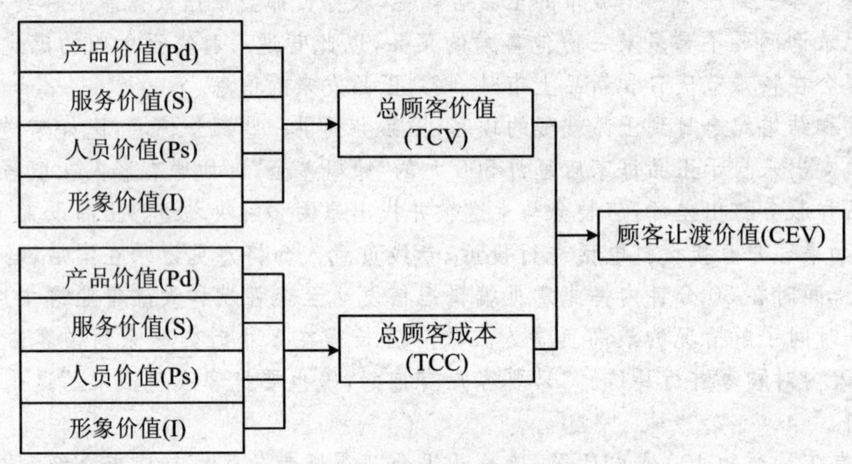

图 7.1 顾客让渡价值

顾客将从那些他们认为提供最高顾客让渡价值的商家购买商品。因此企业内部的各项活动,应该围绕增加顾客让渡价值这一中心展开。作为门店店长,应以建立和强化顾客让渡价值优势为导向,在改进产品、塑造店面形象、提升人员服务能力等方面,设计出一套满足顾客让渡价值最大化的营销机制与流程。

2. 客户商业价值

客户的商业价值是客户对企业产品或服务的购买量、客户营销成本、推动企业品牌增值作用等多种因素综合作用的结果。客户商业价值由客户的即有价值、潜在价值、影响价值和学习价值 4 大类价值要素构成。

知识拓展

客户的即有价值主要是指客户当前的、实际发生的对企业产品或服务或者购买活动所给企业带来的利润贡献水平。一般而言,客户的销售收入越高,该客户的既有价值越高;在同等条件下,客户所需的营销成本越大,该客户的既有价值越低。

客户的潜在价值是指客户将在未来进行的购买中给企业带来的利润。一是客户在未来时间内的增量购买。二是客户在未来时间内的交叉购买。

客户的影响价值是指客户对其他客户、社会声誉等方面给企业间接带来的贡献。一是影响其他客户购买,即客户通过其社会影响力、行业影响力对其他客户的购买决策产生或大或小的影响作用。客户不仅可以为企业传递好的"口碑",甚至会把一些潜在客户推荐给企业。二是客户对企业品牌增值的贡献,即企业由于拥有著名客户而获得一种无形收益。

客户的学习价值即企业在与客户交易过程中在技术、管理等方面向其学习的价值。优质的客户向企业展示了更先进的管理方法、新的设备和新的技术,这些学习机会就是难以估量的潜在收益。

(资料来源:http://abc.wm23.com/info/207104.html)

3. 客户生命周期与客户价值

(1) 客户生命周期。

所谓的客户生命周期(customer life cycle)指一个客户对企业而言是有类似生命一样的诞生、成长、成熟、衰老、死亡的过程。是从一个客户开始对企业进行了解或企业欲对客户进行开发开始,直至客户与企业业务关系完全终止且与之相关的事宜完全处理完毕的这段时间。是客户关系水平随时间变化的发展轨迹,它动态地描述了客户关系在不同阶段的总体特征。

客户生命周期可分为考察期、形成期、稳定期和退化期四个阶段。

考察期,是客户关系的孕育期,处于探索和试验阶段,客户会尝试性地下一些订单,企业与客户开始交流并建立联系。评估顾客的潜在价值和降低不确定性是这一阶段的中心目标。此时企业有客户关系投入成本,但客户尚未对企业做出大的贡献。

形成期,是双方关系的快速发展阶段。双方能进入此阶段,表明客户逐渐认识到对方有能力提供令自己满意的价值(或利益)和履行其在关系中担负的职责。客户已经与企业发生业务往来,且业务在逐步扩大。企业从客户交易获得的收入已经大于投入,目的是进一步融洽与客户的关系,提高客户的满意度、忠诚度,进一步扩大交易量。

稳定期,是客户关系的成熟期和理想阶段,是关系发展的最高阶段。在这一时期双方的交互依赖水平达到整个关系发展过程中的最高点,双方关系处于一种相对稳定状态。此时企业的投入较少,客户为企业做出较大的贡献,企业与客户交易量处于较高的盈利时期。

退化期，是客户关系水平发生逆转的阶段。比如，交易量逐渐或急剧下降；一方或双方正在考虑结束关系甚至物色候选关系伙伴(供应商或客户)；开始交流结束关系的意图等。引起关系退化的可能原因很多，如一方或双方经历了一些不满意、需求发生变化等。

(2) 基于客户生命周期的客户价值。

客户生命周期价值(Life Time Value, LTV)，指某一特定客户或客户群未来创造的总利润的净现值。LTV 不同于其他的测量方法，它是基于某一客户群过去和现在的消费行为，预测这一客户群的未来的表现。LTV 已经成为测量成功的客户关系管理的标准工具。

根据客户生命周期理论，客户关系水平随着时间的推移，从考察期到形成期和稳定期直至退化期依次增高，稳定期是理想阶段，而且客户关系的发展具有不可跳跃性。同时，客户利润随着生命周期的发展不断提高，考察期最小，形成期次之，稳定期最大。

客户成熟期的长度可以充分反映出一个企业的盈利能力。因此，面对激烈多变的市场环境，企业应针对客户生命周期的不同特点，提供相应的个性化服务，进行不同的战略投入，以获得更多的客户价值，如图 7.2 所示。

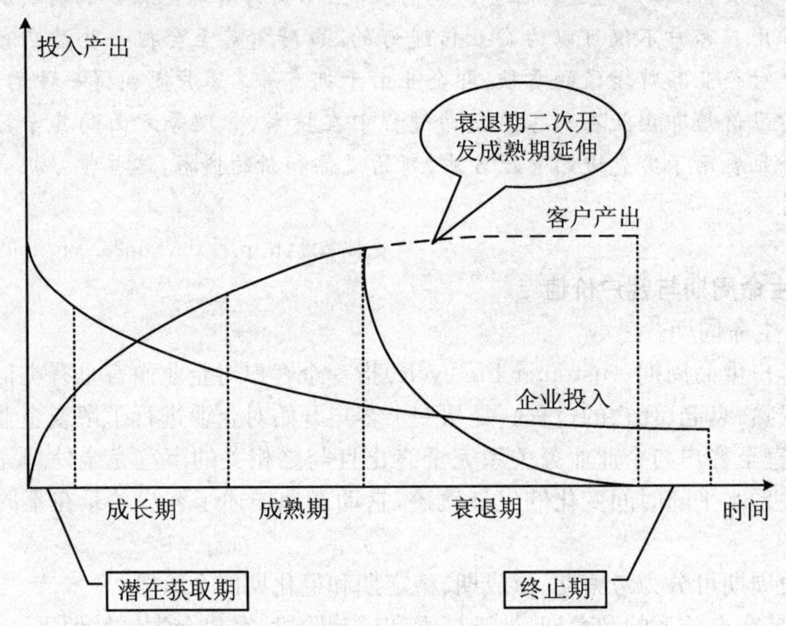

图 7.2　基于客户生命周期的客户价值

店长作为门店的最高管理者，肩负顾客信息收集、处理以及相关信息的书面汇报。客户生命周期价值可以成为连锁门店营销策划过程中最有价值的营销工具之一。首先需要区别对待高生命周期价值的客户群体和低生命周期价值的客户群体，以维系和保留那些高生命周期价值的客户群。计算中会表明一些客户的生命周期价值为负，显然企业就不必投入大量资源在这些客户身上。

使用生命周期价值营销工具进行客户分类分层、管理与维系，调整营销费用的预算与分配，设计差异化的沟通策略。研究表明，通过针对不同生命周期价值客户群的差异化营销所获取的客户价值，是通过无差异的大众营销方式获取的客户价值的数倍。针对不同生命周期价值客户来合理分配营销预算，并进行差异化营销获取所带来的投资回报率也会数倍于无差异化的营销。另外在客户维系上所产生的投资回报往往数倍于将同样的费用投资于客户获取上。

（二）客户细分与客户类型

1. 客户细分内涵与意义

客户细分是20世纪50年代中期由美国学者温德尔史密斯提出，是指在特定的市场中，企业根据客户的属性、行为、需求、偏好以及价值等因素对客户进行分类，并提供有针对性的产品、服务和销售模式。

基于客户需求的多样化和异质性，要求企业按照不同的标准，对客户群体进行客户细分，以提供有针对性的产品和服务。基于客户价值，企业要明确哪些是最有价值的客户，哪些是忠诚客户，哪些是潜在客户，哪些客户的成长性最好，哪些客户最容易流失，企业就必须对自己的客户进行细分。基于企业的资源和能力，企业应考虑的是，如何对不同的客户进行有限资源的优化配置与应用。客户细分能够引导企业根据客户的不同特点进行有针对性的营销，赢得、扩大和保持高价值的客户群，吸引和培养潜力较大的客户群。

零售企业的客户细分与客户管理(1)

对零售企业来说，行业利润的下滑往往并非源于客户需求的疲软或竞争的激烈，而是源于这些企业想象力的贫乏。比如，当生意不景气的时候，除了打折和变相打折，这些企业往往想不出更有效的方法。大量的案例一再表明，这种简单的促销方法事倍功半或者得不偿失，但为了生存下去，他们又不得不继续纵容、娇惯消费者。

中国的零售业基本上处于"无记名投票"的状态，商家很难对每个消费者的购买行为进行分析。商家们普遍产生了一种"平均数错觉"，即想当然地以为每一个顾客为企业贡献大致相同的利润。他们认为，顾客越多，就意味着他们在市场上"得票"越多，而"得票"越多，就意味着他们决策是对的。在"平均数错觉"下，企业自然把企业的资源平均地投放到每一个顾客身上。这种表面的平等掩盖了一种真正的不平等——企业并没有按每一个顾客对于企业贡献的多少来相应地回报给顾客，而是无意中让利润低的顾客来"吃大户"。他们的顾客中有很多是只为他们"捧人场"而没有"捧钱场"。一方面，"大户"没有得到相应的回报，另一方面，"小户"从商家那里得到的并非回报，而是"福利"。

德鲁克说过，无法量度和评估的东西就是无法管理的东西，你的量度手段到哪一步，你的管理手段才能到哪一步。由于缺乏有效统计，商家只能采用这种相当"写意"的手法来评估客户利润，并依据这种评估做出销售决策，打折就是首选手段。结果：一个不是冲打折而来的顾客创造的价值，被误置到打折的效益中，加强了商家对于打折的信念。如何停止恶性循环？如何避免"打折是找死，不打折是等死"的两难境地？答案是把视线收回，眼睛向内，重新测度自己的资产结构，即顾客的"地质构成"，识别利润的富矿和贫矿，识别顾客资源中富饶的贫困和贫困的富饶，重新制定开发和保持顾客的策略，在为真正盈利的客户持续创造价值的过程中使企业的价值最大化。

（资料来源：21世纪商业评论，http://finance.sina.com.cn）

2. 顾客细分方式

一般来说，细分可以根据三个方面的考虑来进行，如表7.1所示。

表7.1　顾客细分方式

细分标准	细分变量
外在属性	地域分布、客户的组织归属等
内在属性	性别、年龄、信仰、爱好、收入、家庭成员数、信用度、性格、价值取向等
行为方式	最近消费、消费频率与消费额；付款记录、信用记录等

情景案例

顾客细分案例分析——全聚德的顾客细分

北京前门全聚德烤鸭店是北京全聚德烤鸭集团的起源店（老店），创建于1864年，以经营传统挂炉烤鸭蜚声海内外，是京城著名的老字号。在服务上，创造出“攻击型服务”，以细分就餐顾客为切入点，以市场为检验标准，总结了以下具体服务对策。

(1) 多血质—活泼型：这一类型的顾客一般表现为活泼好动，反应迅速，善于交际但兴趣易变，具有外倾性。他们常常主动与餐厅服务人员攀谈，很快与之熟悉并交上朋友，但这种友谊常常多变而不牢固；他们在点菜时往往过于匆忙，过后可能改变主意而退菜；他们喜欢尝新、尝鲜，但又很快厌倦；他们的想象力和联想力丰富，受菜名、菜肴的造型，器皿及就餐环境影响较大，但有时注意力不够集中，表情外露。服务对策：服务员在可能的情况下，要主动同这一类型的消费者交谈，要多向他们提供新菜信息，但要让他们进行主动选择，遇到他们要求退菜的情况，应尽量满足他们的要求。

(2) 黏液质—安静型：这一类型的顾客一般表现为安静、稳定、克制力强、很少发脾气、沉默寡言；他们不够灵活，不善于转移注意力，喜欢清静、熟悉的就餐环境，不易受服务员现场促销的影响，对各类菜肴喜欢细心比较，缓慢决定。服务对策：领位服务时，应尽量安排他们坐在较为僻静的地方，点菜服务时，尽量向他们提供一些熟悉的菜肴，还要顺其心愿，不要过早表述服务员自己的建议，给他们足够时间进行选择，不要过多催促，不要同他们进行太多交谈或表现出过多的热情，要把握好服务的“度”。

(3) 胆汁质—兴奋型：这一类型的顾客一般表现为热情、开朗、直率、精力旺盛、容易冲动、性情急躁，具有很强的外倾性；他们点菜迅速，很少过多考虑，容易接受服务员的意见，喜欢品尝新菜；比较粗心，容易遗失所带物品。服务对策：点菜服务时，尽量推荐新菜，要主动进行现场促销，但不要与他们争执，万一出现矛盾应避其锋芒；在上菜、结账时尽量迅速，就餐后提醒他们不要遗忘所带物品。

(4) 抑郁制—敏感型：这一类型的顾客一般沉默寡言，不善交际，对新环境、新事物难以适应;缺乏活力,情绪不够稳定;遇事敏感多疑,言行谨小慎微,内心复杂,较少外露。服务对策:领位时尽量安排僻静处,如果临时需调整座位,一定要讲清原因,以免引起他们的猜测和不满。服务时应注意尊重他们,服务语言要清楚明了,与他们谈话要恰到好处。在他们需要服务时,要热情相待。

(资料来源:中国经营报,聚德烤鸭店的顾客细分)

知识拓展

零售企业的客户细分与客户管理(2)

顾客四型——对商家来说,识别顾客的贫富固然重要,但与之同等重要(甚至更重要)的是:这些顾客是常客还是过客,以及你能否对其光顾的频率即忠诚度进行有效的管理。如果把"有钱和缺钱"(或"高盈利性"和"低盈利性")为横轴,以"忠诚与不忠诚"为纵轴,那么就可以把顾客的类型划分为四类:有钱且忠诚,有钱而不忠诚,缺钱而忠诚,缺钱且不忠诚。

管理学者 Werner Reinartz 和 V. Kumar 用更形象的语言给这四种顾客命名。有钱且忠诚的顾客被称为"知己"(true friends),其购物特点是:单次购买花钱多,且频繁、固定地光顾。比如一个有稳定的高收入和固定住所,经常光顾某家他喜欢的商店的人。有钱而不忠诚的顾客被称为"蝴蝶"(butterflies)。其购物特点是:单次购买花钱多,但属随机性购买,光顾一次后就不知飞到哪里去了,比如大公司负责采购各种办公、生活用品的人,或买高档商品的外地顾客。有一种叫"藤壶"的贝属动物,它们的生存方式很奇特——常年牢牢地附着于水下船底,一动不动。如果船底的藤壶过多,船体将会受损,船的运行速度也会降低,因此,大型船只的船底每过一段时间就需要做清除藤壶的工作。Werner Reinartz 和 V. Kumar 形象地把可盈利性低但忠诚度高的顾客称为"藤壶"(barnacles)。其购物特点是:单次购买花钱甚少,但频繁固定地光顾。比如住在商店附近,经常在商店购买生活日常用品,遇到商店打折购买其他物品的人。另外,还有一些这样的顾客:可盈利性低而且忠诚度低(来到商店只是为了逛逛,偶尔买一点廉价商品),他们被称为"过客"(strangers)。其购物特点是:单次购买花钱甚少,且来过之后就不再来。比如到某个商店里购买日用品的外地游客。

(资料来源:世纪商业评论,http://finance.sina.com.cn 21)

3. 基于顾客细分的店长管理技能提升

对于连锁门店,了解本地客户、利用适当的市场细分策略和目标战术变得日益重要。连锁门店客户细分的目标是更好地了解客户并满足客户需求,以此提高门店的盈利能力,推动收入的增长。作为店长,应协同各方面力量,采取相应措施,寻找、培养并保有高价值的特定目标客户群体。作为店长,应经常考虑诸如以下问题:如何经济地为不盈利客户提供服务?如何逐步淘汰不盈利客户?如何吸引和保有高盈利客户?如何维持和延长高盈利客户的消费水平和消费周期?如何促使一般盈利客户像高盈利客户一样消费等。

第一,店长应担负起推动客户细分的责任。自小处着手,再不断扩大。开始把客户粗略地分成几个大类,然后再逐渐进行更细致、更准确的划分。不要等到一切都尽善尽美再去做,要先迈出第一步。

第二，应多维度把握市场细分特征。细分类型的范畴包括各种特征，诸如人口数据、生命阶段、需求、行为偏好、态度、盈利能力和生活方式。采用多维视角意味着可以全面地了解客户的情况，即他们是谁、他们有何特征、他们需要什么、他们会如何反应、他们购买什么、他们何时进行购买以及他们为什么购买？尤其是关于客户的购买原因，即购买背后的动机。据研究，该维度解释了客户购买决策几乎一半的原因。作为店长应对此类信息具有一定的敏感性，不能因其“不可捉摸”及“难以获得”而加以忽略。

第三，应高度把握“时间”维度对于客户群体的作用与影响。对于连锁门店，时间变量十分关键。它能显示客户及其购买阶段是如何随着时间的变化而变化，能够提醒管理者如何在正确的时候通过正确的渠道获取正确的客户。作为门店管理者，仅仅了解“针对哪些客户”以及“客户购买量”是远远不够的。必须将视角提升和发散至以下诸多问题，即“在何时间段，针对何客户？”以及“客户购买量多大？客户购买频率多高？客户最近一次购买在什么时候？客户处在生命周期的哪一阶段？客户渠道偏好与购买倾向是什么？”连锁门店应该跟踪客户的成长和变化，从而确定出应选择的时间点，采取适时的营销策略。

零售企业的客户细分与客户管理(3)

1. 管理“知己型”顾客——润物细无声

对这类顾客一定要热心而慎重。管理目标是：使他们成为知心朋友。但要切记，要使这些具有相当的消费品位、性情比较节制、“优雅”的人成为“信徒”，要以他们的习惯的方式——润物细无声的方式。暴风骤雨的方式很可能把他们吓跑。他们购物的方式也是润物细无声的。他们有钱，但消费行为是相当理性，不会有“狂购”的行为。他们对产品的要求较高，有时甚至有点挑剔（调查表明，他们退货和换货的频繁相对较高）。“信徒”都有一种或隐或现的优越感，他们有意无意地追求一种被“选中”的感觉。如果很多顾客都有会员证，那么你一定要给他们发放一种拥有某些特权，可以通过“绿色通道”来获取服务，高级别的会员证。给这些信徒以优越感和成就感，及对企业的归宿感。他们在行为上已经对你有了路径依赖，如果让他们在思想意识上对你形成归宿感后，他们的忠诚度和盈利性都会大大提高。反复以各种方式向他们表达一个信息：您是我们最尊贵的顾客和最信任的朋友，我们也是您最值得信任的朋友，我们悉心关注您的需求，我们随时为您提供最好的产品和服务！

2. 管理“蝴蝶型”顾客——逢场作戏并把“戏”作足

“蝴蝶型”顾客也是你的重要顾客，用一句有点不敬的话来说，与他们的关系是“逢场作戏”。你用不着在他们身上进行长期的投资。与他们的一次性交易是“大场面”的，商家在这种大场面中，一定要针对这可能是唯一一次的交易，全力以赴地做戏。总之，在仅此一次的机会中，从他们身上“榨取”尽可能多的“油”。避免在他们购买活动结束后还在他们身上追加投资的错误。研究表明，使“水性杨花”的顾客变成从一而终的顾客的成功率不足10%。相反，如果在其购买行为发生之前和之中，对他们进行投资，效益要大得多。

3. 管理“藤壶型”顾客——设置门槛和再度识别

这是最难应付的一群顾客。他们是常客，一年内在这里花的钱比不上一个“知己”型顾客一次花费的多。他们的可盈利性很低，但他们占用你的企业资源很高。比如去银行的很多每月甚至每周都来存钱取钱的人，超市里经常来购买廉价商品的顾客，百货商店里打折时排队领取奖券的顾客。在排队等候的队伍中，他们占大多数，让那些有钱的主顾也陪着他们排队。如果没有他们，银行的服务质量会提高，运营费用也会降低。常规的办法：巧妙地用价格手段限制他们占用过多的资源（比如对小额存款收取服务费）。少开展甚至不开展这类顾客最感兴趣的促销活动，反正他们像藤壶一样长年吸附于你的企业。

4. 管理“过客型”顾客——尽早地认出他们的身份

尽早地认出他们的身份——“一次性”，不要在他们身上作任何长期性的投资。在与他们的一次性交易中，尽可能地从他们看得死死的钱包中多掏些钱。

（资料来源：21 世纪商业评论，http://finance.sina.com.cn）

任务二 客户关系开发与维系

管理大师彼得·德鲁克曾说：“衡量企业是否兴旺发达，只要回过头看看其身后的客户队伍有多长就一清二楚了。”市场竞争就是客户竞争，连锁门店更是如此。争取和保持顾客是生存和发展的使命。

（一）客户体验管理与服务接触管理

1. 客户体验管理基本内容

根据伯尔尼 H. 施密特（Bernd H. Schmitt）在《客户体验管理》一书中的定义，客户体验管理（CEM，Customer Experience Management）是“战略性地管理客户对产品或公司全面体验的过程”，它以提高客户整体体验为出发点，注重与客户的每一次接触，通过协调整合售前、售中和售后等各个阶段，各种客户接触点，或接触渠道，有目的地，无缝隙地为客户传递目标信息，创造匹配品牌承诺的正面感觉，以实现良性互动，进而创造差异化的客户体验，实现客户的忠诚，强化感知价值，从而增加企业收入与资产价值。

客户体验管理是近年兴起的一种崭新客户管理方法和技术。通过有效把握客户体验，并加以管理，可以有效提高客户满意度和忠诚度，最终提升企业价值。对于连锁门店店长来说，其管理着力点是在各个客户接触点上（比如呼叫中心、收账人员、客户接待、产品使用手册和网站、广告及其他活动），一系列附加在产品或服务之上的事件。管理目标是基于产品或服务的全新价值及企业与品牌形象，促成顾客通过亲身感知与认识，获得强烈心理感受与价值认同，产生一系列“利好因素”的综合产物，使客户关系最优化、客户价值最大化。其管理挑战在于如何确保客户在关键接触点上得到最好最有价值的体验。

情景案例

1981 年，詹·卡尔森进入北欧航空公司（SAS）担任总裁的时候，该公司已连续亏损，金额相当庞大，然而不到一年的时间，卡尔森就使该公司扭亏转盈。卡尔森创造了“关键时刻”这一词语，并通过一系列的管理手段，让关键时刻成为客人满意而难忘的时刻。卡尔森认为，关键时刻就是顾客与北欧航空公司的职员面对面相互交流的时刻，这个时刻决定了公司未来的成败。美国饭店伙伴管理公司根据卡尔森的观点，研究并确定了顾客逗留酒店期间通常会有 39 个关键时刻，为了不断创新关键时刻的服务，他们将 39 个关键时刻分别排列在一个被称为“跳舞的顾客游戏”的棋盘上，用游戏来训练员工对关键服务点的程序和诀窍的掌握和运用。他们把 39 个关键点的每个接触看作是一次服务机会，酒店员工可以利用这些机会，为客人创造一个良好的服务体验，使客人有宾至如归的感觉。酒店还可以发动全体员工，通过头脑风暴法来不断创新服务点子，从而在一个特定的服务接触点，为顾客创造价值。例如：“总台登记入住”这个接触点，酒店就可以发动员工思考：

（1）我怎样利用这个服务机会，使客人感到更受欢迎？

（2）我怎样利用这个服务机会，为客人提供更多的信息？

（3）我怎样利用这个服务机会，使客人感到更加愉悦？

（4）我怎样利用这个服务机会，使客人感到备受关心并且省去许多烦恼？

（5）我为酒店赢取这位客户了吗？

2. 服务接触及其过程

服务接触(service encounter)一词最早出现于 20 世纪 80 年代初期。服务接触是客户与服务系统之间互动过程中的“真实瞬间”，是影响客户服务感知的直接来源。服务质量很大程度上取决于客户感知，客户感知又以服务接触能力为基础。

在服务业经营中，影响客户满意与再次惠顾与否的因素，主要在于顾客与服务供应者间的人际接触(person-to-person encounter)。Solomon 等认为，服务接触是服务情境中，供应者与接收者间的面对面互动。亦即客户与服务传递系统(service delivery system)间的互动，包括前线员工、客户、实体环境及其他有形因素等对象。服务是消费者与服务供应者互动的过程和结果，是通过双方的互相作用来实现和完成的。双方的这种完成和实现服务的互动接触节点就叫做服务接触点。串联起来的系列服务接触点构成整个服务过程。服务接触点构成了完整的服务产品组合。服务产品组合的管理实际上就是服务接触点管理。

在门店管理过程中，由于服务的独特特征决定了其管理的难度，服务接触管理提示了细节对于门店服务的重要性。某种程度上，服务接触就是一个一个的细节，这些连串的细节构成了顾客整体经历。基于服务接触理论，需要引导门店员工关注客人需求，把握每一个细节，每一个真实瞬间，做到延伸服务。

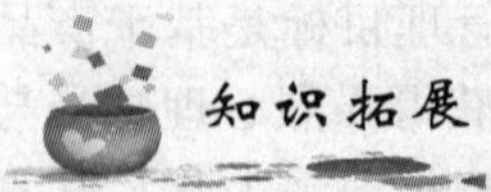

蓝图技巧又称服务过程分析，是指通过分解组织系统和架构，鉴别顾客同服务人员的接触点(point of contact)，并从这些接触点出发来改进企业服务的一种策略。蓝图技巧借助流程图分析服务传递过程的各个方面，包括从前台到后勤服务的全过程。它通常涉及四个步骤：

（1）把服务的各项内容用流程图的办法画出来，使得服务过程能够清楚、客观地展现出来。

(2) 把那些容易导致服务失败的点找出来。

(3) 确立执行标准和规范,而这些标准和规范应体现企业的服务质量标准。

(4) 找出顾客能够看得见的服务展示,而每一个展示将被视为企业与顾客的服务接触点。

在每一个接触点,服务人员都要向顾客提供不同的职能质量和技术质量,而顾客对服务质量感知的好坏将影响企业形象。

(资料来源:http://wiki.mbalib.com/wiki)

3. 服务接触相关理论与应用

(1) 服务接触三元体及其失衡分析。

服务接触三元体指出,服务过程中每个真实瞬间都涉及服务提供者和顾客的互动,各自都在服务组织提供的环境中扮演一个角色。服务接触三元体表明了服务者、顾客、服务组织三种角色在服务接触中的关系以及三者之间的冲突。

在服务接触三元体组合中,每一方的利益和出发点是不相同的。员工关心的是个人权利与相关责任;企业关注的是质量、成本、效率和声誉;而顾客更为关心的是个性化需求的最大化满足。在互动接触过程中,每一方都试图基于自己的出发点来支配过程。三者可以通过沟通合作使三方受益,其中不乏现实服务接触中出现三者中某一个占统治地位,进而导致结构失衡的情景。当服务组织主导时,因为追求效率,员工的自主性降低,可供选择的服务可能比较有限,客人定制化服务可能减少;员工主导型的三元体结构中,员工拥有较大的自主权,员工可以根据实际情况采取即时的措施,尤其是在突发事情时,一般而言,员工具有较高的归属感和成就感,顾客具有较高的满意度;在顾客主导的结构中,顾客会采取自我服务的形式,完全的定制,员工和服务组织以顾客为导向,积极发现和挖掘顾客需求,为顾客提供优质服务。

(2) 基于服务接触三元体的店长管理策略。

在门店管理过程中,店长应协同统筹三方面因素,主动设计互动接触服务工作。店长首先应尽力协调三方在生理、心理和经济上的利益,尽量减少或减缓可能发生矛盾和冲突的地方。

其次,合理界定三者在管理过程中的关系。企业门店与员工之间属于内部营销,应着重于服务能力打造与构建,以及对下属员工的授权。服务接触点的服务质量很大程度上取决于提供服务的一线员工。尤其在面对面和远程服务接触点方面,店员的服务态度、服务技能、服务方式方法及服务的每个细节将直接影响到顾客的服务质量感知。因此,店长应将门店企业的服务理念有效传递给员工;充分调动员工的积极性,不断改进服务;不断培训员工在服务接触点的服务技能;将企业的组织结构扁平化,授权一线员工可以做主。企业门店与顾客之间属于企业营销,应着重于市场沟通方式与渠道,适时关注顾客的期望和态度变化;员工和顾客之间类于一般推销,应着重于服务传递过程的畅通与实现。当员工与消费者在服务接触点上良性互动的时候,员工就如同一张鲜活的名片,为企业门店树立良好的形象和口碑。

根据服务接触中的角色剧本理论,服务场景犹如一个舞台,顾客、员工和管理人员分别扮演着观众、演员和导演的角色，只要三者根据自己角色的剧本要求进行互动，就一定能够演好戏。作为店长应找准在这个舞台的角色扮演。

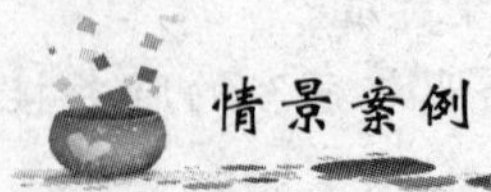

情景案例

航空业是多服务接触点的最佳演绎，旅客运输的服务是通过一系列迥然相异的服务接触点来完成的：消费者网站查询机票、订票；订票员电话确认；机场半票；机场安检；登机服务；客舱服务；其他旅客的互动；地接服务；行李运输。一般来说，可以从六个方面来进行服务接触点管理。这六个方面分别是：

① 服务接触点的类型：根据接触对象，服务接触点可分为面对面服务接触点、远程服务接触点、自动服务接触点三个类型。

② 服务接触点的影响：即服务接触点对消费者满意度、成本、客户获取率及转化率的影响程度。

③ 服务接触点的掌控：即企业对该服务接触点上的体验有多大的掌控力。

④ 服务接触点的成本：即该服务接触点的资金成本和运营管理成本。

⑤ 服务接触点的知识：即企业对该服务接触点上的消费者行为的了解程度。

⑥ 服务接触点的采用率：即消费者对该服务接触点的使用频率。

（资料来源：www.baidu.com）

（二）客户满意度测评与提升

伴随客户满意管理革命在全球范围内的兴起，客户满意度指数(CSI)成为与企业经营业绩、市场发展前途密切关联的指标变量。如何正确度量CSI，并把CSI当作处理客户关系的依据，成为众多管理决策者必须思考的问题。

1. 客户满意与客户满意度内涵

客户满意，即Customer Satisfaction(简称CS)，是顾客对一个产品可感知的效果(或结果)与期望值相比较后，形成的愉悦或失望的感觉状态。Otiver & Linda(1981)认为顾客满意是一种心理状态，故根据消费经验所形成的期望与消费经历一致时而产生的一种感情状态。Tse&Witon(1988)认为顾客满意是顾客在购买行为发生前对产品所形成的期望质量与消费后所感知的质量之间差异的评价。如果感知效果低于期望，顾客就会不满意；如果可感知效果与期望相匹配，顾客就满意；如果可感知效果超过期望，顾客就会高度满意、高兴或欣喜。顾客满意情况如图7.3所示。

客户满意度CSR(Consumer Satisfactional Research)是一个相对的概念，是客户期望值与客户体验的匹配程度。换言之，就是客户通过对一种产品可感知的效果与其期望值相比较后得出的指数。进行客户满意度研究，目的是通过连续性的定量研究，获得消费者对特定服务的满意度、再次购买率与推荐率等指标的评价，找出核心问题，提出解决问题的快捷、有效途径，实现最大化价值。

2. 建立客户满意度指标体系

确定客户满意度指标是对合乎满意度测量控制的关键问题。作为门店店长，要科学确立客户满意度指标内容，依据满意度测评流程，对客户满意度进行测量监控和分析，构建并不断完善客户满意管理体系。

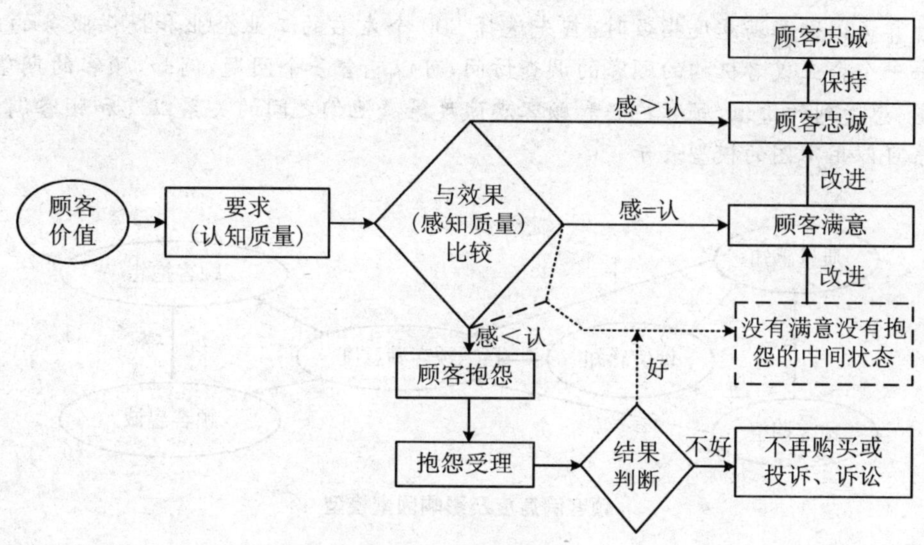

图 7.3　顾客满意

(1) 顾客满意度指数(ACSI)研究现状。

从世界范围看，瑞典于 1989 年建立起顾客满意度指数模型，美国于 1994 年也建立了自己的 ACSI。其后，设立在美国 Michigan 大学商学院的国家质量研究中心，先后在新西兰、韩国、中国台湾等国家和地区选择一定数量行业进行满意度调查，计算该地区的顾客满意度指数。1999 年欧盟 11 个国家也分别在本国试点调查，计算自己国家的顾客满意度指数，至今为止全球共 22 个国家和地区设立了顾客满意度指数。中国顾客满意指数测评基本模型是因果关系模型，该模型包括六个结构变量，即品牌形象、预期质量、感知质量、感知价值、顾客满意度和顾客忠诚。其关系如图 7.4 所示。

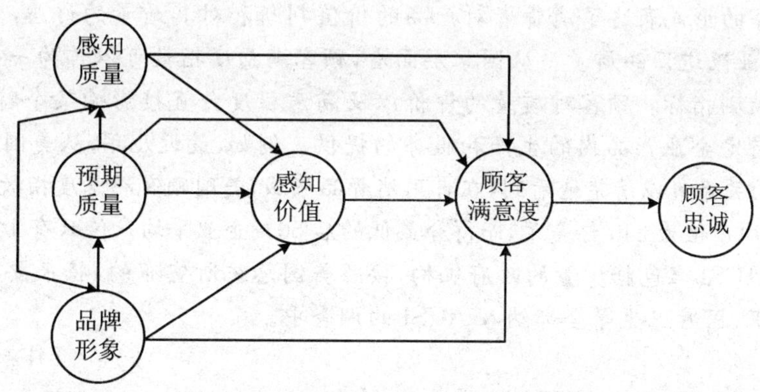

图 7.4　中国顾客满意指数测评基本模型

知识拓展

在计算美国顾客满意度指数时，首先选择200个左右的工业企业和提供服务的政府机构。对每一个企业或者机构的顾客的调查访问，可以包含多个问题，例如，顾客的期望、感受到的质量、感受到的价值、顾客抱怨和顾客忠诚度等。他们之间的关系以及和顾客满意度之间的关系可以用下图的模型表示。

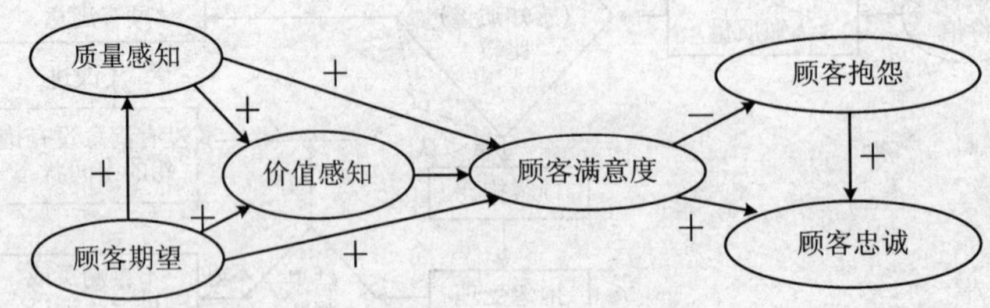

顾客满意度及影响因素模型

根据这一模型，可以建立一个可以检验的、由多元方程组成的计量经济模型。根据方程的变量，输入被访问者给出的分数就可以计算出每一个企业或者机构的顾客满意度得分。在计算出企业顾客满意度指数以后，就可以计算出行业的顾客满意度得分、各部门的顾客满意度得分和全国顾客满意度得分。

从企业层面看，企业可以使用这一指数评估顾客忠诚度，确定进入市场的潜在障碍，预测投资回报、精确地找到市场切入点也就是未满足的顾客期望所在。从区域和各行业角度看，运用顾客满意度指数的数据，可以对不同区域、不同行业的顾客满意程度进行对比，也可以拿各区域、各行业的顾客满意度指数与全国指数进行对比，还可以与公共部门提供的服务的顾客满意度指数与那些私有部门提供服务的顾客的满意度指数对比。从消费者的角度看，美国顾客满意度指数表达了广大消费者对他们所使用或者购买的产品和服务的评价。这一指数用数字的形式表达了消费者对产品的价值判断和对其质量的好恶，它将成为一种驱动力，促使企业改进产品质量。从国家层面看，顾客满意度指数可以作为一项研究经济增长速度的预警监测指标。顾客对质量的评价以及满意程度会直接影响某个特定部门、特定行业以及某个特定企业产品内的生产和服务的提供。例如，最近几年，从美国顾客满意度指数和企业产值的关系可以清楚地看到，在日用消费品领域，美国顾客满意度指数得分最高的前50%的企业，平均产值为240亿美元，而得分最低的后50%企业平均产值只有140亿美元。

目前美国ACSI只包括少量的政府机构，按照美国总统所宣布的，将来要把农业、商业、国防、教育、环保、医疗卫生等全部纳入ACSI的调查中。

（资料来源：北京质量网）

(2) 客户满意度测评的流程制定。

顾客满意指数测评是指通过测量顾客对产品或服务的满意程度以及决定满意程度的相关变量和行为趋向，利用数学模型进行多元统计分析得到顾客对某一特定产品的满意程度。

为确保企业连锁门店测评工作能够有序、科学地进行，需制定并遵循一定的工作流程。其流程如图 7.5 所示。

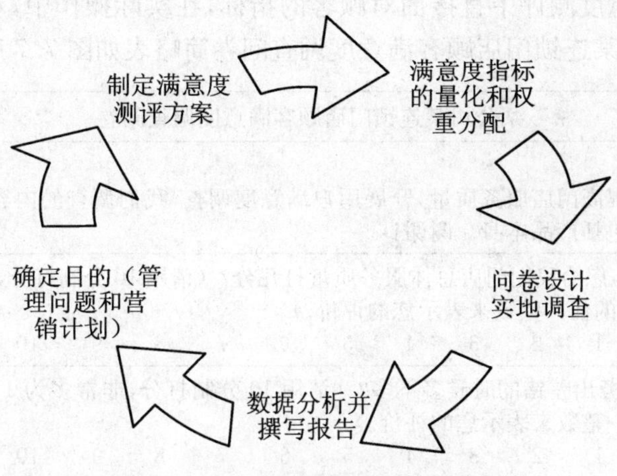

图 7.5　客户满意度测评的流程设计

(3) 满意度测评指标体系构成。

顾客满意度测评指标体系是一个多指标的结构，运用层次化结构设定测评指标，能够由表及里、深入清晰地表述顾客满意度测评指标体系的内涵，如图 7.6 所示。

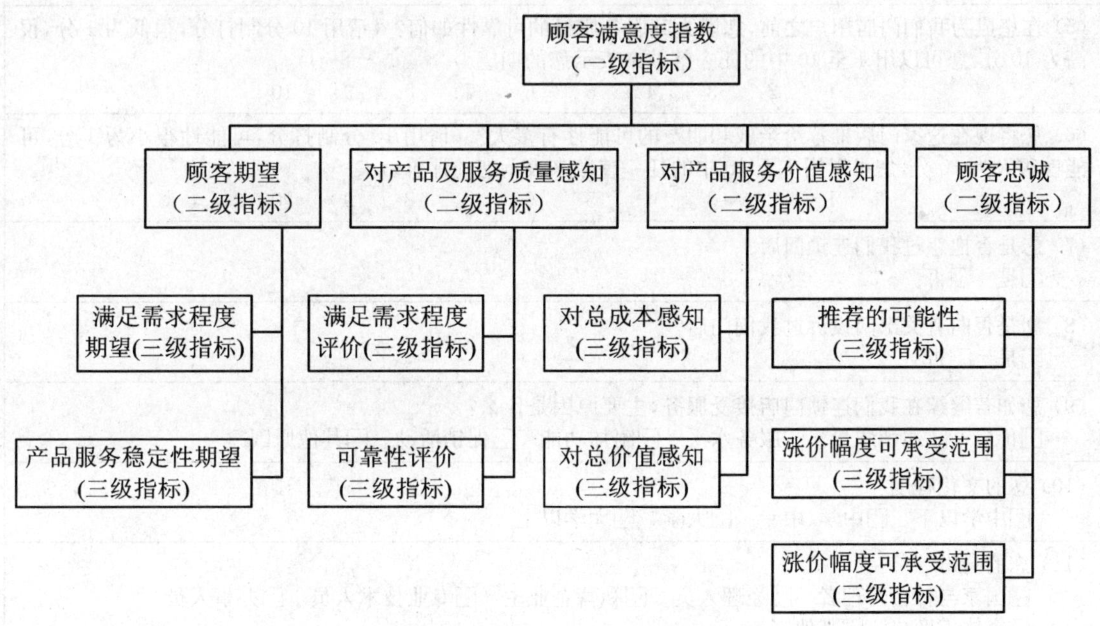

图 7.6　客户满意度指标体系层级图

每一层次的测评指标都由上一层测评指标展开，而上一层次的测评指标则通过下一层的测评指标的测评结果反映出来。实际工作中，建立满意度测评指标体系，主要是设定测评指标体系中的三级指标和四级指标。一级至三级指标是一个逻辑框架，原则上可以被参考运用到各行业。在某一具体产品或服务的顾客满意度测评的实际操作中，应该根据顾客对产品或服务的期望和关注点具体选择，灵活运用。测评指标体系的四级指标是由三级指标展开而来，是顾客满意度测评中直接面对顾客的指标，在实际操作中，和顾客满意度测评问卷中的问题相对应。某连锁门店顾客满意度调查问卷简略表如图 7.7 所示。

某公司某连锁门店顾客满意度调查问卷
您好： 我们是……，为了提高门店服务质量，开展用户满意度调查，我们调查的内容是用户对于门店服务质量状况的看法，但不包括产品本身。谢谢！
(1) 根据您的实际感受，您给我们门店总体服务质量打几分？（请用 10 分制打分，最低为 1 分，最高为 10 分，您可以用 1 至 10 中的任一整数来表示您的评价。） 1 2 3 4 5 6 7 8 9 10
(2) 您觉得我们门店服务出差错的时候多不多？（请用 10 分制打分，非常多为 1 分，非常少为 10 分，您可以用 1 至 10 中的任一整数来表示您的评价。） 1 2 3 4 5 6 7 8 9 10
(3) 我们连锁门店的服务项目和服务质量在多大程度上能够满足您的需求？（请用 10 分制打分，完全不满足为 1 分，完全满足为 10 分，您可以用 1 至 10 中的任一整数来表示您的评价。） 1 2 3 4 5 6 7 8 9 10
(4) 请您回想一下，您原来认为我们连锁门店的总体服务质量应该达到什么水平？（请用 10 分制打分，很低为 1 分，很高为 10 分，您可以用 1 至 10 中的任一整数来表示您的期望。） 1 2 3 4 5 6 7 8 9 10
(5) 在您成为我们门店用户之前，您以为其服务质量的可靠性如何？（请用 10 分制打分，很低为 1 分，很高为 10 分，您可以用 1 至 10 中的任一整数来表示您的期望。） 1 2 3 4 5 6 7 8 9 10
(6) 您将现在这家门店推荐给亲戚和朋友的可能性有多大？（请用 10 分制打分，可能性很小为 1 分，可能性很大为 10 分，您可以用 1 至 10 中的任一整数来表示您的评价。） 1 2 3 4 5 6 7 8 9 10
(7) 您是否抱怨过我们连锁门店？ □是 □否
(8) 您是否向有关部门投诉过我们门店？ □是 □否
(9) 您如若继续在我们连锁门店接受服务，主要原因是什么？ □价格 □通话质量 □服务水平 □附加功能 □促销活动 □其他原因
(10) 您的文化程度 □中学以下 □中学、中专 □大学 □大学以上
(11) 您的身份 □国家与社会管理者 □经理人员 □私营企业主 □专业技术人员 □办事人员 □个体工商户 □其他
请您将调查问卷装入信封内封好。 谢谢您的参与支持！

图 7.7 某连锁门店顾客满意度调查表

3. 客户满意度提升方法

(1) 建立以客户满意为导向的企业门店文化。

文化是企业的灵魂,具有导向/凝聚和规范作用。文化是一种柔性管理,虽然无形,但具有极强的约束力,它为全体员工提供一套共有的观念、信仰、价值观和行为准则规范。连锁门店店长应协同全体员工树立以人为本、提供优质服务的价值观和经营理念,将客户满意度理念贯彻落实到员工思想与行动中,形成优秀的、浓厚的企业门店文化,以此来引领门店的不断发展。

(2) 建立客户导向的组织结构和流程。

文化构建了员工的价值选择和行为模式,但必须有合理的组织架构,畅通的业务流程来确保以顾客为导向的目标实现。企业门店组织结构与业务流程设计应以增加客户价值为基准,以推进客户全面体验,提高客户满意度为主要目标之一。

(3) 明确客户需求和期望。

连锁门店应及时建立客户信息数据库,对顾客需求进行挖掘与跟踪,了解本店客户及竞争对手客户的期望与需求,加强识别所提供的产品整体层次类型和服务质量特征,以及它们对特定顾客群体的重要性,完成需求与满足的适时对接。

(4) 适时评估顾客的反馈。

主动探寻和收集顾客反馈信息,而不是被动等待顾客反应。建立客户信息调查、客户投诉管理系统等外部信息反馈系统的同时,建立内部服务质量评估和内部员工满意度信息系统。

(5) 制定顾客忠诚计划。

客户满意与客户忠诚是两个不同的概念。客户满意是客户忠诚的必要条件,但不是充分条件。相关调查表明,在满意和很满意的顾客中,有65%至85%的比例会转向其他公司的产品。对于汽车行业,在满意的顾客群中,可能只有30%至40%的顾客继续购买同一品牌。显然,客户满意的最高目标是提升顾客的忠诚度,降低客户流失率,保留现有顾客,除提升顾客满意度外,还应将重点放在培养客户忠诚度方面。

一般而言,一个完善的顾客忠诚计划包括三个层面,应结合细分市场顾客群的价值需求,采用不同层级的顾客忠诚计划,具体层级如下。

第一层:以积分为载体的积分计划。比如,独立积分计划,根据顾客积分的额度,提供不同级别的奖励。

第二层:通过客户卡计划。以积分互换、积分联盟、联名卡等形式为顾客提供各类差异活动。其中联盟积分是指众多合作伙伴使用同一个积分系统,顾客凭借一张卡可以在不同商家积分,尽快获得不同积分段的待遇与奖励。联名卡指非金融界的营利性企业与银行合作发行的信用卡。

第三层:通过客户俱乐部,以会员俱乐部形式为顾客提供个性化服务体验设计。

任务三　客户服务技巧与能力建设

消费者在服务过程中获得优质服务质量对连锁门店的生存有着直接的现实意义。优质的服务质量直接影响顾客满意度、顾客回头率与目标群体的保有率。作为门店店长，如何提升门店服务质量与服务能力，成为应有之义。

(一)客户服务质量

门店服务能力的高低取决于顾客对服务质量的最终评价。顾客对服务质量的评价包含很多因素，它们可能有来自企业方面因素、管理者因素以及顾客本身因素。但这些因素会最终体现在顾客期望的服务与其在消费过程中实际感受的服务之间的差距上，且差距大小直接影响顾客满意度。具有代表性的研究则是服务质量差距模型的构建与实践。

20 世纪 80 年代中期到 90 年代初，美国营销学家帕拉休拉曼(A. Parasuraman)，赞瑟姆(Valarie A Zeithamal)和贝利(Leonard L. Berry)等人提出服务质量差距管理模型，即 5GAP 模型。模型说明了服务质量形成过程。模型表明服务质量是服务质量差距的函数，差距越大，顾客对企业的服务质量就越不满意。服务质量差距主要表现在五个方面，如图 7.8 所示。

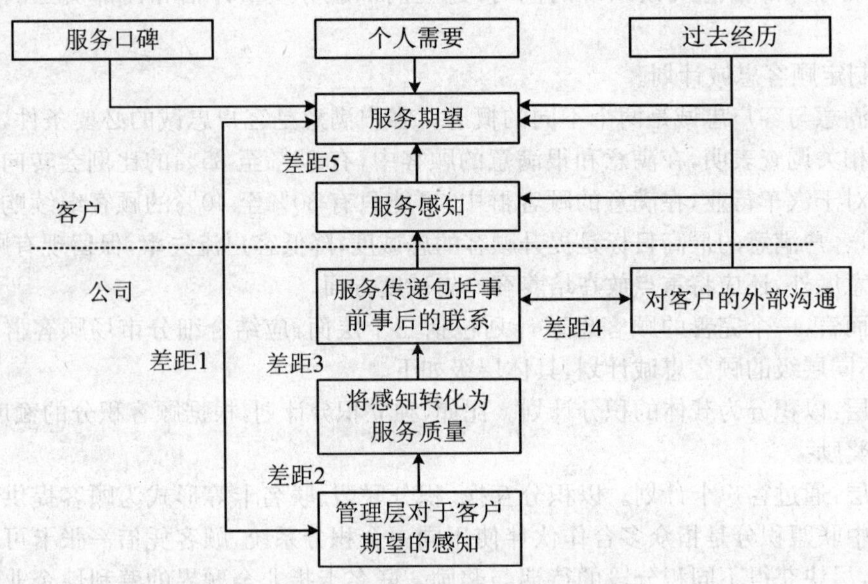

图 7.8　质量差距管理模型(5GAP 模型)

质量模型揭示了服务提供的全部运作过程中，这些差距存在的最后结果，集中表现为差距 5，即顾客期望的服务质量和实际感知到的服务质量之间的差距。其中，期望的服务是顾客的实际经历、个人需求及口碑沟通的函数。具体为认知差距，消费者预期与管理层认识之间的差距(差距 1)；标准差距，管理层认识与服务质量规范之间的差距(差距 2)；交付差距，服务质量规范与服务交付之间的差距(差距 3)；宣传差距，服务交付与外部沟通之间的差距(差距 4)。

质量差距中五种质量差距类型及其原因如表 7.2 所示。

表 7.2 质量差距类型及其原因

差距类型	差距形成的主要原因
差距 1:认知差距	A. 市场研究和需求分析的信息不准确 B. 信息传递与加工主观性较强 C. 管理者的层次阻碍信息传递、引发失真
差距 2:标准差距	A. 计划管理混乱,计划失误或计划过程不够充分 B. 服务质量的计划得不到最高管理层的支持
差距 3:交付差距	A. 管理方法和监督机制问题,标准太复杂或太苛刻 B. 员工的专业素质、技能和态度 C. 标准与现有的企业文化相冲突,对标准有不同意见 D. 内部营销不充分或根本不开展内部营销 E. 技术设备和客观环境
差距 4:宣传差距	A. 营销沟通计划与服务提供缺乏统一;各部门间缺乏协作 B. 广告等营销沟通过程中有故意夸大其辞,过度承诺倾向
差距 5:期望—感知差距	上述四种差距的综合反映

企业内部存在的各种差距是有效地测量服务质量的手段,差距分析可以作为复杂的服务过程控制的起点,为改善服务质量提供依据。在一定程度上,服务质量差距模型的意义在于为企业指明了提高其服务质量的方向。

差距分析模型可以有效指导管理者发现引发质量问题的根源,并寻找适当的消除差距的措施。作为门店店长,应当认真分析四种差距的现状及其原因;从缩小认知差距、标准差距、交付差距和宣传差距入手,找到弥补这些差距的策略和方法。从而实现从根本上提高客户满意度的目标。

(二) 服务质量评价指标体系

关于服务质量指标评价体系的构建与完善,全美最权威的一些客户服务研究机构展开大量调查与研究。相关公司花费近 10 年的时间对全美零售业、信用卡、银行、制造、保险、服务维修等 14 个行业的近万名客户服务人员和这些行业的客户进行了细致深入的调查研究,发现一个可以有效衡量客户服务质量的 RATER 指数。客户对于企业的满意程度直接取决于 RATER 指数的高低。RATER 指数是五个英文单词的缩写,分别代表 reliability(信赖度)、assurance(专业度)、tangibles(有形度)、empathy(同理度)、responsiveness(反应度)。该指数模型是一个评价服务质量和用来提高服务质量的有效工具。具体而言:

信赖度(reliability)是指企业能否始终如一地履行自己对客户所做出的承诺。

专业度(assurance)是指企业的服务人员所具备的专业知识、技能和职业素质。比如,提供优质服务的能力与客户有效沟通的技巧等。

有形度(tangibles)是指有形的设备设施、环境、服务人员的仪态、仪表以及对客户的帮助和关怀等有形表现。

同理度(empathy)是指企业能够真诚地对待顾客,真正地理解客户的处境、了解客户的需求,能够换位思考,设身处地为客户着想。

反应度(responsiveness)是指企业对于客户的需求给予及时回应并能迅速提供服务的愿望。当出现问题时,马上回应、并能迅速有效解决。

在实践中,可以利用RATER指数进行抽样调查。测量方法是先度量顾客期望,再度量顾客感知,最后计算两者的差值,以此作为服务质量水平的依据。RATER指数可以更好地理解顾客感知质量,可以更好地追踪服务质量的变化趋势,对服务质量的衡量较为全面。RATER指数指标评价体系分为五个层面,每一个层面又被分为若干个问题,通过调查问卷的方式,让顾客对每个问题的期望值、实际感受值及最低可接受值进行评分。然后通过综合计算得出服务质量的总分。

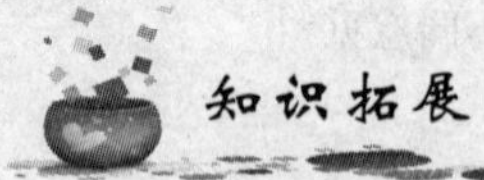

知识拓展

服务质量指标评价体系问题设置量表。如下表所示。

量表维度	问题设置
有形性 tangibles	(1) 有现代化的服务设施 (2) 服务设施具有吸引力 (3) 员工有整洁的服装和外套 (4) 公司的设施与他们所提供的服务相匹配
可靠性 reliability	(5) 公司向顾客承诺的事情都能及时完成 (6) 顾客遇到困难时,能表现出关心并帮助 (7) 公司是可靠的 (8) 能准时地提供所承诺的服务 (9) 正确记录相关的记录
响应性 responsiveness	(10) 不能指望他们告诉顾客提供服务的准确时间 (11) 期望他们提供及时地服务是不现实的 (12) 员工并不总是愿意帮助顾客 (13) 员工因为太忙一直无法立即提供服务,满足顾客的需求
保证性 assurance	(14) 员工是值得信赖的 (15) 在从事交易时,顾客会感到放心 (16) 员工是礼貌的 (17) 员工可以从公司得到适当的支持,以提供更好的服务
移情性 empathy	(18) 公司不会针对顾客提供个别的服务 (19) 员工不会给予顾客个别的关心 (20) 不能期望员工了解顾客的需求 (21) 公司没有优先考虑顾客的利益 (22) 公司提供的服务时间不能符合所有顾客的需求

(资料来源:根据百度文库相关知识归纳整理)

服务质量评价指标体系构建的过程中，最关键的是进行顾客样本调查，收集和统计顾客对服务的感知，以便结合组织提供的服务，找出服务缺口。

（三）提升服务质量的具体措施与策略

1. 树立全面服务质量管理理念

服务质量提升与否涉及整个门店上层管理、中层管理及基层员工，需要门店全体员工的积极主动参与；服务质量高低体现在售前、售中及售后的全过程中。顾客在与连锁门店接触过程中，会把对某一员工的负面印象扩充放大至门店及门店其他员工上。在顾客心里，员工不仅仅是一个个体，员工行为是企业门店行为。作为门店店长，应协同不同部门，动员全体员工全过程参与门店服务质量提升事务中。

2. 建立和完善服务性门店组织

由于服务在连锁门店中的重要性，所以要求门店应是一个配备一定技术、业务力量精干、高效的组织。在机构的设置上应体现对服务的重视。门店组织结构尽量扁平化，缩短信息传递路线，减少信息的失真。明确岗位职责，合理配置资源，完善监察控制系统，加强内部员工培训，重视团队合作。适度授权，意味着底层员工有权对提供什么样的顾客服务做出重要决定。适当授权不仅能让员工因为领导层的信任而受到激励，而且能根据不同情况灵活快速地采取有效措施。准确提供标准服务，减少交付差距。达到和超越服务标准，加强内部沟通减少冲突，以顾客和企业门店的最大利益为出发点，及时给予店员物质和精神支持。尤其关注一线的售货员和顾客代表，因为他们直接接触顾客，重视对服务人员的选拔、培养和考核，加强意识教育和技能教育。

3. 加强和健全各项服务管理工作

提高门店整体服务质量，有赖于各项服务管理工作的相互支撑与良性互动。具体有以下几个方面：

第一，建立各项服务计划。服务计划制定要以固定时间间隔为区间，使服务提供正常化、制度化。内容包括各项服务计划，如顾客开发与服务计划、技能培训计划等，保证服务工作有目标、有计划、有节奏地展开。

第二，建立服务信息管理制度。做好服务的统计和分析工作。比如，顾客档案制度，做好市场调研，及时全面充分掌握顾客第一手资料。

第三，制定服务工作标准。依据顾客期望制定服务标准，合理设定服务规范，将服务传递工作标准化，减少标准差距。掌握顾客期望和感受后，企业门店要利用这些信息来制定适当的标准和建立相应的系统为提供顾客满意的服务。服务规范要清晰具体且能量化。服务标准的制定让各层管理者与员工参与，让他们更好地理解和接受该标准，否则由管理层强行武断地下达标准只会受到员工的抵制。比如，花旗银行规定电话铃响 10 秒钟内必须有人接听；顾客来信必须在两天内做出答复。

第四，坦诚进行服务沟通，减少宣传差距。加强各部门沟通，统一门店外部营销沟通计划与执行。广告宣传要基于门店服务项目与标准，防止虚假与夸大。夸大服务提供只会单方面提高消费者预期，增加感知与预期的差别，引发顾客不满。

第五，创造良好的服务环境。提供相应的系统和设备来帮助店员有效地提供优质服务。

利用口碑效应和良好店面形象引导顾客对服务质量评价，重视任何来自顾客的消极负面质量评价。鼓励顾客抱怨(顾客抱怨往往能提供更具体的信息，是提高服务水平花费最少的手段)，商场应在显眼的地方设置顾客服务台或开设免费投诉电话，让顾客便于反映问题和得到问题的反馈。

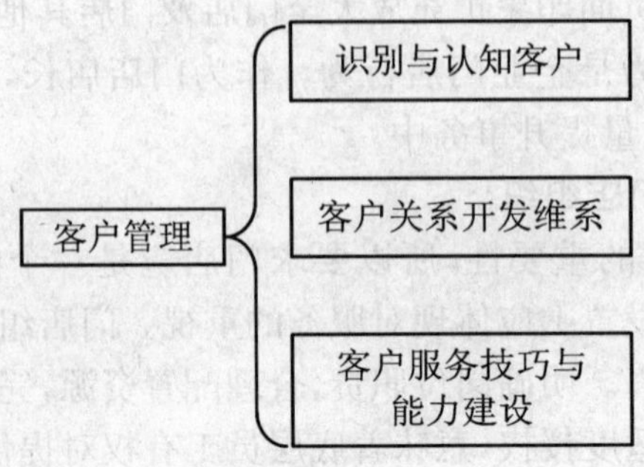

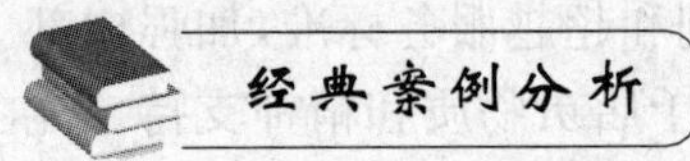

零售行业"全渠道体验"

如今，人们对这样的购物体验已经习以为常。下班时，你在等地铁的间隙拿出手机扫了一个二维码，买了一瓶可乐。晚上 12 点躺在床上刷微博，一个链接进来，向你推荐一款运动背包，你点了两下就下单付款了，5 分钟之内就完成了一个购物行动。周末，你又和朋友或家人一起去超市购物，多渠道的购物方式装点着生活。在国外一些零售企业已经实现了移动电话、购物网站、实体店之间的融合，人们可以任意选择这些平台进行浏览、购买、退换商品。IBM 全球企业咨询服务部合伙人零售行业总经理谢宏说，这就是所谓的"全渠道体验"。

为实现"全渠道体验"，商家们都在进行着 O2O 闭环的建设。在北京上品折扣中关村店，每当顾客带着上品折扣的会员卡进入门店，会员卡便会通过部署在门店的读卡器对顾客的行进路线进行识别，而摄像头则记录下顾客的衣着和配饰。顾客在店内的行走路线、挑选衣服的过程，最后下单所花费的时间，都将通过这套系统记录到上品折扣的数据库中。

未来上品折扣会依托在线上和线下积累起的数据，分析出顾客对衣着和配饰的偏好，从而进行精准营销。顾客可以在上品网上商店下单，订单将传导实体点的移动 POS 来处理，并用实体店的库存来配送订单，达到线上线下的整合。

谢宏说，实现全渠道的体验是一项系统工程，包括五个方面：第一，实现顾客视角的统一，怎样通过他/她的全部体验记录来真正了解消费者。在管理上要统一卡、网上浏览记录、实体店购买记录信息的分享。第二，商品信息的统一，线上、线下的商品信息如何在企业内部做到统一管理。第三，营销资源的共享。对企业来说，线上做一个双十一促销，线下做二十周年的店庆促销，营销资源不是统一的。第四，运营商和采购的统一，全国范围内线上和线下的统一。第五，交付体验的统一。

谢宏强调，全渠道管理不只是信息系统的整合，还牵扯到企业的战略、组织的设计、绩效的设计、流程、IT 系统架构的整合，实际上是企业内部从上到下、从里到外一个彻底的变革。

其实，线上线下的融合目的就是打造一种完美的客户体验。谢宏说，一个真正的客户体验是端到端的，即从他出门以前售前客户体验就开始了，包括查询购物场所、计划买的东西。之后，消费者进入到商场或者直接在线购物，售中就是关于存货缺货查询，试衣服的过程，下订单的过程，线上线下的结合。而售后，就是指数字和实体的渠道是否畅通，能够让客户任意选择退货地点。

此外，端到端的客户再往前走一步，就要考虑到客户或者消费者的关联需求。比如在一个商场里，他能不能订电影票，能不能用商店的积分兑换停车费，有没有餐饮的预订等。“一个好的客户体验提供的不只是商品买卖的交付，而是端到端地满足他所有需求的一个很愉快的生活方式的体验。”

（资料来源：世界经理人）

案例思考：试从一名连锁门店店长角度，谈谈对“全渠道体验”的理解。

预定噩梦

1 小时前我打电话预定了航班。在电话音响了 5 声之后传来了电话录音的声音：“感谢您致电 ABC 旅行社，为了确保您获得优质的服务，您的来电将被录音以备今后分析。”然后我被告知从以下 3 项提示中做出选择：“公务旅行，请按 1；私人旅行，请按 2；团体旅行，请按 3。”我按了 1 键。

接着，我被要求从以下 4 项提示中做出选择：“美国国内旅行，请按 1 键；国际旅行，请按 2 键；已预定的培训，请按 3 键；参加会议，请按 4 键。”因为我要去加拿大，我选择了 2 键。

这时 我的电话已经打了 2 分种了，我被提示可以使用顾客识别卡。过了几秒钟，传来一个甜美的声音：“国际航线服务人员繁忙，请不要挂断电话，因为您是一位重要顾客。”然后，音乐替代了这一声音。2 分钟后，又响起录音留言声音：“接线员依旧繁忙请不要挂断电话，将为您接通第一位空闲的接线员。”又是音乐，随后是另一个声音：“接线员依旧繁忙，请不要挂断电话。您的业务对我们非常重要。”又是让人难以承受的音乐。最后，一个甜美的声音响起：“为了节省时间，请输入 19 位顾客服务代码。”我疯狂地寻找着服务卡，希望在电话挂断前找到它。非常幸运，我找到了它并迅速输入了代码。同样甜美的声音回答我：“确认您的顾客户代码，请输入您的社会保障号码的最后 4 位。”我在键盘上敲进了 4 位数字。声音响起：“谢谢，很快就会有一位接线员与您通话。如果您的电话非常紧急，请拨打 1-800-CAL-HELP，或者同时按下电话机上的所有按键。否则，请不要挂断 ，因为您是一位非常重要的顾客。”这一次，响起的不是音乐，我听到了该公司的一段服务广告。

最后，一个真人接通了我的电话，说：“可以为您做点什么？”我回答：“是的，是的。”他说：“请告诉我您的 19 位顾客服务代码以及您社会保障号码的最后 4 位数，以便我确认。”我立刻确信，他会叫我 5523-3675-0714-1313-040 先生。但出乎我的意料，他说：“好的，哈里顿先生。您想在什么时间去哪里？”我告诉他我将下周一去蒙特利尔。他说：“我只负责国内预定业务。我们的国际业务有一个新的电话号码，是 1-800-1WE-GOTU。我将为您接过去。”几声“嗒嗒”之后，传来一个声音：“我们所有的国际业务接线员都占线。请不要挂断电话，您的电话将按顺序接通。不要挂断或者重拨，否则会延误您的接通时间。请您稍候，因为您的业务对我们十分重要。”

案例思考：

(1) 总结上述案例中所出现的服务问题？

(2) 这家旅行社应该怎样做才能确保哈里顿先生得到优质的服务？

巩固练习

1. 选择题

(1) (　　)是顾客在综合了产品或服务质量和价格以后对其所获利益的主观感受。

A. 感知质量　　B. 预期质量　　C. 感知价值　　D. 品牌形象

(2) 客户商业价值主要有(　　)。

A. 客户既有价值　　B. 客户潜在价值

C. 客户影响价值　　D. 客户学习价值

(3) 客户生命周期大体上可以分为(　　)。

A. 形成期　　B. 考察期　　C. 稳定期　　D. 退化期

(4) 以下(　　)不属于客户忠诚计划的模式。

A. 独立积分计划　　B. 联盟计划　　C. 产品奖励　　D. 会员俱乐部

(5) 完整的满意度测评体系，应包含(　　)两个方面。

A. 满意和忠诚　　B. 测评和评价　　C. 跟踪和改进　　D. 量化和权重

2. 简答题

(1) 以某门店为例，作为连锁门店店长，试从“顾客购买频次、忠诚度及时间”等维度，细分当前客户，并提出相应的客户管理策略与营销计划。

(2) 作为连锁门店店长，如何利用 LTV 改进所在门店客户管理策略与营销计划？

(3) 结合某连锁门店，试根据服务质量差距模型，探讨连锁门店与顾客在服务感知上的差距是如何形成的。

导向性实训任务

任务 1　初步设计某连锁门店客户满意度测量方案

实训环节与要求：将全班分成若干小组，以小组为单位，联系某门店并了解其相关客户管理工作，为其设计或完善客户满意度指标与方案，并在班级做小组工作汇报、展示其实训结果。

任务 2　针对某连锁门店实际情况，提出客户忠诚管理方面的建议

实训环节与要求：将全班分成若干小组，以小组为单位，调查某门店，了解、观察其顾客满意度、忠诚度等情况，提出其顾客忠诚度管理的建议与具体策略。并写成一份实训报告。

任务3　情景模拟：服务接触过程处理与角色情景模拟

实训环节与要求：将全班分成若干小组，每小组模拟一个服务场景，可以是一次记忆最深刻的服务经历，然后进行小组间分析讨论，找出服务场景中的一系列服务接触点，并进行质量差距分析。

职场风向标

合理认知连锁门店顾客、客户开发与维系、客户满意度测评与提升、连锁门店服务能力提升。

项目八　安全管理

知识目标

1. 了解门店发生安全事故的主要原因，培养店长的安全管理能力。
2. 理解门店控制商品损耗的重要性，能够掌握降低商品损耗的方法。
3. 掌握门店生鲜商品的防损方法和食品卫生标准。

能力目标

1. 能够发现门店的安全隐患并制定相应的预防措施。
2. 能够组织门店安全管理部门并进行人员分工。
3. 能够掌握门店防损策略。
4. 能够处理门店的突发事件。

素质目标

培养学生吃苦耐劳、爱岗敬业的精神和创新意识，能够与团队成员良好沟通，分工合作。

职业指导

通过本项目的学习，培养学生作为高素质店长人才需具备的门店全方位安全管理能力，使学生能够胜任与门店安全管理相关的职位，如安全监理员、门店安全专员、门店监控专员、安全主管、安全品质部主管等职位。

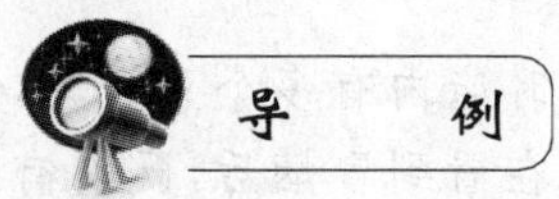

导 例

北京石景山商场大火:麦当劳店长员工自顾逃命

北京消防部门于2014年1月16日公布了北京市石景山区喜隆多商场火灾的调查情况。据悉,这起历经9小时才被扑灭、造成两名消防战士牺牲和重大损失的火灾中,最先发现起火的麦当劳餐厅店长和员工自顾逃命,消防中控室值班人员两次对警报消音后继续玩游戏。

火灾商场周边情况

据介绍,这起火灾的直接原因为,商场一层麦当劳杨庄餐厅甜品操作间内电动自行车蓄电池在充电过程中发生电气故障。

监控视频显示,2013年10月11日2时49分36秒,麦当劳餐厅内发生火情,一名女员工从店内惊慌逃出,随后烟雾越来越大,餐厅内的顾客陆续逃离。不到两分钟,整个餐厅已被浓烟笼罩。

2时52分54秒,喜隆多商场消防中控室内的自动报警系统报警,此时麦当劳餐厅已经燃起明火,中控室内值班人员起身将报警器消音后又回到座位上。两分钟后,另一个报警器报警,显示火情已经蔓延到其他地方,这名值班人员再次将报警器消音后,坐下来继续玩游戏。3时01分,大面积报警灯闪烁,显示火势已大范围蔓延,这位工作人员才不得不停下手里的游戏。

此后的整整4分钟里,这名值班人员始终在翻看研究报警系统的说明书,随后又有两名值班人员跑进中控室,但同样手足无措,并未启动自动灭火系统。由于起火初期现场没有采取任何灭火措施,大火很快从麦当劳烧到了商场外面,并沿着外立面的广告牌迅速蔓延到整座大楼。3时13分,当第一批消防车赶到的时候,整座楼已经形成从内到外自下而上的立体燃烧。

据消防部门介绍，最先发现火情的是麦当劳餐厅的值班店长，当时店内有多个灭火器，但这位店长并没有第一时间组织扑救，而是第一个跑掉；另一名员工在看到冒烟后，既没有处置火情，也没有提醒顾客疏散。

据了解，喜隆多商场配备了自动报警和自动灭火装置，当自动报警系统报警时，如果值班人员通知报警区域的值班保安携带灭火设备到现场查看火情并启动自动喷水灭火装置，组成防火区间和隔断，可以有效地把火势控制在最小范围，保护没有起火的区域和楼层。

北京消防部门表示，正是从麦当劳店长到中控室值班人员这一系列消防负责人的麻痹大意、玩忽职守，最终酿成了这场火灾。

据悉，目前这起火灾的相关责任人员因涉嫌违法犯罪，已经由公安机关立案侦查，并将被依法追究刑事责任。

（资料来源：联商网，http://www.linkshop.com.cn/web/archives/2014/277981.shtml，2014-01-16）

案例思考：

（1）你认为这起事故的发生最主要的原因是什么？

（2）如果你是当晚的值班店长你应该如何处理？

（3）这起事故的发生对你有什么启示？

任务一　门店现场卫生与安全管理

一、门店卫生管理

卫生管理工作直接影响到门店的形象，是企业标准化管理的第一步，干净整洁的消费环境是保证顾客购物的基本条件，不仅能提升门店及企业整体形象，还能增强顾客信赖感，为员工提供良好的工作场所，提高工作效率。很多店长只盯着门店的营业状况，而忽略了门店卫生环境，反而给门店带来了无形的损失。因此，门店的卫生管理不能忽视。

（一）个人卫生

门店的一切工作都需要员工来配合完成，同时员工也是门店与消费者互动交流的窗口，因此员工的个人卫生尤其重要。如生鲜食品无论是搬运还是处理、装盒、标价等步骤的实施，均需要人的双手才能完成，而从业人员以手接触生鲜食品的机会最多。因此，更需要保持良好的个人卫生，这样既可以减少生鲜食品受到污染的可能性，又可确保生鲜食品的鲜度和品质。

连锁门店对员工的个人卫生应在以下方面做到标准化：

(1) 工作人员在作业时应穿戴清洁的工作衣、帽及口罩。

(2) 凡进入食品作业场的人员无论是员工、主管或参观人员，都必须穿着工作衣、帽，戴口罩。

(3) 作业前，洗净或消毒手部，并保持手的干净。指甲要剪短，不涂指甲油也不戴饰物。

(4) 对患有皮肤病，手部有创伤、脓肿的员工，以及患有传染病的员工要严令禁止接触食品。

(5) 在作业时要有良好的卫生习惯，不随地吐痰，在工作场所禁止吸烟、饮食或嚼口香糖。

知识拓展

手部清洗方法

手部的清洗方法是：

(1) 以水湿润手部。

(2) 擦上肥皂或滴清洁剂。

(3) 两手相互摩擦。

(4) 两手背到手指相互摩擦。

(5) 用力搓两手的全部，包括手掌及手背到手腕。

(6) 做拉手的姿势以擦洗指尖。

(7) 用刷子除去指甲内的污垢及细菌。

(8) 以手肘打开水龙头用水冲洗干净。

(9) 以纸巾或已消毒的毛巾擦干或以热风吹干。

(10) 以手指消毒器消毒手部残留细菌。

手部清洗完毕后，进入作业场时不能用手推门，而应以手肘或脚部推门进入作业场。

(二) 场地卫生

作业场是各项工作进行的地点，因此应十分重视卫生工作，要做到以下要求。

(1) 以石子或金刚砂等不透水材料铺设地面，并要有适当的斜度，以便于排水。

(2) 墙面应用高度的白瓷砖或用白色漆粉刷，不要有太多的装饰，而且尽量不要出现乱涂乱画的现象。

(3) 天花板应完整无破损，无尘土，无蜘蛛网。

(4) 排水管道要通畅。

(5) 门店内应有良好的照明及空调设施，还要有防蚊、防蝇、防蟑螂、防鼠等相关设施。

(6) 设置冷冻、冷藏库分别储存原料、半成品及成品。不同种类的食品应作区域隔离，以防互相混杂、污染。

此外，对于连锁门店中的各类设备及卖场内的洗手间、专柜柜台和卖场外的卫生工作都不能忽视，门店卫生管理的清洁范围、标准及清洁周期见表 8.1。

表 8.1　门店卫生管理标准

清洁范围	具体清洁项目	标　　准	清洁周期
店头店面	店面招牌	店面外所有招牌白底完整、清洁、无斑点、无污渍	每周检查清洁一次,有污渍随时清洁,有破损及时上报
		店面招牌下清洁、无蛛网、无污渍	
		射灯、节能灯无损坏,射灯照射位置正对招牌大字	
		发光字无破损、无污渍;灯箱无破损、无污渍	
	店面玻璃、挡风皮条、广告(宣传画)	门面玻璃窗明亮、无灰尘、无污渍	每班检查清洁一次,有灰尘随时清洁
		挡风皮条整洁、无破损、无灰尘、无污渍	
		各类营业时间、监督电话等宣传牌内容正确、悬挂端正、完整无破损	每月检查清洁一次,有污渍随时清洁
		广告张贴和宣传画粘贴在规定位置,整齐美观不歪斜;超过规定时间及时拆除,拆除后做好卫生清洁,粘贴位置不留污渍和痕迹(宣传画粘贴时间不得超过 3 个月)	
	门前三包(地面及通道)	门前地面无纸屑果壳等垃圾;保持通道畅通,不乱停乱放车辆,冬天、雨天注意防滑	每班营业低峰时主动清扫一次
店内	天花板、地面、玻璃、镜子	天花板无大量蜘蛛网、虫卵等污渍,不得出现卫生死角	每月检查清洁一次
		地面保持干净清爽,无堆积杂物、无垃圾、无污渍、无积水;营业期间地面、商品、货架无灰尘、污渍	早晚各清洁一次,有灰尘在不影响购物的情况下,随时清洁
		店内镜子无灰尘、无污渍;柜台和背柜玻璃无灰尘、无污渍	
	墙壁、节能灯、各类证照、店内广告、宣传画	墙上无乱画、乱张贴,不得悬挂不必要私人物件	每月检查清洁一次,有污渍随时清洁,有破损及时上报
		节能灯无破损,无明显积灰、蜘蛛网、虫卵	
		各类证照应按顺序整齐悬挂在规定位置,证照外框无破损、无灰尘	
		各类广告内容正确、未过期、无破损、无脱落	
		店内宣传画粘贴在规定位置,整齐美观不歪斜;超过规定时间及时拆除,拆除后做好卫生清洁,粘贴位置不留污渍和痕迹(宣传画粘贴时间不得超过 3 个月)	
	店内通道	保持畅通,不允许堆积任何物品	随时整理
	收银台、办公桌	收银台上不可堆置杂物,私人物品;报表票据、计算器、公司移动电话用完即放置在抽屉内;提示牌清洁无破损,按顺序放置在规定位置(附门店收银台、办公桌、储物柜按照标准摆放)	随时整理
	卫生间	卫生间无异味、地面无积水,马桶清洁、无污渍,地面无垃圾,马桶内禁止投放卫生纸,用完要关灯	早晚各清洁一次

续表

清洁范围	具体清洁项目	标准	清洁周期
店内	垃圾桶	垃圾桶内有垃圾袋，垃圾桶表面无污渍，如装满应立即清理	早晚各清洁一次
	柜台、货架、柜子	柜台、货架无灰尘杂物，踢脚线完整清洁不破损；柜子表面无灰尘、无污渍，柜内干净整洁	每班检查清洁一次
	商品及陈列	商品陈列整齐美观不混淆，商品及底下无灰尘，整件拆开不留外包装；标价签样式统一无破损，悬挂整齐不歪斜	
设施设备	各类设施设备	电脑主机、键盘、显示器、钱箱、扫描枪、密码键盘、打印机、保险箱、报警器、监控、POS 机（商务通）、验钞机、微波炉、体重秤、凳子等无积灰、无污渍	每月整理清洁检查一次
		空调：夏季空调过滤网一周清洁一次	
		切片机、烘干机、捣筒、热水壶、热水瓶，用完清洁干净即放置回规定位置	
		冰箱内部清洁、无异味，外部表面整洁、无污渍	
		各类电线电源插排等整理规范、整洁、不杂乱	

武汉超市免费试吃藏卫生隐患——一根牙签反复用

香浓的咖啡、现烤的面包、小份的饼干、牛肉粒、水果……超市里常有丰富的试吃品。不过，记者近日走访武汉各大超市时发现，免费试吃背后也存在着一些卫生隐患。前日，在光谷一家超市的熟食区内，分布着 6 个试吃品盛放台。盛放台最上层的塑料盆内分别放着小块的烤鸡、泡椒凤爪和火龙果等食物，盆下面放有牙签，供顾客试吃时取用食物。记者看到，短短 10 分钟内，就有不少顾客自行试吃盆内食物，其中有两位老人更是带着孙子每处都试吃了好几块。

盛放试吃品的塑料盆的盖子是活动的，可以关着，这样可避免食物接触到杂质、灰尘等。但记者在该区域停留了半个小时，即使没人试吃时，盖子都是开着的，也未见工作人员前去处理。一位导购员告诉记者：不停有人来吃，盖着也是白盖。记者还注意到，有的顾客在试吃时，一根牙签反复使用，犹如在自家的餐桌上就餐。

另外，根据相关规定，临时促销员在处理试吃用品时应该戴口罩和手套，但记者走访武昌多家大型超市发现，少有促销员能按此规定去做。

（资料来源：联商网，http://www.linkshop.com.cn/web/archives/2013/267744.shtml，2013-10-14）

二、门店安全作业管理

在门店安全管理的主要项目中，绝大多数都属于临时状况。即使平时已有相当完善的防范措施，仍然会有一些无法控制的因素产生。因此为了尽力避免和减少任何财务上的损失及人员的伤亡，连锁门店的安全管理不仅应注重事前防范，还要能够对突发事件进行处理。

（一）建立安全管理小组

保证连锁企业门店的安全除了需要设施和措施外，最重要的是要有组织保证。通常是在门店内成立安全管理小组，事先明确各类人员的任务分工及处理方法，一旦发生突发事件，能够迅速做出应变处理，针对重点进行有效处理，而不至于发生混乱。

安全管理小组人员构成如下：

(1) 总指挥。总指挥一人，一般由店长担任，负责指挥、协调现场的救灾工作，掌握全店员工的动态，并随时将灾害的发展状况及应变处理向上级主管单位报告。

(2) 副总指挥。副总指挥一人，由副店长担任，负责截断所有电源，并协助总指挥执行各项任务。

(3) 救灾组。负责各种救灾设施和器材的检查、维护与使用，水源的疏导，障碍物的拆除，以及灾害抢救等任务。各项救灾设施及器材应予以编号，并指定专人负责。

(4) 人员疏散组。灾情一旦发生，应立即广播店内危险状态，并迅速打开各安全门和收银通道，协助顾客疏散到安全地带。同时要警戒灾区四周，以防偷窃。

(5) 财务抢救组。该组应立即关上收银机，将钱款、重要文件及财务等锁入门店的保险箱，或带离现场另行保管。

(6) 通讯报案组。负责对外报案及内外通报联络等任务，并由专人负责。

(7) 医疗组。负责伤员的抢救及紧急医护等任务。

以上各小组应各设组长一名，负责各组人员的任务指派。店长则应将安全管理小组列成名册，并特别注明总指挥、通讯报案人，以及重要工作的代理人姓名，同时将“防灾器材位置图”和“人员疏散图”张贴在店内指定位置。在事故发生时，各人员都有自己的任务，迅速应变处理，进行有效的安全管理作业。

（二）安全管理项目

门店安全管理所包含的项目相当广泛。以地点而言，除了卖场购物区域外，还包括购物区域以外的公共场地及员工的工作场所；在对象上，除了人之外，还有财务的安全；在事件上，除了突发的意外事件之外，还有日常的例行作业；至于时间，更是随时都可能发生。因而，门店必须做经常性的安全作业管理。门店安全管理的重点项目是：消防安全、商品及现金安全、卖场陈设与员工作业安全等。

1. 消防安全

连锁门店大多为封闭型建筑，经营的商品多达万余种，其中相当一部分商品是易燃品，门店装修使用了大量的木质原料，同时又是人员集中的公共场所，所以门店的消防工作一旦有所疏漏，后果将不堪设想。因此，严格的消防管理制度和健全的消防组织是门店消防安全的重要保障。

(1) 消防管理主要任务。

连锁门店设立消防中心，负责对全酒店实施严格的消防监督，在消防工作上有一定权威。它的主要任务如下：

① 负责对酒店员工进行消防业务知识培训。

② 开展防火宣传教育。

③ 制定各种防火安全制度，督促各部门贯彻落实防火安全措施，负责调查了解违反消防规定的原因，并提出解决处理的意见，向总经理报告情况。

④ 负责检查酒店各部门的防火安全情况以及各种消防设备、灭火器材，发现隐患，及时督促有关部门进行整改。

⑤ 负责将每天酒店消防情况和每周酒店消防情况书面报告总经理。

⑥ 负责调配补充消防灭火器材，并与有关部门定期进行消防设备检测、保养、维修，及时排除消防设备故障。

⑦ 负责24小时监视消防主机、闭路电视、防盗报警信号。发现火警、火灾及其他问题时，要及时向总经理报告，并提出处理方法。

⑧ 负责制定重点部位的灭火作战方案，并负责组织演练。

⑨ 负责门店动火部位的安全监督。

⑩ 负责协助门店新建、改造工程消防设施的呈报审批手续。

⑪ 负责办理进店施工单位人员出入登记手续，并监督施工期间的消防安全。

⑫ 协助作好重要接待任务时有关消防方面的安全和保卫工作。

⑬ 管理好消防业务档案。

常州购物中心突发火灾，顾客从安全通道紧急撤离

常州购物中心位于市中心，是当地最高档的商场之一，2014年4月6日上午10:30左右，这里四楼一男士专柜突然起火，浓烟滚滚，当时王先生正陪妻子和女儿在六楼购物。“商场四楼发生火灾，请大家按照工作人员指示火速离开。”商场广播里传来广播声，两分钟后，商场工作人员开始疏散人群，指引大家走安全通道，紧接着，消防警铃也响了。于是，王先生赶紧带着女儿和妻子顺着消防通道往下走。当时，购物中心的工作人员负责指引顾客走消防通道。

“火灾发生时，大家都比较镇定。”王先生说，商场工作人员一方面不停地引导顾客有序离开，另一方面也指挥顾客赶紧将停在楼下的汽车开走。王先生认为，火灾比较小，没有造成大的人员伤亡，与商场及时处置也有关，15分钟左右，商场里的工作人员全部被疏散到室外。

下午6点，记者再次来到购物中心时，商场大门贴着“因商场停电，今日暂停营业”字样。

同时，消防人员现场表示，没有发现人员伤亡情况，火灾的原因还在进一步调查当中。而商场管理人员则称，事故没有造成重大损失。

（资料来源：联商网，http://www.linkshop.com.cn/web/archives/2014/286079.shtml，2014-04-07）

（2）对消防员的工作要求。

① 做好班前班后的防火安全检查。

② 熟悉自己岗位的环境、操作的设备及物品情况，知道安全出口的位置和消防器材的摆放地点。

③ 牢记火警电话 119 和门店消防中心火警电话。救火时，听从消防中心人员和现场指挥员的指挥。

④ 存放易燃易爆物品的地方或物资仓库严禁吸烟。物品、碎纸、垃圾要及时清理，经常保持安全通道的畅通。

⑤ 如发现有异声、异味、异色时要及时报告，并积极采取措施进行处理。

⑥ 发生火警火灾时，首先保持镇静，不可惊慌失措，迅速查明情况向总经办报告，报告时要讲明楼层、区域、柜位、燃烧物质、火势情况，本人姓名及工号，并积极采取措施，取附近的灭火器材进行扑灭。电器着火先关电源，气体火灾先关气阀。有人受伤时，先救人后救火。

⑦ 如火势扩大到三级（猛烈阶段），必须紧急报警，通知住客离开房间，在场的工作人员应引导住客进行安全疏散，积极抢救贵重物品，禁止乘坐各种电梯，前往现场的人员应走楼梯，救护疏散人员应乘消防电梯。

⑧ 发现火场有毒气，有爆炸危险情况时，在采取防毒防爆的措施后，才能进行救火。

⑨ 积极协助做好火灾现场的保护及警戒。

（3）制定消防灭火预案。

要从实战出发，设想门店可能发生的火灾和设计应采取的对策，预案设计首先要以营业厅楼面失火为重点，其次是餐厅、酒吧等公共场所，再次是单位工程部门和服务辅助部门，各种不同类型火灾要有不同的预案。每个预案，又要分初起阶段、成灾阶段和蔓延发展阶段的不同灭火对策。预案要以报警、扑救、疏散以及各种灭火、排烟设施的启动、灭火力量的投入时机等为重点内容，并与公安专业消防力量投入灭火相衔接，做好配合工作。预案要逐个制订，急用先订，逐步完整。预案制订后要经企业负责人审定，并通过消防演习的实践检验，不断修订，使之完善、规范，在发生火灾时，不同火情采取不同预案，有条不紊地进行扑救。

（4）灭火训练和消防演习。

① 灭火训练。在手提式灭火器换液和固定消防设置维修检查时，有计划地分批轮训义务消防队员，让每一个义务消防队员两年内能有一次灭火器材的实际操作训练。有条件的也可每年举行一次消防运动会，提高操作的熟练程度。

② 消防演习。消防演习即模拟企业发生火灾，并按预案进行扑救。

总之，门店的消防安全管理方针应是“预防为主，防消结合”、“以防为主，以消为辅”，重点抓好防火工作。要定期保养和检查各项消防设备，如火灾报警器、烟感系统、喷淋系统、消防栓、灭火器、紧急照明、监控中心等，以确保各项设备能正常使用，提高防火意识。平时打扫卫生时，应注意有无火种，电器、插座附近应经常清扫，不留杂物。门店卖场内不要放易燃物，内部装饰应尽可能选用耐火材料。另外，门店必须设置紧急出口，保证当门店发生火灾或意外事故时，能够紧急疏散人员使其尽快离开。紧急出口同样必须保持通畅，不能锁死，平时也不能用来堆放杂物等。

商场发生火灾该如何逃生?

在商场超市购物时万一遇上火灾，究竟该如何逃生？专家提醒要注意四点：

(1) 不要盲目跟从人流、乱冲乱撞。要抬头看安全出口指示牌，低头看地面疏散指示标志，并且跟着身穿"疏散引导员"反光背心的工作人员逃生。

(2) 不要顾及贵重物品，不要把时间浪费在穿衣服或寻找贵重物品上。

(3) 火灾时，不要乘坐电梯逃生。每个商场都设有疏散楼梯通道，楼梯口有"安全出口"的消防指示灯。

(4) 如被火困在室内，要关紧门窗，商场可利用逃生物资较多，可以就地取材，用湿毛巾、湿布等塞住门缝。要尽量待在阳台、窗口等易于被人发现的地方。晃动鲜艳的衣物或敲击东西，发出求救信号。

(资料来源：联商网，http://www.linkshop.com.cn/web/archives/2014/286079.shtml，2014-04-07)

2. 商品安全

为了做好商品防盗工作，门店一般采用保安人员、电子防盗系统及录像监视系统相结合的方法。

电子防盗系统主要由检测器、解码器(或消磁器)、标签等部分组成。标签附着或附加在商品上，解码器或消磁器使标签失效，检测器用来检测出未经解码或消磁的标签并引发警报。电子防盗系统从样式上有立式、隐蔽式、通道式三种类型。

录像监控系统由镜头、导线、视频切割转换器、监控器、控制器等设备组成。录像通过镜头，系统将不同区域传递在相应镜头号监控器上，如1,2,3,…,9号区域，镜头号可自行编制，这种监控方式可直接保证门店安全，且效果不错，但费用较高。

当然，也不能过分依赖电子设备，因为电子设备也有出错或停机的时候。因此保安人员必不可少。在门店中，可以设置身穿制服的警卫，特别是在出入口处安排警卫，效果较好。还可设立便衣警卫，他们比制服警卫更有效，因为他们在巡店过程中，和消费者混在一起，消费者很难辨别其身份，这样既不会让消费者产生被监视的感觉，同时商品安全也有了保证。

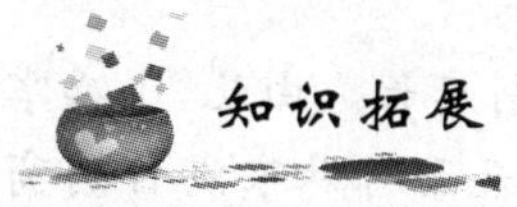

顾客偷窃事件的防范技巧

(1) 禁止顾客携带大型背包或手提袋入内，请其存放于服务台。

(2) 顾客携带小型背包或店内的包装袋入内购物时，应留意其购买行为。

(3) 加强卖场巡视，尤其要留意死角和人多聚集处。

(4) 注意由入口处出去的顾客。

(5) 顾客边走边吃超市的食品时,应委婉口头提醒,请其至收银台结账。

(6) 有团体客人结伴入店时,应随时注意,遇有可疑情况,应立即主动上前服务。

(7) 条码纸要妥善保管,以免给人有可乘之机。

顾客偷窃事件的处理技巧

在认定偷窃之前给予顾客有表示"购买"的机会。具体的办法是对隐藏商品的顾客说"你要××商品吗?""让我替你包装商品"等,提醒顾客"购买"。

如果提醒之后,顾客仍无购买的意思,则要以平静的声音说:"对不起,有些事情想请教您,请给我一点时间。"再将其带入办公室,并做适当的处理。

在处理偷窃事件时,不要把顾客当作"窃贼",讲话要冷静自然,尽可能往顾客"弄错"的角度去引导其"购买",不要以"调查"的态度对待顾客。

如果误会了顾客,应向顾客郑重地表示道歉,并详细说明错误发生的经过,希望能获得顾客的谅解,必要时应亲自到顾客家中致歉。

另外,防内盗管理也应该加大力度。门店内商品的防盗管理既要注意消费者,也要防范员工。

员工偷窃事件的防范技巧

(1) 检查现金报表。主要有:现金日报表、现金损失报告表、现金投库表、营业状况统计表、换班报告表、营业销售日报表、营业销售月报表等。

(2) 检查商品管理报表。主要有:商品订货簿、商品进货统计表、商品进货登记单、坏品及自用品统计表、商品调拨表、商品退货单、盘点统计表等。

(3) 为防员工监守自盗,须制定处罚办法,并公布通知,严格执行。

(4) 员工购物应严格规定时间、方法及商品出入手续。

(5) 严格要求员工上下班时走规定的出口、入口,并自觉接受检查。

(6) 装置电子监视系统。

盗窃烟酒数万元,"90后"副店长竟是"家贼"

江都的小盛大专毕业后来到新区某超市上班,很快被提拔为超市副店长。由此,小盛掌管了超市钥匙,每天都是最后一个下班锁门。一晃半年多过去了,每天面对琳琅满目的商品,却又无人监督,小盛终于禁不住诱惑,心生了歹念。

今年春节期间的一天夜里,店里只剩下他一人,"过年拿包好烟抽抽也不为过"。随即,他伸手偷走了一包烟。次日上午,小盛发现一切正常。两天后,他又在下班之际偷走四条香烟,仍未被发现。之后,他便肆无忌惮了起来,几乎每天下班都会顺手带走香烟,最多时一下子偷了6条。偷来的香烟,小盛均以比零售价低百余元的价格转卖,涉案金额约5万元。3

月21日晚，趁营业员外出吃饭，他借机偷了仓库钥匙，并于当晚7时，与收赃者谭某一起运走了仓库内8箱五粮春，并以每瓶100元低价卖给了谭某。

当晚，小盛彻夜未眠。3月22日一早，小盛向超市老板辞职后，便去了杭州旅游。不久，老板便发现店里失窃的事。小盛成了众人的怀疑对象。3月29日，超市老板报了警。目前，小盛和谭某已被刑拘，韩某被取保候审。

（资料来源：扬州晚报，2013-5-14）

3. 卖场陈设与员工作业安全

（1）不安全的卖场陈设与员工作业。

不安全的卖场陈设，容易使顾客在购物区域活动时，发生意外事故，因此需特别注意下列事项：

① 货品陈列安全。货品陈列过高，或是摆放不整齐时，容易因人为碰撞而使商品倒塌或掉落，造成顾客或员工的意外伤害。

② 卖场装潢安全。超市经营者为了吸引消费者，往往在装潢上作相当大的投资。但是美观之余，还必须注意其安全。例如：部分超市卖场喜欢利用玻璃做装饰，但因玻璃制品易碎，除了容易引起伤害之外，还不容易清理干净。

③ 货架装设安全。货架摆设的位置不当、不稳固或是有突角产生，都可能使顾客在购物时发生意外事故。

④ 地面安全。地面湿滑或有水迹出现时，若未能立即处理，也会造成顾客在行进时滑跤而受伤。

⑤ 员工作业方式不当，可能会造成顾客或员工本身的伤害。例如：补货作业不当、大型推车使用不当、卸货作业不当，都可能造成商品掉落，砸伤或压伤顾客和员工。

物美京粮广场店员工直接踩在食品柜台更换价签

店员踩在食品柜台更换价签

散装冰糖柜台上空的价签需更换，超市店员直接穿鞋踩在柜台边缘作业，冰糖也没有完全封闭覆盖！消费者安先生将近日发生在海淀京粮广场物美大卖场的这一幕拍下来上传到网上，并质疑此举不够卫生。

昨天，物美集团回应称，店员这一做法严重违反操作规程将会严肃处理，同时已通报所有物美门店严格按照流程操作，杜绝类似情况发生，确保商品安全卫生。按物美的操作规范，第一，原则上不允许在营业时间更换价签，避免危及到员工或顾客的人身安全；第二，更换价签必须先将相关柜台上所有货品清空或搬离，然后用专用梯子更换，相关店员的做法严重违反了上述流程。

（资料来源：北京日报，2014-05-04）

（2）事前预防。

① 门店内凡有打破的玻璃片及尖锐的破碎物，应立即清扫干净。

② 受损或有裂痕的玻璃器具有割伤之虑时，应先用胶布暂时贴住，或暂停使用。

③ 登高必须用牢固的梯子。

④ 不可站到纸箱、本箱或其他较软而易下陷、倾倒的物品上。

⑤ 抬重物应先蹲下，再将腿伸直抬起物品。

⑥ 不可用背部力量抬物。

⑦ 玻璃柜、压克力柜不可置放过重物品，亦不可将双手、上半身压在其上。

⑧ 发现走道上有任何障碍物，应立即清除，以免撞到或跌倒。

⑨ 其他物品的陈列架，或 POP 架，有突出之尖锐物时，应调整改善，以免伤害到人。

⑩ 员工在门店内不可奔跑，应小心慢走。

（3）状况处理。

① 若受伤害者系本公司员工，视情况后送医院治疗，并回报上级主管，严重者通知其家人。

② 若受伤害者系顾客，若属轻微，则先为顾客做简单处理，并由店长赠送小礼物致歉；若须送医院治疗者，则须通报上级出面并赠送礼物致歉，并负担医药费。严重者应立即通知其家人。

③ 以抢救、送医院治疗为第一优先，不要在现场争吵或追究责任。

④ 现场要尽快清理，以免影响继续营业或再度发生意外。

三、门店食品安全管理

（一）员工食品安全知识培训制度

（1）店长是食品安全第一责任人，应当依照法律、法规和食品安全标准组织开展食品经营活动。

（2）经营食品应当符合环境卫生要求，具备食品销售、储存、运输和装卸的卫生条件。

（3）从事食品经营的人员应当遵守卫生要求，不符合法律规定健康要求的人员，不得参加接触直接入口食品的工作。

（4）应当对采购的食品包装标志进行查验核对，禁止经营不符合卫生标准、超过保质期、无标签等不符合食品安全标准的食品。

(5) 应当按卫生管理制度定期对食品经营场所卫生情况进行检查,发现问题及时进行改进并做好记录。

(6) 采购食品应当查验供货者的主体资格、食品生产许可证和食品质量合格的证明文件,建立并执行食品进货查验记录制度,记录档案保存期限不得少于两年。

(7) 完整建立食品进销台账,适时对照自查,发现不合格食品,立即报告辖区工商部门,迅速将问题食品下架、撤回、及时告知供货商并在经营场所显著位置醒目告示,召回售出的问题食品,退货或销毁。

(8) 经营生鲜食品的应配备相应的检测设施,对在市场内销售的生鲜食品进行自检。经检测合格后才能上市销售,并登记检测结果存档备查。

(9) 发现食品临近保质期限的,组织安排临界食品销售专柜进行促销,并将食品真实信息告知消费者。超过保质期限的及时做好清柜、下架、销毁、结算、建档等事宜。

南京一超市降价卖变质果蔬,被判5倍赔偿消费者

近来,雨花台工商所接连接到群众的举报,称他们在超市购买了降价的蔬菜瓜果,拿回家打开时发现好多都是坏的,根本都不能吃。经查,原来超市每天要卖出大量的蔬菜瓜果,到了晚上剩下的蔬果为了防止浪费会打折出售,由于数量比较多,促销员在打包时会将一些变质的商品也夹杂进去。工商人员对超市方进行了批评,并责令超市方对消费者进行五倍价格的赔偿。

(资料来源:金陵晚报,2014-04-15)

(二) 食品进货查验制度

(1) 为保障人民群众身体健康和生命安全,加强对食品经营、食品质量监督管理,保护消费者的合法权益,依据《中华人民共和国食品卫生法》、《中华人民共和国产品质量法》、《中华人民共和国消费者权益保护法》等法律法规规定,制定本制度。

(2) 食品经营者必须遵守本制度。

(3) 列入进货查验的食品,是指消费者经常食用的食品,包括肉、禽、畜,粮食及其制品,蔬菜、水果,奶制品,豆制品,饮料和酒类等食品。

(4) 经营者购进食品时,应查验证明供货方主体资格合法的有效证件,并按批次向供货方索取证明食品质量符合标准或规定以及证明食品来源的票证,并保存原件或者复印件。

需要查验和索取的具体票证,由《食品索证索票制度》作出规定。

(5) 经营包装食品的,要对食品包装标志进行查验核对,内容包括:

① 中文标明的商品名称,生产厂名和厂址。

② 商标、性能、用途、生产批号、产品标准号、定量包装。

③ 根据商品的特点和使用要求,需要标明的规格、等级、所含主要成分和含量。

④ 限期使用商品的生产日期、安全使用期(保质期、保存期)和失效日期。

⑤ 对使用不当、容易造成商品损坏可能危及人身、财产安全的食品的警示标志或中文警示语。

(6) 食品经营者经营的农产品及其他散装食品,法律法规规定必须检验或者检疫的,经营者必须查验其有效检验检疫证明,未经检验检疫的,不得上市销售。法律法规没有明确规定的,应经有关产品质量检测机构检测合格才能上市销售。

(7) 经营者应经常检查食品的外观质量,对包装不严实或不符合卫生要求的,应及时予以处理,对过期、腐烂变质的食品,应立即停止销售,并进行无害化处理。

(8) 经营者按照食品广告指引购进食品时,要注意查验是否有虚假和误导宣传的内容。

(9) 市场开办者应配备相应的检测设施,对在市场内销售的食品进行自检,经检测合格才能上市销售,并登记检测结果存档备查。

(10) 市场开办者要指导经营者做好食品进货查验工作,检查督促经营者进货查验工作的落实,对经营者索取的重要食品的相关票证,应统一保管,集中备案,随时接受工商部门的检查。

(11) 经营者在进货时,对查验不合格和无合法来源的食品,应拒绝进货。发现有假冒伪劣食品时,应及时报告当地工商行政管理机关。

(三) 食品检查、存贮、运输制度

1. 食品卫生检查制度

(1) 设立食品卫生检查监督小组,定期或不定期对食品进行卫生检查和环境卫生检查。

(2) 把好食品采购、进货关,特别是对油、米、肉、菜等大宗、关键的食品要定点,不准采购霉变、有毒、有害或无证不合格的食品,确保所购食品卫生安全。

(3) 规范食品加工操作流程。做到粗细分区、肉菜分开、生熟隔离、洗消严格。

(4) 对储存食品应进行冷藏保鲜,无须保鲜的食品应做到离地隔墙,分类堆放整齐,现进现用、用前应检查有无变质变味。

(5) 保证不出售变质或不熟食物,严防病毒交叉感染引发食物中毒。

(6) 规范食品运送渠道。做好的食品,通过专用电梯密闭容器运送。

(7) 检查结果应有记录,有汇报,查出问题,立即解决,并追究责任人的责任。

情景案例

家乐福上海联洋店邀顾客亲自体验食品安全快检过程

家乐福上海联洋店 2014 年 3 月 27 日下午邀周边顾客亲自体验食品安全快速检测过程,并向居民宣传和普及食品安全知识。食品安全快速检测室面积虽然不大,但是能够满足快速检测的各项需求,有些添加剂只需要5分钟就能看到结果。实验室开放活动现场,工作人员给顾客派发免费检测试纸,详细讲解检测方法、步骤和结果识别方法,并由顾客亲手操作,以加深顾客对食品安全知识和基本快检步骤的了解。

家乐福联洋店食品安全快速检测室是在浦东新区政府的大力支持下于 2013 年底建成

顾客体验食品安全快速检测过程

的，配备有多功能食品安全检测仪，能够检测包括农残、瘦肉精、非食用物质等在内的共13个指标，具体为农药残留、盐酸克伦特罗、莱克多巴胺、沙丁胺醇、亚硝酸盐、油品质、二氧化硫、含水量、甲醛、过氧化氢、硼砂、荧光剂、吊白块。每天检测样品量约30个，样品覆盖熟食、蔬菜、肉类、面包、干货等所有生鲜部门的产品。

食品安全快速检测室

（资料来源：联商网，http://www.linkshop.com.cn/web/archives/2014/285318.shtml，2014-03-28）

2. 食品存贮制度

（1）食品储存有专门的食品库房，进出食品应登记。

（2）库房周围保证无污染源。

（3）库房应配备专职管理人员，定期清扫，定期通风换气，定期查看是否有超期食品，如有超期食品应及时处理。

（4）经检验合格包装的成品应贮存于成品库，其容量应与生产能力相适应。按品种、批次分类存放，防止相互混杂。食品库房内不得存放个人物品，不得存放有毒有害物品，特别是外观与食品相似的有毒有害物品或其他易腐、易燃品。

(5) 冷藏食品应配备专用的冰箱、冰柜。

(6) 食品储存配备专用消毒设备,随时对储存的工具、容器、水果、蔬菜等进行洗刷消毒。

(7) 成品码放时,与地面、墙壁应有一定距离,便于通风。要留出通道,便于人员、车辆通行,要设有温、湿度监测装置,定期检查和记录。

3. 食品运输制度

(1) 运输工具(包括车厢、船舱和各种容器等)应符合卫生要求。要根据产品特点配备防雨、防尘、冷藏、保温等设施。

(2) 运输作业应避免强烈震荡、撞击,轻拿轻放,防止损伤成品外形;且不得与有毒有害物品混装、混运,作业终了,搬运人员应撤离工作地,防止污染食品。

(3) 生鲜食品的运输,应根据产品的质量和卫生要求,另行制定办法,由专门的运输工具进行。

(四) 从业人员健康检查制度

(1) 新参加工作和临时参加工作的食品从业人员必须进行健康检查,并经卫生知识培训,取得有效的健康证明和卫生知识培训合格证后方可参加工作。未取得前述有效证件的人员不得上岗从事食品生产经营活动。

(2) 食品生产经营人员每年必须进行健康检查和卫生知识培训,取得有效的健康证明和卫生知识培训合格后方可继续从事食品生产经营活动,否则,不得继续从事食品生产经营工作。

(3) 凡患有痢疾、伤寒、病毒性肝炎等消化道传染病(包括病原携带者)、活动性肺结核、化脓性或者渗出性皮肤病以及其他有碍食品卫生疾病的,不得参加接触直接入口食品的工作,并按要求调离其工作岗位。

(4) 食品从业人员应坚持做到"四勤"。即勤洗手、剪指甲;勤洗澡、理发;勤洗衣服、被褥;勤换工作服。禁止长发、长胡须、长指甲、戴首饰、涂指甲油、不穿洁净工作衣帽上岗和上岗期间抽烟、吃零食以及做与食品生产、加工、经营无关的事情。

(5) 对食品从业人员实行德、能、勤、纪综合考核。对德、能、勤、纪考核俱优者给予表扬或奖励;对综合考核成绩欠佳者进行批评教育使其改正;对不改者劝其离岗或按规定依法解除劳动合同。

任务二　货品防损管理

一、门店损耗的产生

(一) 门店损耗的含义

所谓损耗,是指门店接收进货时的商品零售值与售出后获取的零售值之间的差额。"损耗”会受到一个或几个因素的影响，门店作业出现其中的任何一个因素，都会减少利润额，从而增加“损耗”。境外有关统计资料显示，在各类损耗中，88%是由员工作业错误、员工偷窃或意外损失造成的，7%是顾客偷窃，5%属于厂商偷窃，其中尤其以员工偷窃所遭受的损失最大。以美国大卖场为例，全美全年由于员工偷窃造成的损失高达4000万美元，比顾客偷窃高出5～6倍。再如台湾地区，卖场员工偷窃比率亦占60%之高。这些资料表明，防止损耗应以加强内部管理及员工作业管理为主。因而，了解门店商品损耗发生的原因，并严格加以控制，是提高连锁企业绩效的重要保证。

（二）门店损耗产生的原因

连锁企业门店商品损耗的原因主要有以下几个方面：

1. 员工的不当行为造成的损耗

(1) 收银员的行为不当造成的损耗。收银员对收银工作不熟悉，按错部门类别；收银员与顾客借着熟悉的关系，故意漏扫部分商品或私自键入较低价格抵充；收银员因同事熟悉的关系而发生漏打、少算的情形；由于价格无法确定而错打金额；收银员对于未贴标签、未标价的商品，打上自己臆猜的价格；商品特价促销时期已结束，收银员仍以特价收款。

(2) 验收不当所造成的损耗。主要表现形式有商品验收时数量点错；店员搬入的商品未经点数，造成短缺；只验收数量，未检查质量所产生的错误；进货的发票金额与支付的金额不符；进货的商品未入库。

(3) 工作手续管理不当所造成的损耗。主要表现形式有漏记商品调拨；领用的商品未登记；重复登记进货；漏记进货的账款；坏品未及时办理退货；重复登记退货；销售退回商品未办理手续；商品保管不当发霉变色；商品有效期检查不及时；新旧价格标签同时存在；商品促销活动结束后未及时恢复原价；POP或价格卡与标签的价格不一致；商品加工技术不当产生损耗。

(4) 商品管理不当所造成的损耗主要表现形式有对进货商品的附赠品没有妥善保管；进货过剩导致商品积压变质；销售退回的商品未进行妥善保管；因商品保存不当，而使商品价值减损；因不懂服装知识而造成商品价值的减损；对偷窃事件姑息迁就。

(5) 盘点不当所造成的损耗主要表现形式有点错数量等；盘点表计算错误；盘点时遗漏项目；将赠品记入盘点表复盘点；看错或记错售价、货号、单位计入已填妥退货表的商品；多次重复盘点。

情景案例

超市保养品不贴防盗码，高雄一女子偷遍其16家店

据台湾地区媒体报道，高雄一名妇人因知全联福利中心贩售的卸妆乳及眼霜保养品没有贴防窃条码，竟趁店员忙碌时偷走，而且短短两天就偷遍高雄市16家分店，使业者损失超过1.5万（新台币，下同）。

据报道，这名妇人因得知全联福利中心贩售的卸妆乳及眼霜保养品未贴防窃条码，就趁着14日、15日两天狂扫全联卖场，警方接获报案后，根据监视器画面循线找人，发现妇人驾驶一辆红色轿车，依车牌号码抓到人。

警方初步估计，遭窃的卖场至少有16家，业者损失超过1.5万元，妇人向警方辩称，自己是因为与老公吵架，为了舒压才会行窃，但警方认为妇人可能是为了小孩，才会想偷东西到网络上卖，警方最后将她依盗窃罪嫌函送法办。

（资料来源：联商网，http://www.linkshop.com.cn/web/archives/2014/280775.shtml，2014-02-18）

超市随见顾客消费陋习，商品每月损耗约10万

私拆包装，挑选水果蔬菜留下一地烂叶子，冷冻食物被"遗弃"在非冷冻区的货架上……记者昨日在我市几家大型超市调查发现，一些消费者不文明的购物行为随处可见。对此，商家也徒唤奈何。

当日上午，记者在台东沃尔玛超市内衣区看到，一名女顾客在挑选内衣时，打开包装，把衣服抖开，在身上比了比后，就随手把衣服往盒子里一塞，又去看旁边的款式。在不远处内裤和袜子的货架上，被拆开包装的内裤和袜子也不少见。

随后，记者在该超市生鲜蔬菜区看到，这里摆放的各类蔬菜都很新鲜。这时走来两位妇人，一位年纪略轻的妇人冲着放大葱的菜架开始挑选，她抓起一捆大葱，把外皮不好的葱叶剥下，接着又对其葱根进行"深加工"，但最后还是不满意，扔在一旁后又重新挑选。在一旁不吭声的一位超市人员边整理蔬菜边无奈地对记者说，超市的蔬菜，大多已经经过初步整理，可一些精明的消费者仍不满意，将已整好的蔬菜去根摘叶，把青菜、白菜剥得只剩下个菜心才满足。

超市经常会对商品进行盘点，商品的损耗率为3%。据家乐福有关负责人介绍，家乐福在我市共有两家店，每月损耗约10万元，除近3万元为自然损耗外，其余的都是人为损耗。顾客乱扔乱放、拆改包装甚至顺手牵羊的行为较为常见。在走访其他超市的相关管理人员时，也都对这一问题感到头疼。

（资料来源：青岛日报，2013-04-16）

2. 顾客的不当行为造成的损耗

顾客不当的退货；顾客将商品污损；将商品打碎；将不购买的"孤儿"商品进行藏匿。

3. 偷窃造成的损耗

(1) 员工偷窃所造成的损耗。损耗主要表现为有意随身夹带；皮包夹带；购物袋夹带；废物箱(袋)夹带；偷吃或使用商品；把店铺促销活动用于顾客兑换的奖品、赠品占为己有；与亲友串通好购物不结账或少计金额；利用顾客未取的账单，作为废账单退货并私吞货款；将高价商品以低价标示的方法，卖给亲朋好友；以假货调换真商品。

(2) 顾客偷窃所造成的损耗。随身夹带商品；皮包夹带；购物袋夹带；将扒窃来的商品退回而取得现金；将包装盒留下，拿走里面的商品；调换标签；高价商品混杂于类似低价商品中，使收银员受骗。

吉林一超市员工里应外合行窃，监守自盗被抓

某大型超市坐落在吉林市船营区繁华路段，每天购物者云集，商品成交量较大。可是，去年年末以来，在每日清点在架商品时，超市管理者发现一个奇怪现象：每天都有大宗商品丢失，且种类繁多，包括微波炉、电动飞机玩具等。但查找监控录像却未发现有人将商品私自带出超市。

超市管理者选择报警，青河派出所接警后，迅速部署警力搜集破案线索。经办案民警缜密调查，发现王振丽、王小婷两名女员工有重大作案嫌疑。面对民警的询问，二人对盗窃超市商品一事供认不讳，王振丽、王小婷二人利用收银工作之便，分别各自串通4名社会人员"内外勾结"，由4名社会人员将大宗商品带至收银台，王振丽或王小婷以极低的价格出售商品，以此达到盗窃的目的。

经审讯，4人交代自去年年末以来，分别与王振丽、王小婷"里应外合"盗窃超市商品20余起，盗窃总价值3万余元。日前，该案5名犯罪嫌疑人被刑拘，一人被取保候审，等待他们的将是法律的严惩。

（资料来源：城市晚报，2014-03-03）

4. 供应商的不当行为造成的损耗

供应商混淆品质等级不同的商品；误记交货单位或数量；供应商以低价商品冒充高价商品，擅自夹带商品；随同退货商品夹带商品。暂时交一部分订货，故意造成混乱；与员工勾结实施偷窃。

5. 意外事件造成的损耗

(1) 自然意外事件：水灾、火灾、台风和停电等。

(2) 人为意外事件：抢劫、夜间偷窃和诈骗等。

二、门店损耗的防范

目前连锁企业竞争激烈，经营利润只有1%左右。业内人士若能将超市在2%以上的商品损耗率降低到1%，则其经营利润可以增长100%，可见防损耗管理对超市发展的重要性。

（一）重点区域管理

大卖场由于面积较大，员工众多，顾客人流复杂，其防损工作具有一定的难度。对大卖场内商品损耗较为突出的一些重点区域必须重点管理。

1. 员工出入口的管理

(1) 员工出入口设置防损安全员岗位。只要员工通道打开，岗位就要实行连续值勤制度。

(2) 防盗电子门/储物柜若干，防盗电子门是用来防止员工偷盗商品的行为，储物柜是为来访人员暂时存放物品的。

(3) 检查员工的上下班考勤、工作餐考勤,员工进出是否按规定执行考勤制度,有无未打卡或未登记、请人代打卡、替人打卡等违规事件。

(4) 检查非上下班、工作餐的员工进出,是否有管理层的批准,并登记员工的进出时间。

(5) 检查员工是否将私人物品带入店内,如属于必须带入店内的物品,是否已进行登记处理。

(6) 检查员工是否盗窃公司财物,是否将禁止带出店的物品带出,特别是防盗门报警的时候。

(7) 对外来的来访人员进行电话证实、登记,检查携带物品等。

(8) 对携带出店的物品进行检查。对所有在本通道携带出的物品进行检查。

(9) 管理规定。

① 外来人员进入卖场要进行登记,除指定的财务人员,其他人员不准带包进入卖场,必须携带物品出入的,应办理登记手续,出入时需主动示包,接受安全人员检查。

② 所有当班员工(含促销人员)在工作时间内,必须且只能从员工通道出入(特别授权者或授权岗位者除外)。

③ 所有进出入员都必须主动配合安全人员的安全检查,自动打开提包或衣袋,接受检查,尤其是防盗电子门报警或在安全人员提出检查的要求时,要予以配合。

④ 员工的进出、物品的携出/归还必须有管理层的书面批准,防损安全员核实后放行。

2. 收货口的管理

(1) 设置。

① 人员设置:收货口设置防损安全员岗位,只要收货通道打开,岗位实行连续值勤制度。

② 设备设置:收货口卷闸门设置防盗报警系统,如未经密码许可强行打开,则报警。

(2) 监管要点。

① 收货口门禁管理:防损安全员同收货部主管共同负责收货门的打开和关闭。

② 由防损安全人员协助维护现场的收货秩序。

③ 查处收货员和供应商的各种不诚实行为、作弊行为,查处收货员接受贿赂或赠品的行为。

④ 供应商人员进出管理:供应商人员必须在收货区指定的范围内,超出范围或需要进出卖场的,必须办理相关手续。

⑤ 员工的管理:任何人员(除收货部授权员工和授权岗位),都不能从收货口进出。

⑥ 所有商品的进出都必须有清单同行。

⑦ 收货的管理:对重要的收货程序进行检查,保证所有的收货数量、品名均正确,保证所有已经进行收货的商品放入收货区内。

⑧ 检查是否由本超市的员工亲自进行点数、称重的工作,有无供应商帮助点数、称重现象,或重复点数、称重的现象。

⑨ 非商品收货的管理:对于供应商的赠品、道具等商品进出,必须核实收货部是否正确执行相应的收货程序,是否正确使用单据、标签。

⑩ 退换货的管理:对每一单退换货必须进行核实,核实品名、包装单位、数量、换货的品

种是否正确以及单货是否一致，保证所有出超市的商品必须正确无误。

⑪ 出货的管理：对转货或个别大单送货，防损安全员必须逐单核查，包括封条、品名、数量、包装单位，并目送货物离开收货口。

（3）管理规定。

① 所有收货的员工和供应商人员必须诚实作业，不得有故意作弊和损害公司利益的行为。

② 所有员工不得接受供应商任何形式的贿赂和馈赠。

③ 收货或退货时，商品必须按流程分别放置在不同的区域，如收货区、准收货区、已收货区等。

④ 供应商人员进入已收货区必须办理登记手续，进出实行安全检查，所有人员（除授权人员、岗位），均不得在收货日进出。

⑤ 非商品的收货，必须有赠品的标签和"道具携入/携出清单"手续。

⑥ 防损安全员对每一单的退换货、每一单的出货、每一单的物品离场进行检查，对收货进行抽查，特别是精品、家电、化妆品等贵重物品，对所有已经收货的商品必须监督是否在已收货区。

3. 精品区的管理

（1）设置。

① 人员设置：精品区及其出口处设置防损安全员岗位，营业时间内岗位实行连续值勤制度。

② 设备设置：精品区出口处设置电子防盗门系统和门禁系统，前者对偷盗商品进行报警，后者则对无密码开门进行报警。

（2）监管要点。

① 顾客只能从进口进入，从出口出去。

② 顾客不能将非精品区的商品带入精品区内，只能暂放外边。

③ 顾客在精品区内购买商品，必须在精品区内结账。

④ 检查顾客的小票是否与商品一致，特别是收银员的包装是否符合精品区商品的包装要求。

⑤ 解决电子防盗门的报警问题。

（3）管理规定。

① 精品区的结账商品的包装、小票的处理必须符合商场（超市/连锁店）关于精品区的有关规定。

② 精品区的柜台或展示柜是否在非销售时，随时上锁处于关闭状态。

③ 精品区的外放贵重样品，是否全部采取标签防盗措施。

④ 精品区柜台销售商品是否采取"先付款，后取货"的销售方式。

⑤ 精品区的安全人员不能代替收银员做任何工作。

⑥ 精品区的防损安全员有责任监控精品收银台的现金安全。

宜宾7盗贼商场内"演戏",20秒偷走柜台名表

2013年12月23日晚上7点多,在宜宾翠屏区人民路叙府商场内,售货员张小姐正忙着招呼客人。这时,几名穿戴整齐的"顾客"走了过来,她便热情相迎。其中一名男士称要挑选手表,旁边的女士似乎是一起的,认真地为他挑选。两人旁边的男士似乎也想买一块表,正在柜台上透过玻璃仔细朝柜台里看。"我觉得这一款很不错,请你拿出来让我详细看一看……"男子客气地对张小姐说,旁边的女士也附和:"你先试着戴一下,我看看如何。"张小姐便热情地满足着顾客的需求。男子试戴了几块表后,却露出遗憾的神情,"哎,不喜欢这款,再看看吧!"随后,所有的人都离开了。

见顾客离开,张小姐也没有多理会,继续忙着自己的工作,招呼陆续前来购物的顾客。可不一会儿,张小姐便发现玻璃柜台里不见了好几块表,这可把她急坏了。"我一直没离开过,柜台玻璃也完好,周围也没见有什么大动静,怎么就不翼而飞了?"焦急的张小姐有些手足无措,随后只得拨打了电话报警。后据办案民警介绍,作案者一般为团伙作案,5至7人分工合作,专挑高档店铺下手。进入店铺之后,作案者穿戴整洁佯装购物,其中两人负责选东西转移售货员视线;另一人专门负责切割玻璃,其他人员尽量用身体挡住切割玻璃人员的双手,并趁机偷窃柜内商品。

(资料来源:华西都市报,2014-01-10)

4. 家电提货口的管理

(1) 设置。

① 人员设置:大家电检测提货口,设置防损安全员岗位,营业时间实行不间断值勤制度。

② 设备设置:大家电检测提货口卷闸门设置防盗报警系统,如未经密码许可强行打开,则进行报警。

(2) 监管要点。

① 每一单提货的大家电商品,必须有防损安全员检查签字。

② 防损安全员检查是否有收银小票,收银小票是否有异常,商品品名、型号、货号与小票是否一致,数量是否与收银小票一致,已经提货的商品的小票是否盖有检测、提货章,商品的包装是否已经封好。

③ 提货的顾客秩序是否良好,顾客是否站在规定的提货台区域的外面。

④ 提货的门是否随时关闭,内提人员是否对出门的商品进行登记。

⑤ 收单处是否控制提货的流程,提货的各种印章是否在抽屉中。

(3) 管理规定。

① 大家电的销售提货流程。

② 大家电的送货规定。

5. 收银出口处的管理

(1) 设置。

① 收银出口处设立电子防盗系统，是连锁店采取的防盗保护措施。

② 收银出口处设立防损安全员岗位，在营业时间内实行不间断的值班制度。

③ 收银出口处的监管重点在于正确、快速、满意地解决防盗报警问题，同时维护好出口处的顾客秩序，保证所有顾客能从进口进、出口出。

(2) 防盗报警的处理原则。

① 验证原则。当系统报警时，不能认定就是有商品被偷窃，每一位顾客都是清白的，除非你已经掌握确凿的证据。

② 顾客服务的原则。当系统报警时，防损安全员要迅速到报警现场，必须具备热情、微笑、得体的态度服务顾客，不能因为自己的态度、表情、语言得罪顾客，引起纠纷和赔偿。

③ 和平解决问题的原则。坚决避免与顾客在门口发生争执，不能影响其他顾客的正常通行，不能引起堵塞和围观。

情景案例

厦门父子超市选购文具，报警器冤枉男孩偷商品

几天前，李先生带着刚上小学的儿子来到某超市，选购了几样零食和文具。结完账出门时，超市的电子警报器却响了。超市工作人员将李先生和儿子拦下，要求他们再走一遍。李先生于是和儿子分别再走了一遍，发现只有儿子经过时警报器会响。超市工作人员表示需要检查小孩的随身口袋。为了证明清白，李先生同意了超市的检查要求，但工作人员检查后并没有发现男孩偷东西。本以为此事到此为止，但工作人员仍坚持不让他们离开。后来围观群众越来越多，小孩受到惊吓都哭了起来。双方争执不下，李先生拨打了工商部门的投诉电话。

工商人员赶到现场了解情况后指出，根据相关法律，经营者不得搜查消费者的身体及其携带的物品，也不得侵犯消费者的人身自由。经调解，超市负责人当场向李先生及其儿子道歉。事后，超市负责人解释说应是电子警报器出现了问题，现已停用并联系厂家维修。

（资料来源：海峡导报，2014-03-09）

(3) 防盗报警的处理程序。

① 首先将商品与人进行分离，确认是不是商品引起报警。

② 确认属于商品报警后，进一步查找商品报警的原因。

③ 首先通过目测查看有无带感应标签的商品，将其取出核实是否属于未经消磁的商品。

④ 查看收银小票，查看有无未结账的商品。

⑤ 礼貌地请客人到收银台结账。

⑥ 让顾客反复几次经过安全门，确认是何原因引起报警。

⑦ 如是顾客引起报警，应礼貌地请顾客自行检查是否有忘记结账的商品放在身上。

⑧ 顾客若承认，则叫顾客结账，只要顾客结账，认为顾客是疏忽而不是故意不结账，处理时保持顾客的自尊。

⑨ 顾客若不承认，则请顾客到安全办公室协助处理，而不要在出口处与顾客发生争执。

（二）商品上架及撤架过程中的损耗防范

对商品的保管和陈列方法不当、商品标价错误、商品鲜度管理疏忽等原因造成的商品损耗，要求做好如下作业。

（1）做好商品陈列中的损耗预防。

在商品陈列过程中应注意以下几点：货架上要标有货架号码和商品名称卡，以便做好商品管理；一般情况下商品不要堆积在地上，有时候万不得已堆积在地上必须保证每种商品都要有价格标签；商品货架摆放应标准，商品不可堆积过高。

（2）加强商品标价的管理。

采取的应对措施主要包括：随时注意货架条形码变动情况，特别防止低价条形码贴在高价商品上；商品不得随意标价，标签字迹清楚；收银员在顾客结账时，要一边念出价格，一边注意显示屏幕的数字是否一致，若不一致，一定要停止收银，登记该项商品代号、品名和价格；将价格差异表呈交负责人员进行核对，查明原因后进行更正。商品标签价格标错时，应将原标签撕去，再贴上正确标签；若购物人员为本公司现场工作人员时，应当场通报店长，追究责任；每天检查卖场 POP 的价格与标价是否一致，不一致时，要立即更正；特卖后要将商品标签价格更改回原价。

（3）加强商品鲜度管理。

生鲜食品现在已成为超市大卖场的一大卖点，除了有很好的利润外，更以保质、保量、保鲜吸引了一大批的目标顾客。与此同时，生鲜食品的损耗也令卖场的经营者们颇伤脑筋。加强对生鲜食品的防损耗管理不容忽视。针对此项内容，可以从以下几方面考虑：首先，冷冻冷藏设备要定期检查，发现故障及时排除，一般每月 3 次为宜。同时，生鲜商品化必须严格控制库存，订货一定要由部门主管或资深员工亲自参与。其次，生鲜商品有些需当日售完，如鱼片、绞肉、活虾等，可在销售高峰期就开始打折出售，以免成为坏品。再次，生鲜商品的管理人员应彻底执行翻堆工作，防止新旧生鲜商品混淆，使鲜度下降。同时，工作人员应尽量避免作业时间太长或作业现场湿度过高，造成商品鲜度下降。

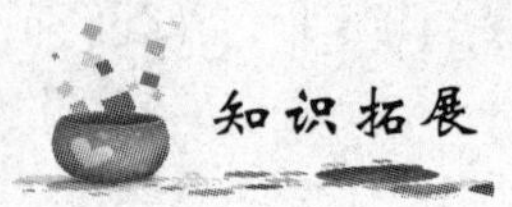

水产品鲜度判定方法

水产品的鲜度判定法繁多，如化学法、物理法、细菌法及官能检查法等，其中化学法及细菌法因需添购很多仪器设备，花费很多时间才能完成，因此只有连锁的生鲜超市才能办理，目前一般生鲜超市后场则多采用官能检查法，实施水产品之品质判定作业。

官能检查法之项目如下：

1. 死后硬直状态

近海现捞渔货，通常被置于碎冰屑中，检查时视其躯体有无冻结现象，若呈硬直状态则是鲜品。鱼体小的则将之置于掌中，这时尾柄下垂的，鲜度就较差。

2. 眼球状态

新鲜渔货目光必定清澈,里面看不出眼珠,同时眼球饱满。不新鲜的,眼球常充血呈红色,混浊不清,且能看出白色眼球。经冷冻后再解冻的鱼体,眼球会塌陷或发生皱纹,但这种现象仅限于深海鱼类。

3. 鳃的颜色

新鲜渔货的鳃羽是鲜红色,且无腥味,同时由于死后硬直作用,也很难打开。鲜度差的渔货,鳃羽呈灰色或暗绿色,有腥味,甚至有刺激性恶臭。

4. 鱼鳞状态

新鲜渔货的鱼鳞有光泽且完整,鲜度不佳的渔货鱼鳞则有脱落现象或摩擦褪色,无光泽。

5. 肉质状态

新鲜渔货肉质较硬,富有弹性。鲜度差的肉质软化而松弛。用手指触压鱼体,复原力好的为鲜度良好,留有指印的,其鲜度不佳。

6. 气味

新鲜渔货略带有海水味或海藻味道。鲜度不佳之渔货有腥味、氨味,甚至有恶臭。

7. 腹部状态

新鲜渔货的内脏完整、腹部坚实。鲜度不良的,其内脏分解,并产生气体效应,呈膨胀或破肚,稍挤压则流出浓液或内脏外流。

(资料来源:豆丁网,http://www.docin.com/p-550275461.html,2013-12-10)

(三)门店运营过程中的损耗防范

1. 提高收银作业的质量

收银作业过程中要明确收银员的作业纪律,并制定相关的处罚条例,严格执行。收银主管要严格按程序组织并监督收银员的交接班工作,要认真做好记录,以备日后查证;连锁门店一般都采用POS机管理,除特殊情况外,应严禁收银员采用人工输入方式结账,否则要详加追查。若收银员采用人工输入方式,应严格按照公司规定的作业方式进行操作。特殊情况有:条码标志错误、未贴条码、扫描仪器无法显示或NON-PLU商品等。

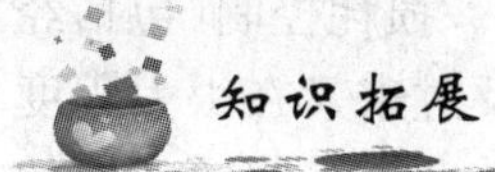

知识拓展

所谓店内条码是指只在店铺中或特定的流通途径中贴附通用的条码。像这样价格各不相同的商品以及点心、副食等店铺制作商品等附带加入价格的条码。由于这些商品不向计算机咨询价格,因此称作"NON-PLU"商品。

2. 做好商品的验收作业

(1) 在核对送货单据和商品时,应认真检查以下项目。检查商品名称和规格、大小是否相符;检查商品数量;对于外表有破损或污垢的商品,要打开检查;检查商品上的生产日期和进货日期;对于破损的商品,要在送货员在场时,确认破损的数目。

(2) 问题商品一律拒收。对于商品有效期限已逾1/3以上的,给予拒收;对于品名、数量、价格、标签、重量不符者一律拒收。门店对问题商品的具体处理方式一般是：验收商品不同或数量过多时，要当场点清，退还给送货员；当商品数量不够时，要在货品不足的账目里予以记录，并由送货员和验收人员同时签名给予确认；日后补送不足的商品时，要加以确认；商品有破损时，按照破损数量，全部退货。

(3) 特殊商品的验收。验收人员必须仔细检查上面登载的品名、数量有无差错，并先将送货单保存起来，待进货传票送至时进行比照，然后在验收单上签收。

3. 规范盘点作业

盘点作业一定要按照步骤严格实施：盘点时，要根据盘点作业规定，经盘点后，商品以纸条将数量写上，贴放在商品旁，以便主管抽验，亦可确认盘点正确与否。营业中盘点时，需先将销售情况记下，等盘点结束时再核对，部门主管要随时抽查盘点情况。

4. 加强员工日常作业管理

员工日常作业要采取的应对措施主要有：定期检查商品价格的标示有无错误或漏标现象；由于顾客不小心或商品堆放不合理造成的损坏或破包，各部门可以针对这种情况在仓库里留出一小片地方作为退货商品堆放区，并由专门的资深员工负责退货和管理，把损耗降到最低；定期检查货架上商品的有效期限，做好先进先出的商品管理；仓库中的库存品也应进行定期检查，因为一般便利商店的门市较小，仓库存储面积有限，除畅销品以外，其他商品不要有太多库存或最好无库存，严格检查货物出仓情况，核对有关单据，监督货物装卸，以防被窃、被损，每天检查后仓锁门，与仓库人员共同监督保管钥匙；对于提高售价的商品应该立即更换价签，更换时，要注意需先撕下旧标签，才能贴上新标签；员工应认真填写账目核查表，表中应有应收账款、现金支付表、价格变动和损坏报告等项目，还应有详细的支付明细；定期检查仓库、门锁及防盗设施。

5. 贯彻会计处理制度

会计处理要采取的应对措施有：商品、自用品、设备的采购由专职的采购部门负责；核准采购单后，才能订货；购进商品由专责的验收部门负责验收；会计部门收到验收部门的单据后，应立即制作传票，记入应付账款及明细账；严格控制付款天数；适时抽查账簿。

三、生鲜防损

由于生鲜食品经营的特殊性和复杂性，损耗在经营过程中极易发生。损耗控制(包括经营成本控制)业绩取决于整个生鲜食品区的运作状况和经营管理水平，反过来又在很大程度上影响着生鲜食品乃至整个超市的盈亏兴衰。如不能够有效抑制损耗就会直接侵蚀超市的纯利润，由此可见损耗及成本控制对生鲜经营的重要性。损耗控制涉及超市管理的许多方面，需要保安防损、储运和各有关管理部门共同协作。因此，全面、准确地理解损耗在连锁超市经营中的含义，有助于我们拓宽思路，归纳分析生鲜经营中产生损耗的条件和原因，从整个管理体系上入手，寻找改进管理的办法。

(一) 生鲜食品经营中产生损耗的原因

生鲜食品多属于非标准、保存条件特殊的商品，再加上现场生产加工所涉及的管理过程和环节比一般商品繁琐复杂得多，需要管理控制的关键点增加，如果供、存、产、销之间的衔接协调不当,产生损耗的环节自然就多,其中既有在超市各部门带有共性的损耗原因,也有在生鲜区特定的原因。按生鲜区的管理流程分类,损耗主要有以下几类:

1. 生产责任原因

(1) 产品质量。部分由超市自行生产的产品质量达不到出品标准要求,而造成减价和报废所致的损失。

(2) 工作疏忽造成损坏。由于员工工作疏忽大意导致设备和原料损坏。

(3) 产品卫生问题。环境卫生达不到标准,影响的品质及其外观,最终影响销售。

(4) 设备保养、使用不当。由于设备养护和使用失当,设备无法正常运行,导致变质损耗出现和加大。

(5) 生产正常损耗。是指在产品加工储存过程中由于水分散失或工具沾带等原因造成的一定比例的损耗,这是所有损耗中唯一可视为合理的损耗。

2. 管理原因

(1) 变价商品没有正确及时处理。由于生鲜食品因鲜度和品质不同,致使价格变化比较频繁,如果管理不到位,变价商品得不到及时、准确的处理,就会产生不必要的损失。

(2) 店内调用商品没有登记建账。生鲜食品各部门之间常会发生商品和原料相互调用的情况,如果各部门的有关调用未建账或记录不完整,就会在盘点账面上出现较大的误差,造成库存流失。

(3) 盘点误差。在生鲜食品盘点工作中,由于管理无序,或盘点准备不充分,对于盘点的误差不能及时查明原因,必然出现常见的盘点误差损失。

(4) 订货不准。生鲜部门订货人员对商品销售规律把握不准或工作不够细致,原材料或商品订货过量,往往无法退换或逾期保存而造成商品减价损耗。

(5) 员工班次调整。在员工班次调整期间,由于新的岗位需要一段适应时间,损耗在这个阶段属于高发期。

3. 后仓管理原因

(1) 收货单据计数错误。在收货环节上,由于相当一部分为非标准商品和原材料,因鲜度、水分含量和冷藏温度等的不同,收货的标准受收、验货人员的经验影响较大,出现判断误差和计数错误的可能性也较大,这里也不排除人为故意造成的误差。

(2) 退换、索赔商品处理不当。部分超市未设立索赔商品管理组或专职人员,或管理工作不到位,索赔商品得不到及时处理,无法取得合理的索赔商品补偿,使得本可挽回的损失扩大化。

(3) 破损、索赔商品管理不当。破损及索赔商品在待赔期间管理不当,发生丢失等,将无法继续获取赔偿。

(4) 有效期管理不当。生鲜商品和原料需要进行严格的有效期管理,做到"先进先出",如果管理不当,就会出现较大的损失。

(5)仓管商品和原料保存不当而变质。由于生鲜食品和原料保存环境和温、湿度条件达不到要求,也会造成变质损失。

(6)设备故障导致变质。因冷藏、冷冻陈列和储存设备运转不正常或出现故障,导致变质损失。

果蔬保鲜注意事项

（1）进货果蔬要尽早降温。

（2）避免急剧的温度变化。温度太高的果蔬不要马上放入冰冷水中，以免产生太大冲击，损伤果蔬，可先洒些水，使果蔬降温后再放入冰冷水中。

（3）叶菜类要直立保管。

（4）有切口的蔬菜，切口应朝下。

（5）避免冷风直吹果蔬，否则果蔬容易失去水分而枯萎。

4. 销售前区管理原因

（1）标价错误。生鲜销售区的商品标价错误，包括各种价格标签、POP和品名等错误，造成售价损失。

（2）收银计数错误。这类错误常出现在两个环节：一是非标准生鲜品在称重计量时打错商品名称，出现计价错误；二是收银台对商品扫描时发生计数错误。

（3）内部和外部偷盗行为。生鲜商品和原材料因其可直接食用的方便性，偷盗发生率较高。一般来讲，水果、熟食、面点等商品的偷盗损耗率会高一些，而且一旦失窃不易查证。

（4）顾客索赔退换损失。因顾客对商品投诉出现的退、换货损失。

（二）超市生鲜食品损耗控制的基本思路

由于生鲜食品损耗涉及面广而且复杂，因此损耗控制工作要在损耗原因分析的基础上，以全员损耗控制意识和高标准的管理制度为保证全面展开。

1. 损耗控制的基础工作保证

（1）寻找损耗产生的原因。要注重损耗的细节和原因分析。超市的经营管理者应有足够的耐心来面对纷繁的管理细节，不放过任何一个细节，查找损耗原因要追根寻源，采取相应对策，定期检查落实情况，堵住每一个可能产生损耗的管理漏洞。只有本着这种工作态度，才能做好损耗控制工作。总而言之，有损耗就必然有产生的原因，只有找到了损耗原因才会有解决问题的办法。

（2）确定损耗重点控制的商品目录。超市经营的生鲜食品种类繁多，不同类别的生鲜食品损失程度是不同的，因此，损失管理应有侧重点，损失率高的商品应重点管理，损失率低的商品可一般管理。但是，如果一种商品尽管损失率较高，但销量很小，销售额比重微不足道，那么，花大力气去降低这类商品的损失率是得不偿失的；反之，如果一类商品销量很大，销售额比重很高，即使损失率不是很高，还是应该将它作为重点商品进行重点管理。确定重点商品的科学方法是交叉分析法：一种商品是否应确定为重点商品，既要看损失率，又要看销售额比重。下面是若干超市的经验数据，供参考：A类商品，损失率6%以上，销售额比重10%以上；B类商品，损失率3%～6%，销售额比重5%～10%；C类商品，损失率3%以下，销售额比重 5%以下。

蔬果鲜度不良的判断方法

品名	鲜度不良判断依据
橘子	裂开、有很多皱纹、腐烂、表面起霉。捏起来有液体流出，表面颜色变暗
梨	擦伤很多，压起来软软的，表面已变色或有黑色斑点
苹果	果皮有很多皱纹，弹起来声音不清脆，压伤、腐烂
哈密瓜	有虫吃，表面没有光泽，重量轻，腐烂，摇起来有水声
香瓜	果皮没有纹路，压起来软软的，腐烂，摇起来有水声
菠萝	果皮有黑色斑点，向下压汁会流出
香蕉	压伤，冻伤，软软的，果皮变黑，果实脱落，果皮裂开
杨桃	果皮有皱纹，无光泽，长霉
葡萄	果实棱线部分压伤，腐烂；质软，果实脱落，压伤，裂开
奇异果	枯萎，发霉；表面有皱纹，无表面绒毛，变软腐烂，果皮没有光泽；果皮起皱纹，擦伤或压伤很多
空心菜	叶子枯萎，水伤
小白菜	叶子枯萎，水伤
韭菜	叶末端凋萎、变软、变色
青葱	变色（黄）、凋萎
大葱	叶子变黄、叶柄变色（褐色）
大白菜	切口变色、叶子变黄
菠菜	叶子变色、有泥土、茎折断
茼蒿	叶子有泥土，凋萎、变色、水伤、枯黄、腐烂
小黄瓜	腐烂、凋萎、有斑点、软心
番茄	被压、全部变成红色，软软的
茄子	表面没有光泽，有皱纹
南瓜	表皮变色，小块包装切口变色
青椒	头腐烂、擦伤、捏起来软软的
芹菜	切口变色，叶子变黄，茎折断
花椰菜	有黑色，黄色的斑点

续表

品名	鲜度不良判断依据
毛豆	变黄、变黑、粘干
玉米	玉米粒凹陷,失去水分,梗变褐色,变黑
豆芽	变色(茶褐色)
西洋菜	叶子凋萎、变色
草菇	变褐色、有斑点、开伞
蒜头	长芽、擦伤
芋头	长芽、擦伤
洋葱	水分流出,长芽
土豆	长芽,变色(绿色)
地瓜	长芽、变色(茶色)
四季豆	枯萎、变色、脱水
豌豆	变色、脱水
丝瓜	变黑、脱水
苦瓜	变色、压伤

2. 损耗控制的方法保证

(1) 把握好供、存、产、销之间的平衡关系。管理人员要与员工一起,注意做好各期销售记录的积累和销售总结工作,共同分析不同季节和节假日的各类产品的销售规律,平衡好产、供、存、销的关系,提高原料和产品订货的准确性,这种平衡是建立在长期的经验积累和销售记录分析的基础上的。

(2) 做好产品二次开发工作。所谓生鲜食品的二次加工和深度开发,就是将即将过期的商品,提前回收,转去加工熟食制品、半成品配菜,或者其他促销赠品,这方面的转化品种越多,毛利也越大。如:切片面包可转制为面包干、三明治;蔬菜水果可专制为各式配菜、快餐、果盘、果汁;肉类可转制为调理肉、半成品肉菜;水产品可转制为半成品配菜等。

(3) 有效期管理解决方法。生鲜食品的有效期管理是一项十分繁琐,但又必须认真对待的工作。有效期管理无序必将导致大量产品过期损耗,在这项工作中有几点细节需要注意:安排专人整理货架,明确岗位责任或班组责任制;所有产品的封口纸颜色隔日交替使用,例如,单日为红、双日为绿等;建立严格的有效期管理工作检查和复查制度。

任务三　门店突发事件处理

一、设立门店突发事件处理组织

门店发生紧急事件可能影响店铺的运营秩序，甚至会危及店铺的人员安全和财产安全。因此，在日常运营过程中店铺应根据"预防为主、店长领导负责制、保障店铺安全"的工作方针建立突发事件的处理机制，以确保店铺的安全运行，把突发事件的危害、影响和损失降到最低。

在门店突发事件处理组织中需要建立以下机制：

(1) 店长为店铺安全第一责任人，全面负责本店铺各项安全管理和各责任制度的组织落实。

(2) 店铺设处置突发事件领导小组，组长由集团另行指派代表人担任；集团未另行指派代表的，由店长担任。

(3) 副组长由店铺店长担任，小组其他成员由店铺各部门经理、防损经理、课/队长担任。

(4) 根据各项突发事件处理程序和针对店铺特点进行安全培训教育。

(5) 经常组织各项安全检查，确定安全控制重点部位，制定店铺安全操作规程，杜绝隐患。

(6) 实行每日安全检查，并以表格形式作巡查记录。

其中，店长为店铺处理紧急事件的最高指挥者，对店内工作秩序和所有人员的人身安全、店铺财产安全负责。当发生紧急事件店长又不在店铺时，由值班经理代为指挥处理，并立即向店长及公司营运负责人报告店铺所发生事件。防损课长为店长处理紧急事件的助手，负责组织协调全店人员参与紧急事件的处理，并向区域防损经理报告。店铺所有在岗员工，在发现店铺发生紧急事件时，均有责任按下列顺序立即报告：报告店长；通知防损课长或当班负责人；依据事件的大小及可能产生的后果危害程度由店长或值班经理决定是否拨打报警电话报警。

二、突发事件处理原则

(1) 快速反应原则。在任何突发事件发生后要以最快的速度赶到现场进行相应处置，根据事件的具体情况在最短的时间内按要求进行上报，店长或值班经理根据店铺制定的突发事件处置预案快速部署落实。

(2) 现场指挥原则。重大突发事件发生后，店长或值班经理和防损经理、课/队长要亲自到现场指挥，全面掌握和分析情况，做出准确的判断和决定，并指挥相应人员进行处置。

(3) 明确责任原则。在卖场内划分责任区域，指定相关区域责任人和代理人，并签署店铺安全责任书，平常定时有专人进行自检自查工作，并将重大突发事件的实际情况为店长或值班经理提供现场信息，为处置工作提供判断依据，进行现场处置。

(4) 设置警戒原则。一旦发生重大突发事件，防损部当班人员和情况区域部门义务消防队员要迅速疏散现场周围顾客及移走商品、设备和物品等，设置警戒线保护现场，阻止无关人员进入。

(5) 避免人员伤害原则。一旦发生重大突发事件，以保护顾客和内部员工不受到伤害为第一要求，视现场情况的严重性，由店长或值班经理在最短的时间内作出决定，根据店铺制定的突发事件处理预案进行人员疏散。

(6) 降低损失原则。要求要根据突发事件现场情况在最短的时间内做出正确判断和处置决定，处置方法要安全妥当，以确保顾客、内部员工人身和财产安全，避免店铺财产损失，力求避免或减少公司声誉损失和社会影响。

(7) 协调配合原则。店铺各部门负责人及员工要明确职责任务，经常性地组织相关培训和演练，所有人员要求熟悉各种突发事件的处置预案，按照责任和预案的分工，互相协调，积极配合，共同对突发事件进行处置。

(8) 追究责任原则。依据店铺制定的突发事件处置预案中，各责任区域、负责人、工作职责和任务的划分，分清处置责任、权限职责，在平时的检查、培训和演练中对没有落实相关责任要求的人员，要追究责任，给予处分；突发事件发生后，对由于没有落实预案中有关的处置要求，而造成人员伤害或店铺财产损失的，按责任分工追究相关人员的责任，给予处分或追究法律责任。

情景案例

家乐福收银瘫痪影响数百顾客，店方称断电引起

昨日12时，家乐福超市马连道店的收银系统突然瘫痪，约40分钟后恢复，数百顾客购物受影响。昨日下午，家乐福超市马连道店工作人员称，因线路出问题断电，造成收银系统瘫痪，20多分钟后修好。

顾客王先生称，他上午11时许进入超市，当时收银系统没问题，12时许欲结账时，工作人员告诉他收银系统瘫痪无法结账，但没有告诉他具体原因及何时恢复。他称，当时店内数十个结算柜台均不能使用，数百顾客聚集，多名顾客因不满等待，一度和超市工作人员争吵。收银系统直到下午1时才恢复正常。

昨日，家乐福超市马连道店工作人员称，下午1时左右，因线路出问题突然断电，造成收银系统无法使用，但20多分钟后就修好了。“我们及时通过广播向顾客说明原因，向顾客道歉。”

(资料来源：新京报，2013-12-18)

三、突发事件处置预案等级

按公安部门要求，处置预案应分为三个等级：

一级处置（红色预警）。即店铺已发生恐怖袭击、爆炸、投毒、火灾、地震、人员拥挤踩死踩伤等事件，造成人员伤害和财产损失，应立即启动预案，进行处置。

二级处置（橙色预警）。即店铺内发现爆炸物、局部发生火灾且蔓延较快、持械抢劫等暴力事件，造成公共秩序严重混乱，应立即启动预案，进行处置。

三级处置（黄色预警）。即店铺发现可疑爆炸物、接到恐吓电话、全面停电等，有可能造成人群恐慌局面失控时，应立即启动预案，进行处置。

四、突发事件处理方法

（一）火灾

1. 事前工作

（1）应消防部门要求编制《店铺消防防护小组名单》并报备。

（2）定期保养及检查各项消防设备，如果灭火设施发生故障或性能过期，应随时向上级相关主管反映，以做立即处理。

（3）由店长定期集合全体员工，讲解灭火设备的功能、使用方式，以及逃生的基本常识。

（4）经常检查所有疏散信道级安全门，不可阻塞、遮住逃生标示，或在营业时间将安全门上锁。

（5）随时提醒员工建立下列观念：星星之火，可以燎原，不要忽视任何小火苗。绝对禁止乱丢烟蒂。养成下班前，随手关瓦斯、抽风机和各项电器设备的习惯。注意电源插座及电线插头有无松动或损坏，如有应随时报告店长（主管）处理。

（6）定期（至少每季）举行防火演习，并要求专柜人员一同参加，每次演习时应通知各辖区消防主管单位派员指导。

2. 事中工作

（1）发生重大火灾时：

第一步骤要立即报告店长（视状况转报上级相关主管）；即刻打 119 报案；通知所有员工按平时训练时的程序操作；立即疏散店内顾客迅速离开现场。

第二步骤要听从总指挥（店长）或消防人员之命令行事；保持镇定按照平时消防演习，执行本身工作；迅速将现金及贵重财物放进保险箱上锁；除电灯外，关掉所有电器设备；在不危害自身安全下，协助以灭火设备救火；受伤之顾客或员工立即送医处理。

（2）一般火警处理程序：

发现小火警，立即向店长报告；利用就近的消防设备，迅速扑灭火势。

注意事项：

① 安全第一。不要因为收集现金或救火，而危及自身安全。

② 避烟。如有浓烟出现时，应匍匐在地上爬行迅速离开现场。因为离地面 20 cm，氧气

仍存在,不会妨碍呼吸。

③ 尽量避开电气设备,不要用手或身体触摸。

④ 不要使用电梯,尽量由逃生门或楼梯疏散。

3. 事后工作

(1) 发生重大火灾时:

离开卖场后,到附近指定地点集合;总指挥(店长)应于到达指定地点后,迅速清点人员;未得消防人员许可,不可重新进入火灾现场。

(2) 一般火警处理:

如店长未到,火势已扑灭,仍须向店长报告经过;店长应于了解状况后,向上级相关主管提出报告;清点财物的损失,编列清册;检讨火灾发生的原因,应变处理过程之缺失,以为日后改善之依据及方向。

(二) 停电

1. 事前工作

(1) 紧急照明灯、手电筒等事先适量储备。

(2) 装置必要的自动发电机。

(3) 掌握电力公司有计划的停电讯息,并预做准备。

2. 事中工作

(1) 发生停电现象时,店长应立即打电话给电力公司营业所,询问停电原因及停电时间多长。

(2) 作好下列安保措施:

① 店长立即将金库及店长室锁好。

② 收银人员迅速将收款机抽屉关好,仅以电算机记账,并加派员工疏散顾客。

③ 店长应迅速将人员分配至收银台附近及卖场里,防止顾客有趁机偷窃的行为发生。

④ 以客气的语调安抚顾客,并请顾客谅解因停电所带来的不便。

⑤ 指派副店长或其他干部两人以上在后门把关,防止人员因有机可乘,而发生不良行为。

3. 事后工作

(1) 检查店铺内外是否有异常的状况。

(2) 清查店内的财物和商品。

(3) 待一切恢复正常之后,再开始营业。

(三) 现场盗窃

1. 事前工作

(1) 保持警惕性,如觉得有可疑客人时,应通知主管或其他同事。

(2) 顾客退换货时,要认真检查货品,防止被调换。

2. 事中工作

(1) 观察。发现窃嫌时,立即盯梢并注意其行踪。确定窃嫌离开收银柜台之后,商品仍在窃嫌身上，如果不确定，绝不可将窃嫌拦下。

(2) 只有在窃嫌离开店铺营业范围以后，才可拦截，并且立刻通知店长报警。阻止嫌犯时，应由两位以上的人员执行，以为人证。其中一位应与窃贼同性别。

(3) 拦截时要礼貌地请窃嫌到指定的处理地点，不要在街上或店内讨论。并对他说：对不起，麻烦跟我至办公室一趟，我们需要你帮忙澄清一些事情。

(4) 除阻止窃嫌逃跑外，不可使用暴力。更不可对窃嫌进行搜身。

(5) 如果窃嫌不止一人，必须逮捕拿有赃品的窃嫌，并且确知赃品是在何处被窃嫌转交他人。

(6) 拦住他人，并指控其未付货款，是一项很大的控诉，因为必须经过查证之后才可动作，千万不可轻举妄动。

3. 事后工作

(1) 由店长(主管)负责在指定地点处理质疑窃嫌的工作，同时必须有两位以上的职员在现场作证，其中至少有一位人员与窃贼同性别。

(2) 要求窃嫌主动将未付款的商品放在桌上，不要对其搜身。

(3) 利用质疑处以外的区域联络警察局，并告知报案人的姓名、店名、地址、事情的全部过程，并要求对方前来协助。

(4) 在警察尚未到达前，必须要求窃嫌填写声明书，提供窃嫌个人的资料，并签名表示一切陈述属实。

(5) 警察到达后，将窃嫌交给警察，由警察做进一步的查询。警察有权审核事件证据确凿与否。

(6) 如果警察认为此事证据不足，不可与之争辩，因为警察有权审核事件证据确凿与否。

(7) 特殊情况则必须向上级相关主管报告。

(8) 所有窃盗声明书，均须存档备查，定期整理。

(四) 抢劫

1. 事前工作

依照规定作业，作好现金管理。

2. 事中工作

(1) 不做任何的惊叫以及无谓的抵抗，以确保自身安全为主要原则。

(2) 沉着冷静，记住歹徒容貌、穿着、身高和年龄等特征。

(3) 尽量拖延时间，假装合作，但尽可能使现金损失降至最低。

(4) 如无生命危险，可谎称不知道金库密码。

(5) 其他人员应趁机打110电话报警。

3. 事后工作

(1) 歹徒离去后应迅速向上级相关主管单位报告，并向公安机关报案。

(2) 切勿移动现场，待公安人员及上级相关主管单位到达后，开始清理损失的情形。

(3) 于歹徒离去后3分钟内，立即填好歹徒特征记录表。

(4) 将全案发生过程写成报告，并呈送上级相关主管单位存查。

(五) 客诉

1. 事前工作

(1) 现场客诉：带离营业现场尽力；倾听与安抚；了解其事发原因；向顾客致歉，并感谢顾客的批评；如需要，可送上小礼物致歉。

(2) 电话客诉：尽力倾听与安抚；了解其事发原因、人员及时间；向顾客致歉，并感谢顾客的批评；向顾客留下姓名及电话号码。

(3) 书面客诉：依据书面内容了解原因。

2. 事中工作

(1) 与当事人沟通、教育及安抚。

(2) 解决客诉问题。

(3) 回复顾客处理的结果，给予了解公司非常重视顾客的各种反应。

(4) 如需要可寄小礼物予以致谢。

另外，若遇水浸、地震、台风、突然患病的顾客、顾客有滋事行为、夜间偷盗等突发情况，一定要沉着冷静处理，以确保人员安全为最大原则，不可冲动行事。

项目小结

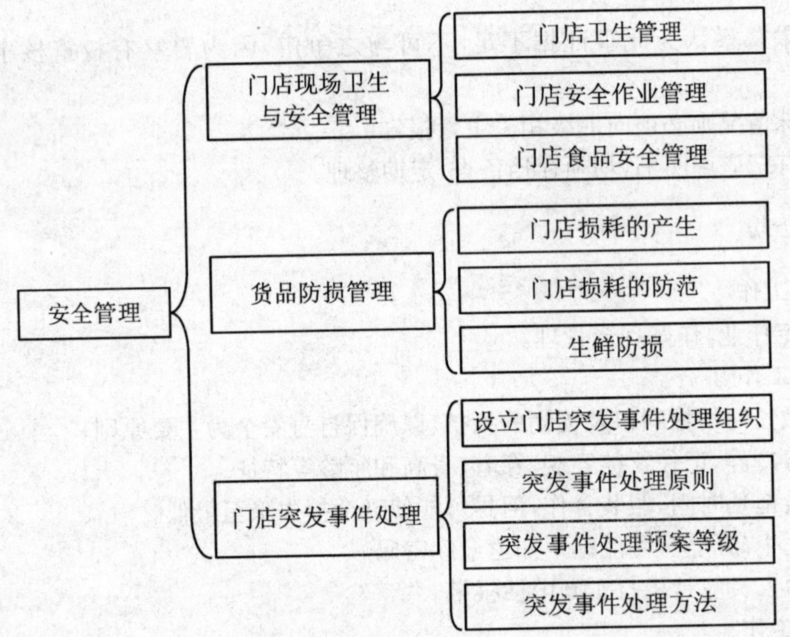

经典案例分析

布猴风波

7月6日，一位顾客来到商场生鲜部购买商品。当时顾客带的小孩又哭又闹，一位营业员看到后，就顺手拿了一个布猴递给小孩（卖场里装饰有许多布猴，但也是商品），并说："送给你玩吧。"小孩拿到布猴后就不再哭了，顾客挑选好商品后就去收银台进行结算。

顾客出收银台时，防损员发现小孩手中的布猴未买单，就对顾客进行提示，要求顾客补单。顾客很恼火："是你们里面的员工把布猴送给我小孩玩，怎么现在又要求买单？"防损员说："我们的员工没有权利把商品送给您。""哦，那你是说员工没送，是我偷了你们的东西？"顾客认为防损员的语气态度不好，反过来要求防损员向她道歉。防损员认为自己的做法没有错，未当面道歉。顾客就亮出了她的警察证，对防损员说："你说我小孩偷了你们的东西，你侮辱了我，侵犯了我的权利，你必须向我道歉。"防损员认为自己没有做错，依旧没有当众向顾客道歉。

顾客到前台进行投诉，并扬言要将此事投诉到江门日报社。前台接待处给顾客留下了防损部的电话。顾客回去后又给防损部打电话，防损部主管给顾客解释说："不管当时事情是怎样的，我们的员工都没有权利赠送商品，但不管错误如何发生，只要您在我们商场出现不愉快，都是我们的服务没有做到位。我在此向您表示道歉，并欢迎您能再次光临我们商场。"顾客表示她本来已经对人人乐失去信心，这样一来，她还是相信人人乐的。

（资料来源：豆丁网，http://www.docin.com/p-563243245.html，2013-12-25）

案例思考：

(1) 案例中的营业员、收银员和防损员在哪些地方处理得不当？

(2) 如果你是防损部主管你会如何处理？

案例解析：

(1) 作为营业员，为了安慰小孩，随手拿一布猴给小孩的这种意识是对的，但是，应向顾客讲明此布猴是商品而不是赠品。更不要随便承诺，让顾客产生误解。

收银员的防损意识有待加强，在顾客买单时未发现小孩手中的布猴，若每位收银员都这样粗心大意，商品的流失量可想而知。

防损员的防损意识较强，但与顾客沟通时不注重方式，最终导致了顾客投诉。

(2) 在竞争激烈的零售行业，如果不加强从业人员的服务意识和技巧，那么，企业在竞争中将处于劣势。我们是零售业，同时也是服务业，身为其中的一员，都有让顾客"乘兴而来，满意而归"的责任，同时也肩负着保护公司财产的责任与义务。希望各位管理人员在日常管理中将服务意识、成本意识、防损意识等贯穿到工作中去，从小事做起，从我做起。

1. 单项选择题

(1) 商品验收时特殊情况下,可以对如下哪种商品优先收货?(　　)。

A. 冻冷藏食品　　B. 大宗业务

C. 配送商品　　D. 冷冻冷藏、大宗、配送

(2) 防损员对执勤区域内发生的不规范行为应(　　)。

A. 及时制止　　B. 立即报告公安机关

C. 立即报告防损公司　　D. 请求周围群众予以协助

(3) 如果因电器引起火灾,在许可的情况下你必须首先(　　)。

A. 找寻适合的灭火器扑救　　B. 将有开关的电源关掉

C. 大声呼叫　　D. 赶紧逃跑

(4) 消防工作的方针是:(　　)。

A. 预防为主、防消结合　　B. 谁主管、谁负责

C. 预防为主、消防先行　　D. A+B

(5) 不是防损员职责的是(　　)。

A. 认真执行公司有关规章制度,加强队伍管理

B. 检查员工工作证和正确佩戴情况

C. 负责发货单据的核对和现场环境的控制

D. 负责员工人身和财产安全保卫的任务

2. 判断题

(1) 要做好连锁门店内商品的防盗管理,只要注意消费者,无需防范员工。(　　)

(2) 连锁门店的工作场所允许员工嚼口香糖。(　　)

(3) 连锁门店中手部有创伤的员工可以接触食品。(　　)

(4) 连锁门店中的各类设备及卖场内洗手间、专柜柜台和卖场外的卫生工作都不应忽视,任何一点小问题都将影响门店整体服务形象。(　　)

(5) 对于生鲜产品的管理可以通过生态转换的方法来减少损耗。(　　)

3. 简答题

(1) 损耗产生的原因主要有哪些?

(2) 如何预防员工偷窃?

(3) 哪些不安全的陈设容易使员工和顾客受到伤害?

任务1　店面防损作业训练

以小组为单位,调查一家熟悉的门店,观察它的防损管理情况,谈谈超市经营中哪种商品最容易出现损耗?哪种商品最容易失窃?最容易发生偷窃的时间是在什么时段,假如你作为这家门店的店长,你将在哪些方面进行调整来降低门店的货损?把你的所见、所闻、所想写成一份实训报告。

门店防损分析实训报告

班　　级:__________　　学　　号:__________

姓　　名:__________

实训时间:__________　　实训名称:门店防损

实训评分:__________

一、本组调研人员的技能实训报告的主要内容

二、实训心得体会

三、实训评价(指导教师填写)

任务2　模拟突发事件处理情境训练

某大型超市在西安市民焦灼的热盼中终于开业了,如潮的人群在体现购物广场人气旺盛的同时,也证明了广大市民对于大型自选超市这种零售业态的接受和认可。

开业40分钟后,人群渐近高峰期,这时突然高压线上火花闪现,不好,停电了!刹那间整个购物广场陷入了一片黑暗之中,一切都那么突然!在这种忙乱中,除了出口处顾客向外你抢我拥外,收银台前顾客还有顾客买单,有的顾客开始抱怨……

如果你是这家新开门店的店长,为了保证顺利开业,此时你应该怎么做?请你为这次突发事件制定应急方案。

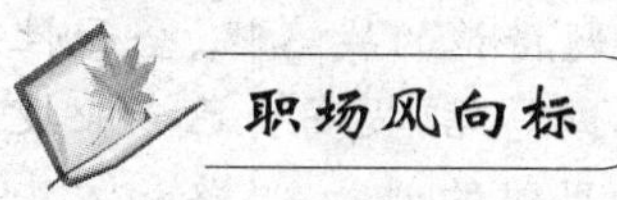

在连锁企业竞争日益激烈的背景下,实体门店的安全与防损越来越被企业重视,为此企业设立了连锁门店安全监理员、门店安全专员、门店监控专员、安全主管、安全品质部主管等岗位,而胜任此岗位必须具备缜密的思维、临危不乱的精神、良好的沟通能力和管理协调能力,能够应对各种突发事件,对环境敏感,能够独立负责门店日常安全维护、控制门店各部门的损耗及处理突发事件等工作。

项目九　门店绩效管理

知识目标

1. 了解绩效管理的基本知识。
2. 理解门店绩效考评的目的和原则。
3. 掌握门店绩效考核的基本方法与策略。
4. 掌握绩效考核反馈的方法与技巧。

能力目标

1. 能够将绩效管理的基本理论与相关知识运用于门店的运营管理。
2. 能够把握门店绩效考核的基本步骤、主要技术和考核内容。
3. 能够将绩效考核的基本方法与策略运用于门店绩效具体管理工作之中。
4. 能够合理运用绩效考核结果。

素质目标

引导学生不断丰富自己的理论知识，不断扩大自己的知识面和理论修养，提高自己的境界和层次，提高自己看问题的高度和准确性，提高自己制定解决问题措施的战略性、全面性和有效性。作为未来连锁门店的中高层管理人才，应不断学习和不断总结，提高自己专业技能，不断对自己提出新的挑战，树立起强烈的创新意识，加强观念和思维的创新，思路和方法的创新。

职业指导

通过本项目的学习，培养学生作为高素质店长人才需具备的绩效管理能力，使学生能够胜任门店店长对员工绩效管理、员工培训及相关管理等的工作。

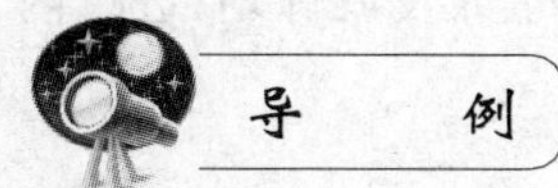
导　例

王某是公司的老员工，在担任店长前已在公司工作了10年。他从最基层的仓库管理员做起，大部分的一线岗位都经历过。工作认真、踏踏实实；在各岗位的业绩都比较突出，业务熟悉，对企业的忠诚度也很高。于是，总部在1年前任命他担任第一连锁店的店长。该店是公司第一家门店而且是公司的主要盈利点。

公司任命他担任店长就是看中他的业务能力、忠诚度以及对工作的投入。果然，王店长上任的2个月就对各环节业务流程做了改进，效率和效益均有所提升。但渐渐地出现了指挥不灵、管理混乱的现象，不仅没有规范管理，就连已有的管理制度和规范的执行情况也不如前。突出的表现是王店长不敢管人。因为该店是老店，店员大多是与创始人一起开始创业的。有些人的资格比王店长还老，他们习惯于有事与老总(创始人)沟通。用王店长的话就是“没把他当领导，不重视他的话”。

公司研究后认为，可能是没有给王店长充分的实权。于是，公司制定了考核制度。并将对店员考核的权利交给店长，按月进行考核。并将考核评分权交给店长，同时赋予相应的奖惩权。但奇怪的是：刚有起色的管理2个月后又回到原样。原来王店长给每个店员的打分基本一致且都是高分。理由很简单，王店长不敢得罪人。

公司研究后认为，王某不具备管理者的素质，没有管理能力。于是在任职8个月时，公司撤销了王某的店长职务。任命张某担任店长。在张店长的领导下，制度得到了严格执行，门店的业绩在1个月内得到了恢复并在2个月后继续提高。

事后，王某感到委屈并到处抱怨。认为公司对自己不具备管理能力视而不见，没有给予足够的支持和培养。从任命到撤职都是不公平的。由于王某是劳模式的老员工，人缘不错，因此他的抱怨影响很大。于是公司召开说明会请所有相关人员和王某一起出席。让大家投票决定王某是否继续担任店长。投票的结果是王某不应该继续任店长。之后，公司老总直接找王某谈话，从各方面细致分析了原因和理由，事件逐渐得以平息。

(资料来源：根据相关资料改写)

案例思考：

(1) 店长王某在门店绩效管理中主要问题有哪些方面？

(2) 门店店长在绩效管理过程中的主要任务和原则哪些？

实操任务

任务一　门店绩效管理与绩效考评

店长是规模企业的门店绩效管理核心。店长是门店绩效管理体系中的带头人。主要任务是参与制定和执行考核方案;对下属进行评估;提供绩效支持;制订个人发展计划;进行内部沟通;推动绩效管理。

一、绩效管理的概念与目的

(一) 绩效管理概念

绩效是指员工的工作效率、工作效果以及相关的能力与态度。从管理学的角度,组织期望的结果,是组织为实现其目标而展现在不同层面上的有效输出。从经济学的角度,绩效与薪酬是员工和组织之间的对等承诺关系,绩效是员工对组织的承诺。从社会学的角度,绩效意味着每个社会成员按照社会分工所确定的角色承担他的那一份职责。

绩效管理是指管理者与员工之间就目标与如何实现目标上达成共识的基础上,通过激励和帮助员工取得优异绩效从而实现组织目标的管理方法。绩效管理的目的在于通过激发员工的工作热情和提高员工的能力和素质,以达到改善公司绩效的效果。

绩效管理所涵盖的内容很多,它所要解决的问题主要包括:如何确定有效的目标? 如何使目标在管理者与员工之间达成共识? 如何引导员工朝着正确的目标发展? 如何对实现目标的过程进行监控? 如何对实现的业绩进行评价和对目标业绩进行改进?

绩效管理中的绩效和很多人通常认为的"绩效"不太一样。在绩效管理中,我们认为绩效:一是结果,即做了什么;二是过程,即用什么样的行为做;三是绩效本身的质量。因此绩效考核只是绩效管理的一个环节。

绩效管理是管理者与员工之间持续不断地进行业务管理的循环过程,以实现组织和个人业绩的改进,所采用的手段为 PDCA 循环。

绩效管理的 PDCA 循环如图 9.1 所示。

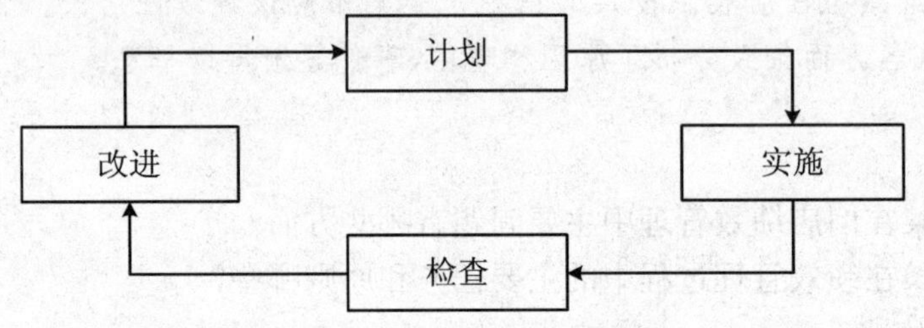

图 9.1 绩效管理 PDCA 循环模型

(二) 绩效管理目的

1. 绩效管理的目的

(1) 保证企业目标的实现。绩效管理是人力资源管理的核心工作。通过对组织、个人的工作绩效管理和评估,提高个人的工作能力和工作绩效,从而提高组织整体的工作效能,完善人力资源管理机制,最终实现企业远景目标。

(2) 促进组织和个人绩效的改善。通过规范化的关键绩效、工作目标设定、沟通、绩效审查与反馈工作，改进和提高管理人员的管理能力和成效，促进被考核者工作方法和绩效的提升，最终实现组织整体工作方法和工作绩效的提升。

(3) 利益分配的评判标准。正式的综合考核结果作为物质激励（工资调整、奖金分配）和人员调整（人员晋升、降职调职）的依据或阶段的考核结果作为日常精神激励的评判标准。

2. 门店绩效管理的目的

对门店来说：提高门店的整体竞争优势；稳定员工队伍，吸引优秀人才；为公司优化门店人力资源配置决策提供依据。

对店长来说：提高门店管理效率；指引和监督店员行为。

对店员来说：提高物质需求的满足程度；获得更多发展机会。

二、绩效考核的内涵与目的

（一）绩效考核的内涵

绩效考核，通常也称为业绩考评或“考绩”，是针对企业中每个职工所承担的工作，应用各种科学的定性和定量的方法，对职工行为的实际效果及其对企业的贡献或价值进行考核和评价。它是企业人事管理的重要内容，更是企业管理强有力的手段之一。业绩考评的目的是通过考核提高每个个体的效率，最终实现企业的目标。在企业中进行业绩考评工作，需要做大量的相关工作。首先，必须对业绩考评的涵义做出科学的解释，使得整个组织有一个统一的认识。

绩效考核是现代组织不可或缺的管理工具。它是一种周期性检讨与评估员工工作表现的管理系统，是指主管或相关人员对员工的工作做系统的评价。有效的绩效考核，不仅能确定每位员工对组织的贡献或不足，更可在整体上对人力资源的管理提供决定性的评估资料，从而可以改善组织的反馈机能，提高员工的工作绩效，更可激励士气，也可作为公平合理地酬赏员工的依据。

（二）门店绩效考核的目的

(1) 通过考核制度的约束和规范，提升门店的经营业绩和管理水平。

(2) 客观公正地评价每一位员工的工作绩效。

(3) 通过绩效考核显示出各员工的工作能力和执行情况，实现人力资源的优化配置。

麦当劳绩效管理与考核

麦当劳绩效管理的目的有很多，如形成组织竞争、激励员工进取、选拔优秀人才、引导员工为麦当劳整体目标和持续发展做出更大的贡献等。绩效考核的目的主要是行政管理性的，如制定调迁、升降、委任、奖惩等人事决策，也有培训开发性的如绩效考核结果对被考评者的反馈以及据此结果制定与实施培训计划等。

绩效考核的主要目的包括：

(1) 提高员工的工作效率。

首先，绩效管理是一种系统化的管理，它不仅指出绩效不佳的结果，而且还要找出绩效不佳的深层次原因。比如某些员工因技能或工作条件的原因抑制了其绩效的提高，那么麦当劳便能针对性地采取措施，促进员工工作的改进；其次，将绩效考评的结果与绩效工资、教育培训、职称评聘、岗位轮换直接挂钩，这样能充分调动工作人员的积极性，从而促进整个麦当劳绩效的大幅提升。

(2) 绩效考核是绩效控制的一种手段。

它通过对员工业绩的评定与认可进而进行激励，使员工体验到成就感、自豪感，从而增强其工作满意感。绩效考核结果是薪酬管理的重要工具，也是员工调迁、升降、淘汰的重要标准。通过绩效考核可以评估员工对现任职位的胜任程度及其发展潜力。

(3) 绩效考核对于员工的培训与发展有重要意义。

一方面，绩效考核能发现员工的长处与不足，对他们的长处应注意保护、发扬，对其不足则需施行辅导与培训。对于培训工作，绩效考核不但可发现和找出培训的需要并据此制定培训措施与计划，还可以检验培训措施与计划的效果。

另一方面，在绩效考核中员工的实际工作表现经过上级的考察与测试，可通过访谈或其他渠道将其结果向被评员工反馈，并听取其说明和申诉。因此绩效考核具有促进上下级间的沟通了解、彼此对对方期望的作用。

（资料来源：www. baidu. com）

（三）绩效管理与绩效考核的区别

绩效管理是一个完整的管理过程；注重解决问题；侧重于信息沟通与绩效提高；伴随管理活动的全过程；是事先的沟通与承诺；关注未来的绩效。绩效考核是管理过程中的局部环节和手段；注重事后算账；侧重于判断和评估；只出现在特定的时期；是事后的评价；关注过去的绩效。

三、绩效考核的原则

(1) 关键性原则。即考核关键行为。

(2) 绩效性原则。即考核员工为公司创造的利益。

(3) 差距性原则。即考核必须拉开差距。

(4) 公平性原则。即考核结果要与报酬相一致，也就是说绩效考核结果要对应到相应的薪酬待遇，让销售第一线门店店员的工作能够及时得到激励和提升。

(5) 积极性原则。即考核周期的间隔不能太长，也就是说根据实际情况制定合理的考核周期以保证员工持续的工作积极性。要注重长期和短期的频率。

小肥羊门店员工绩效考核方案

1. 考核目的

为了进一步建立以绩效为导向的价值分配激励机制，通过客观评价员工的工作绩效，充分调动广大员工的工作积极性和创造性，帮助员工提高自身工作技能，进而有效提升门店整体绩效，特制定本方案。

2. 考核范围

本方案适用于门店所有经试用转正的员工。

3. 考核原则

(1) 客观性原则。考核评价力求客观，以事实说话，能量化的要量化，不能量化的要细化。

(2) 效率性原则。考核体系力求简明、适用、方便实际操作，降低考核成本。

(3) 相关性原则。考核内容与部门或岗位的职责相关，不相关内容原则上不进行考核。

(4) 针对性原则。不同层级的考核对象其考核内容、权重、周期及考核方法不同。

(5) 个体与团队挂钩原则。门店员工个人的绩效与所在门店整体绩效表现相挂钩。

4. 考核组织分工

(1) 区域人力资源部。负责贯彻落实总部绩效管理制度与政策，组织实施本辖区内店面员工的绩效考核方案，包括宣传培训、监督指导、考核结果汇总、绩效奖金核算、申诉处理、考核档案建立以及考核结果应用等，并向总部人力资源中心反馈门店绩效管理实际实施中存在的相关问题与建议。

(2) 门店各级管理人员。负责贯彻执行门店绩效考核方案，制订下属的考核计划、跟踪指导、绩效信息收集与记录，帮助下属达成绩效目标，实施绩效考核评价。

(3) 门店各岗位员工。执行门店绩效考核方案，接受直接上级(执行经理/单店店长、非单店店长/前厅经理、厨师长等)的绩效指导、评价，认真履行岗位职责，不断提高工作能力，保质保量完成岗位工作任务。

(4) 门店管理支持人员。门店管理支持人员(包括库管、出纳、会计、人事专员、采购等)的绩效考核由区域相关对口部门制定方案并上报区域总经理批准后组织实施。

(资料来源：www.wenku.baidu.com)

任务二　门店绩效考核的主要技术与考核内容

一、门店绩效考核的主要技术选择

（一）关键绩效指标法

关键绩效指标法简称KPI(Key Performance Indicator)，是检测并促进宏观战略决策执行效果的一种绩效考评方法，它首先是企业根据宏观的战略目标，经过层层分解之后，提出具有可操作性的战术目标，并将其转化为若干个考评指标，然后借用这些指标，从事前、事中和事后多个维度，对组织或员工个人的绩效进行全面跟踪、监测和反馈。

关键绩效指标法的核心是从众多的绩效考评指标体系中提取重要性和关键性的指标。KPI不仅是衡量企业战略实施效果的监测手段，更应该成为实施企业战略规划的重要工具。

关键绩效指标体系的基本特点：

(1) 能够集中体现团队与员工个人的工作产出，即所创造的价值。

(2) 采用关键绩效指标和标准突出员工的贡献率。

(3) 明确界定关键性工作产出即增值指标的权重。

(4) 能够跟踪检查团队与员工个人的实际表现，以便在实际表现与关键绩效指标标准之间进行对比分析。

（二）平衡计分卡法(BSC)

平衡计分卡的核心思想是通过财务、客户、内部经营过程和学习与成长四个方面指标之间相互驱动的因果关系展现组织的战略轨迹，实现绩效考核的目标。平衡计分卡为公司关键业绩指标的设立指明了方向。

平衡计分卡的“平衡”主要包括：

(1) 财务指标与非财务指标的平衡。财务角度反映的是财务指标，客户角度、内部经营角度和学习与成长角度反映的是非财务指标，BSC非常好地保持了两者的平衡。

(2) 内部指标与外部指标的平衡。内部经营角度、财务角度、学习与成长角度属于内部指标，客户角度属于外部指标，BSC引入客户指标确保企业不会只关注内部而忽视外部。

(3) 结果性指标与驱动性指标的平衡。财务指标是结果性指标，而客户角度、内部经营角度和学习与成长角度属于驱动性指标，BSC不仅关注结果更注重可能产生结果的驱动性因素。

(4) 短期增长与长期发展的平衡。财务角度反映企业的短期增长，而内部经营角度、客户角度、学习与成长角度是形成企业核心竞争力的来源。BSC解决了许多企业的短视问题。

(5) 不同利益相关者的平衡。BSC考虑到了股东的财务需求，也考虑到了客户的满意度，同时也关心内部员工的学习与成长，从而更有利于企业目标的实现。

（三）目标管理绩效考核方法

目标管理(MBO)是指组织根据企业在一定时期内的战略制定总目标并决定各上下级的责任和目标，通过把这些目标作为组织绩效考核标准，考核每个部门和个人绩效产出对组织的贡献。目标管理的设计思想就是通过有意识地为员工设定一个目标以实现影响其工作表现的目的，进而达到提高企业绩效的目的。

目标管理考核法的操作流程如图 9.2 所示。

图 9.2　目标管理考核法的基本流程

（四）360 度考核

360 度考核方法（全视角考评方法）如图 9.3 所示，是指由考评者的上级、同事、下级和（或）客户（包括内部客户、外部客户）以及被考评者本人担任考评者，从多个角度对被考评者进行 360 度全方位评价，再通过反馈程序，达到改变行为，提高绩效等目的的考评方法。

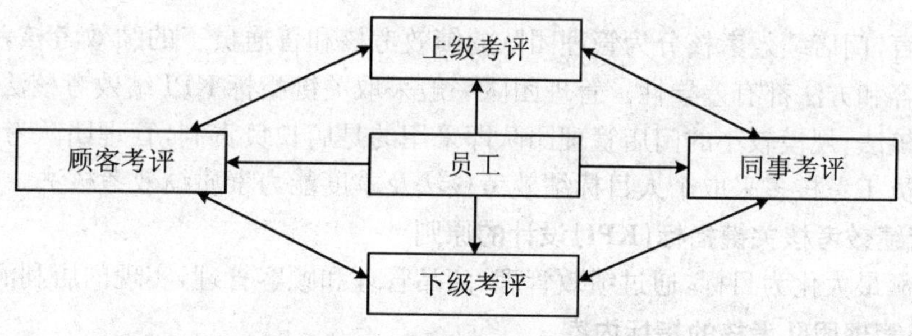

图 9.3　360 度考核示意图

360 度绩效评估的要点：

(1) 有组织层面的数据资料做基础。

(2) 建立明确统一的绩效标准。

(3) 采用匿名和统计等技术手段。

(4) 评价者作为一个群体提供意见。

考评主客体组合类型利弊及适用范围比较

类型	准确性	可靠性	灵敏性	经济性	可接受性	可行性	适用范围
上司	较高	较高	一般	较高	一般	较高	最常用;反馈、奖惩、配置等方面
下属	较高	一般	较高	较高	一般	一般	适合民主监督、沟通和组织发展等
同事	较高	较低	较低	一般	较高	较高	常用于团队性工作或项目小组场合
自我	一般	较低	较低	较高	较高	一般	多用于个人发展和职业管理及沟通
外部	一般	较高	较低	较低	一般	较低	适合改善组织业绩和形象等目的
集体	较高	较高	一般	较高	较高	较高	适用于扁平化组织工作团队管理

二、门店绩效考评主要指标内容

一般而言,门店绩效考核分为管理团队的绩效考核和普通员工的绩效考核,不同的对象绩效考核内容和方法都有差异性。管理团队一般采取关键指标KPI绩效考核法和年度能力素质绩效考核法;规模较小的门店管理团队即采用的是店长负责制,管理团队考核主要是对店长考核。员工考核多采取个人目标绩效考核法及季度能力素质绩效考核法。

1. 门店绩效考核关键指标(KPI)设计的原则

以销售额最大化为目标,通过绩效管理、商品管理和顾客管理,实现门店利润最大化。

2. 门店管理团队考核的指标内容

主要包括:销售完成情况、利润实现情况、商品管理情况、顾客服务情况、员工培训情况、企业宣传情况和信息收集情况等。

(1) 门店月度绩效考核的KPI指标一般包括:

① 日均销售指标和月均毛利率指标;商品库存指标和商品销售(率)指标等。

② 为结果而设立的过程控制考核指标,包括商品管理指标和客户服务指标,如用客户投诉、商品满足率、公关危机、客户表扬信等。

(2) 年度的能力素质绩效考核。

年度的能力素质绩效考核,指标一般由总公司制定。需要注意的是,由于门店分设在各地,店长的上级无法直接观测到被绩效考核者的行为,而店员可能碍于面子没有给出中肯的评价,因此店长年度能力素质绩效考核只是参考或辅助性考核。门店能力素质考核指标一般包括:计划和执行能力、领导能力、影响力、判断和决策能力、沟通能力、人际交往能力、客户服务能力。

3. 门店员工的绩效考核

主要包括目标绩效考核和工作态度考核。

目标绩效考核一般以日均销售任务完成指标作为绩效考核依据。日均销售指标是指以每个自然月为绩效考核周期,将每月的总销售分解到每天销售量的目标绩效考核法。工作态度绩效考核则需要店长每个月针对不同店员进行工作态度评分。

某连锁门店员工绩效考核表

姓 名			性 别		年 龄		
单 位			部 门		岗 位		
考核项目	考核明细	分值	评分标准				实际得分
			一级(100%)	二级(80%)	三级(60%)	四级(0)	
工作能力	学习能力	15分	有强烈的学习意识,有明确的学习计划(与本职工作相关)	注重学习,同样的错不会重复犯,能很快学会新知识新能力	被动学习,能很快纠正错误,学习新知识能力一般,学得缓慢	无学习意识,拒绝学习新知识	
	工作能力的改进和改善	10分	善于总结,工作能力大幅度提升,能对公司发展提出建设性建议	通过锻炼工作能力持续提升	经过指导和锻炼能力有所改进,但改进较缓慢	毫无改进	
	发现问题和解决问题的能力	10分	主动发现问题并妥善解决,还能形成经验总结	无能力主动发现问题,但能妥善解决	无能力主动发现问题,仅能低质量解决问题	面对问题毫无解决能力	
	岗位技能掌握情况	10分	熟知岗位技能,能无差错完成工作,且能培训他人	掌握岗位技能,并能无差错完成工作	工作中岗位技能需要学习改进,需要别人指导	不清楚岗位职能和内容,实际工作也不会	
	执行力	15分	能超出期望地完成工作	能积极高效地完成	基本都能按时完成	都无法完成	

续表

考核项目	考核明细	分值	评分标准				实际得分
			一级(100%)	二级(80%)	三级(60%)	四级(0)	
工作态度	工作态度	15分	积极面对工作困难,主动思考解决方案	有正确的工作态度,偶有工作情绪	有发牢骚现象,需要领导的不断教导	消极怠工,工作延误或拒绝接受工作	
	工作责任心	10分	对本职工作责任心强,积极主动完成工作,并能督促他人共同完成	工作责任心较强,无推诿现象,能积极主动完成工作	有工作责任心,偶尔疏忽但及时补救	无责任心,麻木,工作中屡犯错误	
	团结协作	10分	有较强团结意识,积极带动团队协作	有团队意识,自身作好团队协作	需要团队协作时能够配合	无团队意识,需要教育	
总分值		100分				实际得分	

(资料来源:www.baidu.com)

任务三　门店绩效考评方案实施

一、绩效考评基本流程

门店的绩效考核可分为六个步骤,每一步骤同时为相对独立的一个单元。在进行考核前要对考核执行人进行培训。

(1) 确定考核周期。根据企业经营的实际情况(如:组织结构、市场周期、销售周期、生产周期),确定适当的考核周期。

(2) 编制考核计划。将纳入考核的重点工作内容进行简要描述并设置质效指标和时间指标。同时按照预先设定的计分规则,设置每一项重点工作的考核分值。

(3) 校正量效化指标。量化指标是数据指标,效化指标是成效情况。量效化指标反映组织对重点工作的效率要求和价值预期。绩效考核结果体现为数据,但在实际工作中有些效化指标难以简单地进行数据量化。为此,考核人需具有一定的专业素养并进行及时沟通,对量效化指标进行校正以保证重点工作的完成质效和考核的准确性。

(4) 调控考核过程。保证绩效考核有计划按步骤进行。但企业在经营过程中,外部条件存在不确定性,内部情况也可能发生变化。因此,在考核过程中,当内外部条件发生变化并足以影响原计划实施时,绩效考核指标要及时进行适当地调整。

(5) 验收工作成效。在周期末,考核执行人依据考核指标体系对考核对象的重点工作按照量效化指标，逐项进行评分计分，累计考核总分并就改进工作绩效做出点评。

(6) 考核结果运用。绩效考核的目的是改进工作、提高组织整体效益。考核对象绩效考核的最后得分就是考核结果。必须合理、及时地运用绩效考核结果进行激励才能实现改进工作提高组织整体效益的目的。

二、绩效考评实施的基本原则

绩效考核实施的基本原则：

(1) 公开性原则。让被考核者了解考核的程序、方法及考核结果等事宜，使考核有透明度。

(2) 客观性原则。以设定的考核指标或工作表现为依据进行评价与考核，避免主观臆断和个人情感因素的影响。

(3) 开放沟通原则。考核者与被考核者沟通，解决被考核者工作中存在的问题与不足。

(4) 差别性原则。针对不同考核对象的考核内容和考核执行方式有所区别。

(5) 常规性原则。将考核工作纳入日常管理，成为常规性管理工作。

三、绩效计划

绩效计划是管理者与员工共同沟通，对员工的工作目标和标准达成一致意见，形成契约的过程。绩效计划是关于工作目标和标准的契约；绩效计划是一个双向沟通的过程；参与和承诺是制订绩效计划的前提。

绩效计划制订基本流程：

1. 绩效计划准备阶段

(1) 为了使员工的绩效计划能够与组织的目标结合在一起，在进行绩效沟通之前，经理人员和员工都需要回顾组织的目标。包括：组织的战略发展目标和计划；公司年度经营计划。

(2) 团队目标是根据组织整体目标分解而来的。包括：业务单元的经营或工作计划；员工所处团队的目标和计划。

(3) 以工作职责为出发点制定工作目标可以保证个人的工作目标与职位要求联系起来。包括：员工个人职责描述；员工上一绩效期间的绩效评估结果。

2. 绩效计划沟通阶段

沟通阶段是整个绩效计划阶段的核心。在这个阶段，经理人员与员工经过充分交流，对员工在本次绩效期间内的工作目标和计划达成共识。

(1) 准备好沟通的环境和气氛。包括：管理人员和员工都应该确定一个专门的时间用于绩效计划的沟通；在沟通的时候最好不要有其他人的打扰；沟通的气氛尽可能宽松。

(2) 沟通的原则。经理和员工在沟通中是一种相对平等的关系，它们是共同为了业务单元的成功而做计划；员工最了解自己所从事的工作，在制定工作衡量标准时应更多发挥员工主动性；经理主要讲员工工作目标与部门和组织结合在一起，以及内外部协调配合；经理人员与员工一起做决定，而不是代替员工工作决定。

（3）沟通的过程。在进行绩效计划沟通时，首先需要回顾一下已经准备好的各种信息，包括组织的经营计划信息，员工的工作描述和上一个绩效期间的评估结果等。其次，员工针对组织经营目标和自己的工作确定 KPI。首先确定工作关键产出，然后根据这些关键产出确定评估指标和标准，并决定通过何种方式来跟踪和监控这些指标的实际表现。KPI 应该是具体的、可衡量的、有时间界限的。再次，在绩效计划过程中，主管人员还需要了解员工完成计划中可能遇到的困难和障碍。主管人员应对员工遇到的困难提供可能的帮助。最后，在将要结束绩效计划沟通会谈时，双方约定下一次沟通的时间。

3. 绩效计划确认阶段

当绩效计划结束时，应该得到如下结果：

（1）员工的工作目标与公司的总体目标紧密相连，并且员工清楚地知道自己的工作目标与组织的整体目标之间的关系。

（2）员工的工作职责和描述已经按照现有的组织环境进行了修改，可以反映本绩效期内主要的工作内容。

（3）经理人员和员工对员工的主要工作任务、各项工作任务的重要程度、完成任务的标准、员工在完成任务过程中享有的权限都已经达成了共识。

（4）经理人员和员工都十分清楚在完成工作目标的过程中可能遇到的困难和障碍，并明确经理人员所能提供的支持和帮助。

（5）形成了一个经过双方协商讨论的文档，该文档包括员工的工作目标、实现工作目标的主要工作结果、衡量结果的指标和标准、各项工作所占的权重，并且经理人员和员工双方要在该文档上签字。

四、店长与店员考核表编制方法举例

门店店长考核评分表（月度）与门店营业人员考核评分表（月度）分别如表 9.1、表 9.2 所示。

表 9.1　门店店长考核评分表（月度）

考核时间：　　年　月

<table>
<tr><td>姓名</td><td colspan="3"></td><td>岗位</td><td colspan="3"></td></tr>
<tr><td rowspan="2"></td><td colspan="2" rowspan="2">考核项目</td><td rowspan="2">权重</td><td rowspan="2">评分等级</td><td colspan="3">得分</td></tr>
<tr><td>自评</td><td>上级</td><td>结果</td></tr>
<tr><td rowspan="2">业绩考核</td><td rowspan="2">工作业绩 65%</td><td>销售额</td><td>30%</td><td>（1）完成月销售任务（40 分）
（2）达成月销售任务 90%以上（30 分）
（3）月销售任务不足 80%（0 分）</td><td></td><td></td><td></td></tr>
<tr><td>客户保有量</td><td>20%</td><td>（1）在原有客户基础上增加客户量（20 分）
（2）保持原有客户量，无客户流失（10 分）
（3）原有客户流失 10%以内（5 分）
（4）客户流失超过 10%（0 分）</td><td></td><td></td><td></td></tr>
</table>

续表

考核项目			权重	评分等级	得分		
					自评	上级	结果
业绩考核	工作业绩65%	回款率	5%	(1) 按时回款、回款率100%(5分) (2) 未达标(0分)			
		清洁陈列合格率	10%	(1) 每月完成自查3次且总部抽查合格率90%(10分) (2) 只实现自查次数或总部抽查合格率90%其中一项(5分) (3) 两项均未达标(0分)			
	管理工作20%	市场分析报告	10%	(1) 按时递交市场分析报告、内容分析准确(10分) (2) 达标一项(5分) (3) 两项均未达标(0分)			
		客户投诉解决	10%	(1) 两个工作日内及时处理投诉并且达到客户满意度(10分) (2) 处理客户投诉达到客户满意度但超过两个工作日(5分) (3) 两个工作日内处理,未达完全客户满意度(2分) (4) 以上两个指标均未达到(0分)			
	职能工作15%	组织店务会	10%	(1) 每周一次店务会议且全体员工参加(10分) (2) 每周一次店务会议有员工缺席(5分) (3) 未能每周组织店务会议(0分)			
		业务人才培养	5%	(1) 当月组织员工培训5个学时以上学时员工培训(5分) (2) 不足5学时(0分)			

	考核指标	权重	指标说明	考核评分	自评	上级	结果
行为考核	以客户为中心	20%	1级:提供必要服务 2级:迅速但不可分辩解决客户需求 3级:找出客户深层次(真实)需求并提供相应服务 4级:成为客户信赖对象,并在维护公司利益情况下影响客户决策 5级:促进公司长远利益前提下维护客户利益	1级4分 2级8分 3级12分 4级16分 5级20分			
	人际关系	20%	1级:接受邀请,维持正常工作关系 2级:建立融洽关系讨论非工作事例	1级4分 2级8分			

续表

	考核指标	权重	指标说明	考核评分	自评	上级	结果
行为考核	人际关系	20%	3级:社会交往普遍发生 4级:成为密友并能合作拓展公司业务 5级:亲和力强,感染不同层次客户成为战略合作伙伴	3级12分 4级16分 5级20分			
	承担责任	20%	1级:承认结果,而不是强调愿望 2级:承担责任,不推卸,不指责 3级:着手解决问题,减少业务流程 4级:举一反三,改进业务流程 5级:做事有预见,有防误设计	1级4分 2级8分 3级12分 4级16分 5级20分			
	领导力	20%	1级:任命员工合理 2级:能正确评价员工付出与回报协调性 3级:对员工业绩与态度进行客观评价 4级:掌握岗位精确工作技术及全面工作流程并组织实施产生良好效果 5级:影响力大,员工自愿追随并做出贡献	1级4分 2级8分 3级12分 4级16分 5级20分			
	决策	20%	1级:能确保公司信息、技术安全 2级:在公司需要时或出现危机能挺身而出 3级:职业生涯规划与公司发展一致,从未谈及回报 4级:能在关键时体现本职工作价值 5级:通过本职工作,创造新局面	1级4分 2级8分 3级12分 4级16分 5级20分			
	加权合计						
总分	总分=业绩考核得分×80%+行为考核得分×20%=						
考核人	签字: 年 月 日						

(资料来源:www.baidu.com)

表9.2 门店营业人员考核评分表(月度)

考核时间: 年 月

姓名			岗位			
业绩考核	考核项目	权重	评分等级	得分		
				自评	上级	结果
	销售额	40%	(1) 完成销售额100%以上(40分) (2) 达成90%以上(30分)			

续表

	考核项目	权重	评分等级	得分		
				自评	上级	结果
业绩考核	销售额	40%	(3) 达成 80%(10 分) (4) 不足 80%(0 分)			
	客户保有量	20%	(1) 在原有客户基础上增加客户量(20 分) (2) 保持原有客户量,无客户流失(10 分) (3) 原有客户流失 10%以内(5 分) (4) 客户流失超过 10%(0 分)			
	回款率	20%	(1) 按时回款、回款率 100%(10 分) (2) 超过回款时间、回款率达到 100%(5 分) (3) 超时回款、不能达到回款率 100%(0 分)			
	客户关系维护	10%	(1) 能积极接待、咨询客户、按时回访并做好记录、客户流失率为 0(10 分) (2) 能积极接待、咨询客户、按时回访并做好记录、客户流失率为 10%以内(8 分) (3) 能积极接待、咨询客户、按时回访并做好记录、客户流失率为 20%以内(5 分) (4) 能积极接待、咨询客户、按时回访并做好记录、客户流失率大于 20%(3 分) (5) 不能做好接待服务工作,且客户流失率大于 20%(0 分)			
	客户投诉解决	10%	(1) 两个工作日内及时处理投诉并且达到客户满意度(10 分) (2) 处理客户投诉达到客户满意度,但超过两个工作日(8 分) (3) 两个工作日内处理,未达完全客户满意度(5 分) (4) 以上两个指标均未达到(0 分)			
	加权合计					

	考核指标	权重	指标说明	考核评分	自评	上级	结果
行为考核	主动性	50%	1 级:等候指示 2 级:询问有何工作可给分配 3 级:提出建议,然后再做有关行动 4 级:行动,但例外情况下征求意见 5 级:单独行动,定时汇报结果	1 级 10 分 2 级 20 分 3 级 30 分 4 级 40 分 5 级 50 分			

续表

	考核指标	权重	指标说明	考核评分	自评	上级	结果
行为考核	自信心	50%	1级：坚定而建设性提出观点和想法 2级：没有明确指标也能独立工作并承担后果 3级：接受困难工作分配 4级：主动对待困境和形势 5级：建设性挑战决策，战略并获取效果	1级 10分 2级 20分 3级 30分 4级 40分 5级 50分			
	加权合计						
总分	总分＝业绩考核得分×80%＋行为考核得分×20%＝						
考核人	签字： 年 月 日						

（资料来源：www. baidu. com）

五、绩效考评反馈与面谈

绩效管理是一个往复不断的循环，一个绩效管理周期的结束，同时也是下一个绩效管理周期的开始。

1. 绩效反馈与面谈的目的

（1）对被评估者的表现达成双方一致的看法。

（2）使员工认识到自己的成就和缺点。

（3）指出员工有待改善的方面。

（4）制订绩效改进计划。

（5）协商下一个绩效管理周期的目标与绩效标准。

2. 店长绩效反馈与面谈的准备

（1）选择适宜的时间。选择店长和员工双方都有空闲的时间；尽量不要接近下班的时间；由主管人员提出时间并征得员工的同意。

（2）选择适宜的场地。在办公室进行面谈显得比较严肃、是正式面谈；在家中进行面谈显得比较亲切、双方感觉上平等；在路上、室外、公园、林荫道进行面谈显得比较随意、平等，是非正式面谈。

（3）准备面谈的资料。员工的绩效评估表格及日常工作表现记录等。

（4）对面谈可能发生的困难做准备。充分估计被评估对象在面谈中可能表现出来的情绪和行为；对一旦被评估对象与店长的意见出现不一致时，将要如何解释和对待的情况做好准备；对被评估者超出绩效评估本身范围之外的问题如何回答？（如职位的晋升、薪资的调整等。）

（5）计划面谈的程序。面谈开始若员工紧张，以轻松话题开始（如运动、天气等）；若员工对面谈目的了解，并可心平气和接受评估结果，开门见山直切主题。面谈过程主管向员工介绍自己所设想的面谈程序，使员工有一个整体的认识。首先与员工沟通本次绩效评估的目的和评估标准且达成共识。可先让员工谈谈对本次绩效评估的目的和评估标准的认识；直接就评估表中的内容与员工进行沟通（若达不成共识，暂时搁置、事后沟通或请直接主管上级进行仲裁）；先谈优点，对成绩加以肯定，再谈论不足的地方；一般双方对绩效评估中各项内容基本达成一致意见可以结束面谈；如果双方就某方面争执不下，主管可以建议双方回去继续思考，留作下一次面谈时需要沟通的内容，而不一定非要当时得出结论。

3. 员工绩效反馈与面谈的准备

（1）准备表明自己绩效的资料或证据。

（2）准备好个人的发展计划。

（3）准备好想向主管人员提出的问题。

（4）将自己的工作安排好。

4. 绩效反馈与面谈的十项原则

（1）建立和维护彼此之间的信任。双方摆正自己的心态，开诚布公，坦诚沟通。努力创造宽松的沟通环境氛围。

（2）清楚地说明面谈的目的。如我们今天面谈的目的是基于你在过去一年中的工作目标，对你的工作绩效进行一个回顾和评估，进而肯定你的成绩和优点，同时也找出你有待改善和提高的地方，接下去我们要谈一谈你的未来如何发展的问题。

（3）鼓励下属说话。面谈是一种双向沟通，必须让下属充分地得到表达的机会。

（4）认真倾听。倾听并不是保持缄默不说话，而是要真正用心去理解对方的话语。

（5）避免对立和冲突。店长应就有不同见解的问题向员工沟通清楚原则和实施方式，争取员工的理解，对于自己错误的观点要勇于当面承认。

（6）集中在绩效而非性格特征。不要在绩效面谈过程谈论性格问题。要集中在对绩效考核过程和结果达成一致。

（7）着眼于未来而非过去。着眼于如何改进绩效，协商下一个绩效目标。

（8）优点和缺点并重。任何一个人都有优点。有效的面谈一定要既表扬优点又指出改进之处。

（9）该结束时立即结束。面谈目的达成时立即结束；双方信任关系出现裂痕时立即结束；下班时间到了时立即结束；员工已经面带倦容，注意力不能集中时立即结束；出现意外的急事打断时立即结束；对某个问题有分歧时立即结束；出现其他难以继续有效面谈情况时应立即结束。

（10）以积极的方式结束面谈。以友善或留有继续交流的方式结束面谈。

5. 绩效反馈与面谈的技巧

（1）提一些开放性的问题。如“你觉得……怎么样？”“你认为……如何？”

（2）注意非语言沟通。利用具体环境中的眼神、表情、手势和姿势等非语言沟通手段提高沟通效果。

(3)“我们—你们”技巧。用“你们”去称赞员工，用“我们”来批评自己；如“你们正在做一件非常有价值的工作”、“我们的工作中还存在许多问题”等。

(4) 使用“第二手称赞”。店长使用从第三方那里得到的“对员工的赞扬”来对员工进行称赞。如“听客服部小焦说你上次帮了他一个大忙，我觉得你这种客户服务意识很好”。有研究表明：使用“第二手称赞”，相当于从主管人员那里得到20次直接表扬。

(5) 善于给员工解释。店长需要向员工讲清楚是根据自己所得到的信息给员工这样的评估分数，可能对一些情况并不了解，因此不一定是最准确的。目的是为了听到员工坦率的意见，及时更正不适当的评估结果。

(6) 敢于承认自己的错误。如果员工的意见让主管感到自己的看法有偏差，就一定不要怕承认错误，要非常乐意地去改正，才能建立充分信任关系，为以后沟通打下基础。

(7) 善于结束面谈。总结是每次面谈的一部分。如“好，让我们回顾一下今天所讨论的内容……”、“再回过头来看看我们都讨论了哪些问题……”、“……这是我的一些想法，无论怎样，在今天的面谈之后你可以随时与我沟通”等。

6. 运用绩效考核结果的方法

(1) 考核与薪酬挂钩。就是将绩效考核结果与薪资收入并轨。根据考核得分计算薪资数额。可以是独立绩效工资，也可以纳入职务工资或岗位工资。

(2) 考核与职务挂钩。对相应的职务提出相应的绩效要求。对绩效考核不达标者适时进行职务调整。

(3) 整合绩效考核结果。对绩效考核的诸多结果进行分析研究，整合信息为组织的资源配置、经营管理和目标决策提供信息支持。

7. 绩效考核实施中易犯的错误

晕轮效应：考核者对被考核者某一绩效要素评价较高，便对此对象的其他绩效要素也评价较高，以偏概全，一好百好，不做具体分析。

群体定见：人们为了认识的方便，常将社会上的人归纳为若干具有一定共同典型特征的不同群体。如妇女一般是感情脆弱的、对家务比对事业更重视的。

趋中趋势：被考核者的考评等级都向中间靠拢，平均主义。

第一印象：首次见面所获得的印象，用于对被考评者后续的绩效评估。

类己效应：对跟自己某一方面相类似的人有偏爱而给予较有利的评估。

近因效应：不久前发生的、时间较近的事件印象较深，将其作为被考评者的一般特征。

对比效应：将被考评者与另一位典型人物作人际比较来做评价，而不是与既定的绩效考核标准比较。

过宽过严：有些主管对下属要求很严，绩效考评结果偏低；有些要求较松，绩效考评结果偏高。这使得在组织内部造成不公平。

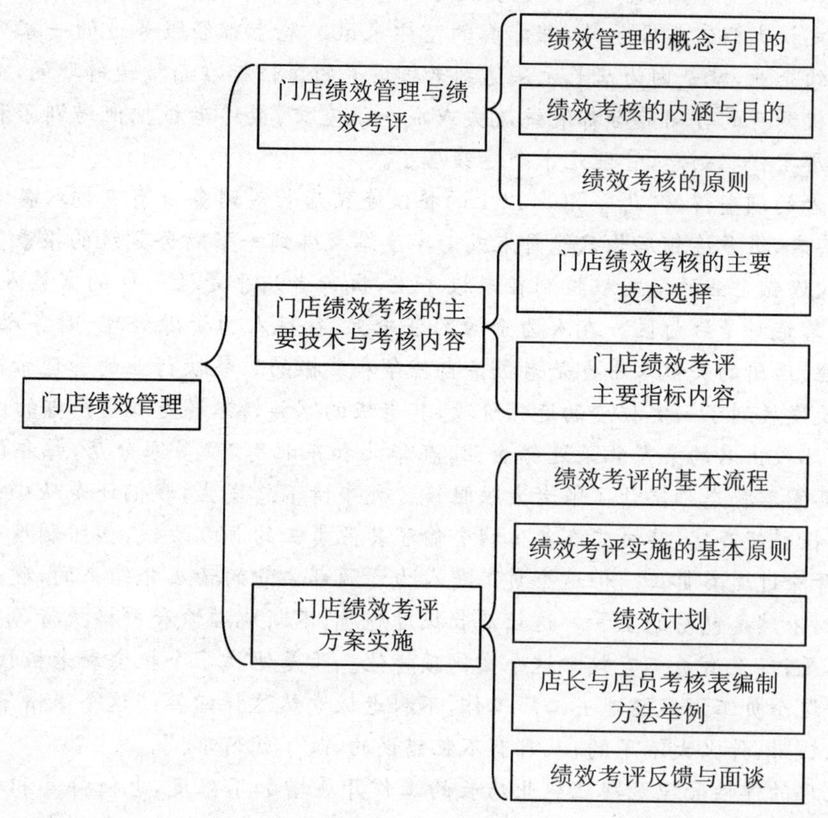

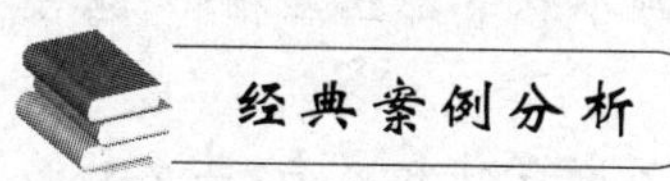

餐饮连锁店长绩效管理

酒吧里,A君痛苦地和我聊起了他辞职的事情,通过他断断续续的诉说中得知,原来他的老板把他从鸿雁大酒店挖来管理其一个最大最繁华的连锁店,其老板承诺的底薪加绩效的年薪不低于30万元。可是一年下来,明明店里赚了很多钱,可是财务不归他管理,年底核算下来利润竟然不足五位数,做了多年酒店的他知道利润被转移了,分店承担了过多总部分摊的费用。这样下来年底他的绩效奖金就几乎为零了,在期待老板人性化的想法破灭后,A君愤然选择辞职。

因为工作的便利,接触的餐饮连锁店的店长多了,我才知道A君的遭遇不是个案。一位资深的猎头顾问告诉笔者,餐饮行业的老板素质良莠不齐,诚信度不高,离职的店长80%以上和薪水有关,基本上都反映老板诚信有问题,没有兑现。而投资其他行业成功壮大的老板,因为战略多元或者公司内需的客观需求,投资餐饮或者逐渐发展成连锁店后,对职业店长的看法往往偏见很多。从道德角度看,他们认为这个群体忠诚度差、素质低;从专业角度看,技术基础、学历薄弱,后续提升不系统,所受培训简单,经验性的东西多,理论性的东西空。所以一旦老板对于店长工作不是很认可,往往主动更换,甚至拒绝支付已经商定的工资。不诚信之说大概常常源于此,并非真的空穴来风。笔者曾经服务过的一家外资企业下属的连锁餐饮企业,就是因为店长无法达到老板设置的岗位标准而被迫辞职的,先前的诸多承诺或者模棱两可的合同最后都统统流失或成一纸空文,最终老板把他逼到了和老板一直竞争的对手那里任职副总,管理几十个连锁店了。

根据笔者的调查得知,几乎80%以上的餐饮连锁店长对财务仅有查询权甚至有限的查询权,更有甚者,很多连锁店长只能月末或者季度结束得到一张财务笼统的报表。同时几乎100%的餐饮连锁企业的采购权控制在老板手里,执行者几乎是清一色的家族人士,成本控制在这个角落绝对是红灯区。在人力资源的任命上,往往人力资源经理、财务人士、采购人员、大堂经理、后厨的关键人士也是老板亲自任命和裁撤的。餐饮行业的管理带有浓重的家族色彩,即使发展到了一定程度的连锁阶段,其老板的家族情结还是相当严重的。

某国内比较出名的某东北菜连锁企业,在华北和东北有20多家分店,每年的营业额上亿元,可是其管理状态确实让了解者大跌眼镜。大事情不总发生,我们还是从小处看起。有天经员工举报并经查实,某员工在集体宿舍偷了其他员工的300块钱,按照制度是必须开除的,以前也开除过这类员工。但这个员工是人力资源部主管的亲属介绍来的,硬是找到老板给保了下来,依然是包房的主管。这让店长极度尴尬,不断地灌输和严格执行各项制度的底气也变得不足,甚至有员工直接拿这个案例顶撞他。于是他找了个机会和老板谈了这件事,希望老板将这个员工调离酒店去工厂工作,不料老板竟然这样回答:"这个事情不要再提了,不就是偷点钱嘛,什么大不了的,人哪有不犯错误的,改了就好嘛!"

混乱无序的弹性管理无疑让职业店长的工作开展增加了难度,也使得其积极性大打折扣。混乱的管理也会导致酒店效益不佳,最终也导致店长的业绩难以达到考核的标准或者成了老板不兑现合同和诺言的借口,恶性循环就是这样产生的,每个环节都丝丝相扣,组合成一个一般职业人难以逃离的行业陷阱。

因为老板的重利短视和缺少换位思考的逻辑,导致连锁店长不断受伤和离去,甚至有的恶意报复原来的连锁店,加上连锁店老板不断互挖对手墙脚,人才的不断流动导致了连锁店的恶性竞争。老板在竞争、人力成本以及指标的各项因素驱使下,不断走马灯似地换店长,店长在对老板的失望中、忠诚度的摇摆中以及对高额薪酬的诱惑下不断地更换东家。有位猎头顾问称,曾经有个资深的店长,三年中被四家餐饮连锁企业不断地挖来挖去,甚至有个酒店还任职过两次店长,看来这个行业里老板、店长都需要深思了,其年薪绩效体系似乎对店长没有什么约束了,完全成了一纸空文。

(来源:职业餐饮网,2013-11-23)

案例思考:针对上述餐饮连锁行业的现状,如何展开绩效管理,改善"短视"的老板和"稚嫩"的店长之间关系。

巩固练习

1. 单项选择题

(1) 绩效管理的第二个环节是(　　)。

A. 绩效计划　B. 绩效检查　C. 绩效实施　D. 绩效反馈

(2) 下列不属于绩效考核原则的是(　　)。

A. 关键性原则　B. 绩效性原则　C. 公平性原则　D. 鼓励性原则

(3) 在面谈准备中,员工需做的准备是(　　)。

A. 准备面谈的资料　B. 选择合适的时间

C. 准备个人发展计划　D. 选择合适的场地

(4) 以下(　　)不属于绩效考核结果的运用方法。

A. 整合绩效考核结果　B. 考核与职务挂钩

C. 制订绩效改进计划　D. 考核与薪酬挂钩

2. 简答题

(1) 绩效管理与绩效考核的区别。

(2) 门店绩效考核的主要指标内容。

(3) 绩效反馈的目的是什么?

(4) 如何规避绩效考核可能出现的错误?

导向性实训任务

任务1　门店某岗位绩效考评关键指标体系构建与考评表设计

实训环节与要求:将全班分成若干小组,以小组为单位,联系某门店并了解其不同岗位工作,并选定某岗位,进行绩效考评关键指标体系构建与考评表设计。最后在班级做小组工作汇报、展示其实训结果。

任务2　情景模拟:绩效考评反馈与面谈

职场风向标

合理认知连锁门店不同工作岗位职责;有效进行系统化的绩效管理,适时指出绩效不佳的结果,找出绩效不佳的深层次原因,采取针对性的措施,促进员工工作的改进,将绩效考评的结果与绩效工资、教育培训、职称评聘、岗位轮换直接挂钩,充分调动工作人员的积极性,从而促进整个连锁门店的绩效大幅提升。

巩固练习参考答案

项　目　一

1. 单项选择题

(1) A　(2) C　(3) D　(4) D　(5) B

2. 判断

(1) ×　(2) ×　(3) ×　(4) √　(5) √

3. 简答题

(1) ① 高飞鹰：具备统筹管理店铺的能力；宣传企业品牌和传播企业文化的能力；预见店面业绩未来发展的能力。② 坐山虎：具备权力的影响力；非权力的影响力。③ 叼肉狼。④ 看门狗。

(2) ① 身体素质方面：店长最好是年轻力壮者，必须身体健康、强壮，能承受长期的工作疲劳及满负荷的紧张工作带来的压力。

② 品格方面：道德、品行、人格、作风等，优秀的品格会给领导者带来巨大的影响力。诚实的品格是门店店长最基本的素质要求。

③ 性格方面：积极主动、忍耐力强、乐观开朗、包容力强。

④ 技能方面：拥有优良的商品销售技能；拥有实干的技能；拥有良好的处理人际关系的能力；具有自我成长的能力；拥有培训下属的能力；必须具备连锁企业卖场管理的四种基本能力。

⑤ 学识方面：具有能洞察市场消费动向的知识；具有关于零售业的变化及今后发展的知识；具有关于零售企业经营技术及管理技术的知识；具有关于经营企业的制度组织、经营理念的知识；具有关于销售管理等方面的知识；具有关于教育方法和技术的知识；具有计算及理解门店内所统计的数据的知识；具有关于门店的计划决策方法的知识；具有关于零售业的法律方面的知识。

(3) 见图 1.1 店长日常工作流程图。

项　目　二

1. 单项选择题

(1) A　(2) B　(3) C　(4) C　(5) D

2. 判断题

(1) √　(2) √　(3) ×　(4) √　(5) √

3. 简答题

(1) 连锁企业常用的激励方法有以下几种:物质激励法、制度激励法、目标激励法、荣誉激励法、工作激励法、榜样激励法、情感激励法、竞争激励法。

(2) 高效团队的特点有以下九点:清晰的目标、角色清晰分配、有效的组织结构、坦诚开放的沟通、积极处理异议、互相支持与信赖、良好的对外关系、有效的问题解决、分享成果。

(3) 高效团队建设的主要途径主要通过以下四个方面:人际关系途径、角色界定途径、价值观途径、任务导向途径。

项　目　三

1. 填空题

(1) 封闭型　半开型　全开型　出入分开型

(2) 综合式橱窗　系统式橱窗　专题式主题式橱窗　特写式橱窗　季节性橱窗　情感化设计　封闭式　半封闭式　敞开式

(3) 营业面积　仓库面积　附属面积

(4) 方格型　跑道型　自由型

(5) 单向通道　大回形　小回形

(6) 显而易见　伸手可取　前进陈列　梯状陈列

(7) 基本照明　重点照明　装饰照明

(8) 展示 POP 广告　壁面 POP 广告　悬挂式 POP 广告　柜台式 POP 广告　地面立式 POP 广告　醒目　简洁　易懂

2. 简答题

(1) ①借用著名人物或创办人命名;②以经营地点命名;③以属性命名;④以动植物命名;⑤以数字命名;⑥用外语译音命名;⑦联系服务精神命名。

(2) 封闭型;半开型;全开型;出入分开型。

(3) 清洁、鲜明、明亮、方便、舒畅、热闹。

(4) 橱窗的高度要适宜;橱窗的设计要与整体相适应;陈列内容要与实际一致;商品陈列要表现诉求主题;商品陈列要有丰满感;商品陈列艺术化;商品陈列要生活化;保持橱窗的清洁;及时更换过季的展品。

(5) 从顾客流动路线的角度分析:方格型布局;跑道型布局;自由型布局。

(6) ① 第一磁石点:主力商品

第一磁石点位于主通路的两侧,是消费者必经之地,指能拉引顾客至内部门店的商品,也是商品销售最主要的地方。此处应配置的商品:a. 消费量多的商品;b. 消费频度高的商品,消费量多、消费频度高的商品是绝大多数消费者随时要使用的,也是时常要购买的,所以将其配置于第一磁石点的位置可以增加销售量;c. 主力商品。

② 第二磁石点:展示观感强的商品

第二磁石点位于通路的末端,通常是在超市的最里面。第二磁石点的商品负有诱导消费者走到门店最里面的任务。在此应配置的商品:a. 最新的商品,消费者总是不断追求新奇,10 年不变的商品,就算品质再好、价格再便宜也很难出售,新商品的引进伴随着风险,将新商品配置于第二磁石的位置,必会吸引消费者走入门店的最里面;b. 具有季节感的商品,具有季节感的商品必定是最富变化的,因此,超市可借季节的变化做布置,吸引消费者的注意;c. 明亮、华丽的商品,明亮、华丽的商品通常也是流行、时尚的商品,由于第二磁石点的位置都较暗,所以配置较华丽的商品可以提升亮度。

③ 第三磁石点:端架商品

第三磁石点指的是端架的位置。端架通常面对着出口或主通道货架端头,第三磁石点商品,其基本的作用就是要刺激消费者、留住消费者。通常情况可配置如下的商品:a. 特价品;b. 高利润的商品;c. 季节商品;d. 购买频率较高的商品;e. 促销商品。端架商品,可视其为临时门店。端架需经常变化(一周最少两次)。变化的速度,可刺激顾客来店采购的次数。

④ 第四磁石点:单项商品

第四磁石点指门店副通道的两侧,主要让消费者在陈列线中间引起注意的位置,这个位置的配置,不能以商品群来规划,而必须以单品的方法,对消费者表达强烈诉求。第四磁石点的商品包括热门商品、特意大量陈列商品、广告宣传商品。

⑤ 第五磁石点:门店堆头

第五磁石点位于结算区(收银区)域前面的中间门店,可根据各种节日组织大型展销、特卖的非固定性门店以堆头为主。

(7) ① 色彩营销在门店标准色选取方面的运用

企业经过专门设计选定的某种特定色彩或一组色彩系统,运用于该企业所有视觉传达设计的媒体中,并通过这种色彩所制造的知觉刺激与心理反应,突出该企业的经营理念或产品的内容特质,这种特定的色彩称为企业的标准色。在门店中标准色一般选一两种色彩为主,以不超过 3 种色彩为宜,可以广泛地应用于百货公司的标志、门头、广告 POP、建筑装饰、商品陈列、包装袋和其他事务用品的设计上,是用于视觉识别的重要的基本设计要素,标准色的运用最重要的就是做到统一。

② 色彩营销在商业设施中的运用

根据色彩给人的不同心理反应,可以利用色彩营造门店良好的购物环境。在门店里不同的商品区可以利用不同的色彩衬托商品,如在粮油区可以将货架设计成土黄色或橘黄色,给消费者丰盛、充实的感觉;电器区背景墙可设计成粉白色或粉蓝色,可以使消费者静心挑选,特别是空调卖区可设计成绿色、蓝色或白色,使消费者感到爽快、安静;另外在暖色系的货架上可摆放食品,冷色系的货架上可摆放清洁剂,色调高雅、肃静的货架上可摆放化妆品。

③ 色彩营销在商品陈列布置上的运用

在色彩的运用中要注意对比度的协调,特别是在陈列商品与背景色之间及陈列的商品之间的颜色应该是对比较强的颜色。例如,背景为黄色的墙壁,若陈列同色系的黄色商品时,不但看起来奇怪,而且容易令人反感。如果陈列商品与背景色成相反色系的对比色,如黑色和白色、红色和白色、红色和绿色等，商品会更加鲜明，从而吸引消费者的视线。

④ 色彩营销在门店促销策略中的运用

色彩营销在节假日促销中的运用主要就是通过在商场内部的装饰上、店内促销POP、广告等场合上恰当地运用色彩，渲染所在节日的气氛。红色是一种激奋的色彩，它具有刺激效果，能使人产生冲动、愤怒、热情、活力等感觉。因此在圣诞节、春节等节日促销中，可以选用红色来装饰商场，一方面可以渲染热闹和欢快的气氛，另一方面也可以刺激消费者的购物欲望，从而发生购物行为。

(8) ①与门店定位相匹配。②灵活把握音乐节奏。③注意音量高低的控制。④播放与节日有关的主题背景音乐。⑤不同时段播放不同风格的歌曲。⑥精选开店音乐与打烊音乐。⑦不同区划播放不同风格的背景音乐。

(9) 醒目、简洁、易懂。

(10) 陈列的原则：分区定位原则、关联性原则、易见易取原则、前进梯状原则、纵向陈列原则、丰满陈列原则。

陈列的方法：主题陈列法、整齐陈列法、随机陈列法、盘式陈列法、端头陈列法、岛式陈列法、窄缝陈列法、悬挂式陈列法。

项　目　四

1. 单项选择题

(1) A　(2) B　(3) D　(4) A　(5) B

2. 简答题

(1) ① 宏观经济环境。选择和确定连锁企业门店的定位要从连锁企业自身所处的环境和实际出发，如当地产业的发展、经济的增长速度、相关政策的变化都有可能引起门店商品定位的变化。

② 业态。业态不同，商品定位也不同，有时甚至会截然不同。

③ 消费对象。影响消费者的变数非常多，包括：地理变数；人口变数；心理变数；同行业竞争者。进行商品定位，需要考察邻近地区(主要指商圈内)商业网点的布局及其商品结构的特点和变化，以此避免恶性竞争，建立连锁企业自身的经营特色，使之能保持其业态的优势。

(2) ① 无条形码的商品一律在未收货区域进行处理，按规定贴店内码后，才执行收货程序。

② 条形码在本系统内无效的商品，原则上拒收。

③ 赠品和外包装必须符合标准，不符合标准的在未收货区域进行处理，不能现场处理的原则上拒收。

④ 单品的送货数量在订单数量的60％～100％之间浮动，送货品种在订单品种的50％以上，可以接受收货，超出范围，原则上可以拒收。

⑤ 正在验货、点数的货物，必须在正在收货的区域。

⑥ 收货员必须亲自进行点数,不允许供应商点数与报数。

⑦ 收货员必须进行扫描收货,保证所有的条码在系统中有效。

⑧ 已经完成收货程序的货物,卡板上的商品必须做记号,写上商品编号,拉到已经收货区域或楼面。

⑨ 验货的内容包括:保质期、外箱、合格证、配件、单品的包装等,进口商品是否贴有商检标签和中文说明等。

⑩ 验货采取的方式是开箱验货,例如:对于非标准箱,必须全部打开,100%的验货;对于标准箱,20 箱以内 50%抽验,20 箱以上 50 箱以内,20%抽验,50 箱以上,10%抽验。

(3) ① 严格执行财务制度规定,使账、物、卡三相符。存货管理要严格执行财务制度规定,对货到发票未到的存货,月末应及时办理暂估入库手续,使账、物、卡三相符。

② 采用 ABC 控制法,降低存货库存量,加速资金周转。

③ 加强存货的采购管理,合理运作采购资金,控制采购成本。

④ 充分利用 ERP 等先进的管理模式,实现存货资金信息化管理。

(4) ① 真实:要求盘点所有的点数、资料必须是真实的,不许作弊或弄虚作假来掩盖漏洞和失误。

② 准确:盘点的过程要求准确无误,无论是资料输入、陈列的核查、盘点的点数都必须准确。

③ 完整:所有盘点的流程,包括区域的规划、盘点的原始资料、盘点点数等都必须完整,不要遗漏区域商品。

④ 清楚:盘点过程属于流水作业,不同的人员负责不同的工作,所以,所有资料必须清楚,人员的书写必须清楚,商品的整理必须清楚,才能使盘点顺利进行。

⑤ 团队精神:盘点是商场员工共同参加的运营过程。为减少停业的损失、缩短盘点的时间,零售企业各个部门必须有良好的配合协调意识,以大局为重,使整个盘点按计划进行。

(5) 在工作制度执行过程中,不断总结经验,选择好管理重点,以良好的管理技巧和方法达到损耗控制的目的。

① 把握好供、存、产、销之间的平衡关系,管理人员要与员工一起,注意做好同期销售记录的积累和销售总结。

② 做好产品二次开发工作 。例如生鲜产品的二次加工和深度开发,就是将即将过期卖不掉的商品,提前回收,转到其他生鲜部门去加工成熟食制品、半成品配菜,或者其他促销赠品,这方面的转化品种较多,毛利也大一些。

③ 有效期管理解决方法。商品的有效期管理是一项十分繁琐,但又必须认真对待的工作。

损耗控制的培训保证。从防范损耗的各种工作分析中可以发现,人员专业培训投入与损耗发生明显呈反比,专业培训对于减少损耗起着不可忽视的作用。

项 目 五

1. 单项选择题

(1) B (2) A (3) A (4) D (5) C

2. 判断题

(1) √ (2) × (3) √ (4) √ (5) ×

3. 简答题

(1) 常见的促销形式有:买赠、派样、特价、游戏、换购 、抽奖 、积分。

(2) 赠品的选择需要注意:和产品有关联性、赠品品牌和产品品牌档次和品牌个性上一定要匹配相称,顾客易于接受、价格适当、质量可靠,最好时尚流行、健康亲善、能体现时间季节。介于以上原因,我选择以下产品作为赠品:饭盒、筷子、纸巾、饮料。这些产品最好是康师傅控股有限公司自己生产的产品。如果不是自己的产品,需要注意赠品要有质量保证,价格可以不高但最好包装精美。

项　目　六

1. 选择题

(1) C (2) A (3) BC (4) A (5) C

2. 判断题

(1) √ (2) × (3) ×

3. 简答题

(1) 过硬的商品质量;齐全的企业资料;合理的交易条件。

(2) 供应商的企业背景;供应商所提供的价格;付款条件;送货能力;合作性;充分合理的利润;可靠性和质量保证;供应商的历史表现和成长性。

(3) 获得符合企业质量和数量要求的产品或服务;以最低的成本获得产品或服务;确保供应商提供最优的服务和及时的送货;发展和维持良好的供应商关系;开发潜在的供应商。

(4) 信任激励;信息共享激励;商誉激励;新产品的共同开发。

项　目　七

1. 选择题

(1) C (2) ABCD (3) ABCD (4) C (5) B

2. 简答题

(1) 应针对顾客满意度、行为忠诚度、态度忠诚度等方面依据特定门店具体分析。

(2) 根据客户生命周期理论,客户关系水平随着时间的推移,从考察期到形成期和稳定期直至退化期依次增高,稳定期是理想阶段,而且客户关系的发展具有不可跳跃性。同时,客户利润随着生命周期的发展不断提高,考察期最小,形成期次之,稳定期最大。

店长作为门店的最高管理者,肩负顾客信息收集、处理以及相关信息的书面汇报。首先需要区别对待高生命周期价值的客户群体和低生命周期价值的客户群体，以维系和保留那些高生命周期价值的客户群。使用生命周期价值营销工具进行客户分类分层、管理与维系，调节营销费用的预算与分配，设计差异化的沟通策略。针对不同生命周期价值客户来合理分配营销预算，并进行差异化营销获取所带来的投资回报率也会数倍于无差异化的营销。另外在客户维系上所产生的投资回报往往数倍于将同样的费用投资于客户获取上。

(3) 门店服务能力的高低取决于顾客对服务质量的最终评价。顾客对服务质量的评价包含很多因素，它们可能来自企业方面因素、管理者因素以及顾客本身因素。但这些因素会最终体现在顾客期望的服务与其在消费过程中实际感受的服务之间的差距上，且差距大小直接影响顾客满意度。

质量模型揭示了服务提供的全部运作过程中，这些差距存在的最后结果，集中表现为差距5，即顾客期望的服务质量和实际感知到的服务质量之间的差距。质量差距中五种质量差距类型及其原因如下表所示。

差距类型	差距形成主要原因
差距1:认知差距	A. 市场研究和需求分析的信息不准确 B. 信息传递与加工主观性较强 C. 管理者的层次阻碍信息传递、引发失真
差距2:标准差距	A. 计划管理混乱，计划失误或计划过程不够充分 B. 服务质量的计划得不到最高管理层的支持
差距3:交付差距	A. 管理方法和监督机制问题，标准太复杂或太苛刻 B. 员工的专业素质、技能和态度 C. 标准与现有的企业文化相冲突，对标准有不同意见 D. 内部营销不充分或根本不开展内部营销 E. 技术设备和客观环境
差距4:宣传差距	A. 营销沟通计划与服务提供缺乏统一；各部门间缺乏协作 B. 广告等营销沟通过程中有故意夸大其辞，过度承诺倾向
差距5:期望—感知差距	上述四种差距的综合反映

项 目 八

1. 单项选择题

(1) A　(2) A　(3) B　(4) A　(5) A

2. 判断题

(1) ×　(2) ×　(3) ×　(4) √　(5) √

3. 简答题

(1) 员工的不当行为造成的损耗;顾客的不当行为造成的损耗;偷窃造成的损耗;供应商的不当行为造成的损耗;意外事件造成的损耗。

(2) ① 检查现金报表。主要有:现金日报表、现金损失报告表、现金投库表、营业状况统计表、换班报告表、营业销售日报表、营业销售月报表,等等。

② 检查商品管理报表。主要有:商品订货簿、商品进货统计表、商品进货登记单、坏品及自用品统计表、商品调拨表、商品退货单、盘点统计表等。

③ 为防员工监守自盗,须制定处罚办法,并公布通知,严格执行。

④ 员工购物应严格规定时间、方法及商品出入手续。

⑤ 严格要求员工上下班时从规定的出入口出入,并自觉接受检查。

⑥ 装置电子监视系统。

(3) ① 货品陈列安全。货品陈列过高,或是摆放不整齐时,容易因人为碰撞而使商品倒塌或掉落,造成顾客或员工的意外伤害。

② 卖场装潢安全。超市经营者为了吸引消费者,往往在装潢上作相当大的投资。但是美观之余,还必须注意其安全。例如:部分超市卖场喜欢利用玻璃做装饰,但因玻璃制品易碎,除了容易引起伤害之外,还不容易清理干净。

③ 货架装设安全。货架摆设的位置不当、不稳固或是有突角产生,都可能使顾客在购物时发生意外事故。

④ 地面安全。地面湿滑或有水迹出现时,若未能立即处理,也会造成顾客在行进时滑倒而受伤。

项　目　九

1. 单项选择题

(1) B　(2) D　(3) C　(4) C

2. 简答题

(1) ① 根本目的不同:绩效管理和绩效考核的根本目的是不同的,这就决定了他们的结果也迥然不同。

② 管理者参与程度不同:绩效管理中,管理者扮演着至关重要的角色,全程参与到绩效的管理过程中。而绩效考核则不同,管理者只在目标制定和业绩评价环节进行参与,缺失了对业绩的过程控制,容易变成“甩手掌柜”。

③ 时间跨度不同:绩效管理是一个闭环的工作,严格来说,绩效管理没有什么开始和结束的概念,管理者在工作中要始终进行绩效管理。

绩效考核是在某几个时间段内的工作。

④ 关注的内容一样:绩效管理具有前瞻性,侧重于对未来的目标进行管理,侧重于对员工能力的培养。而绩效考核则是对过去一个阶段的成果好坏的检查评价。

⑤ 绩效管理与绩效考核会造成截然不同的组织氛围:绩效管理强调沟通与辅导,全员同心同德共同实现目标,经理与下属是绩效伙伴关系。而单纯的绩效考核则让经理和员工

站在了对立面上，距离越来越远，容易造成关系紧张，失去团队凝聚力。

(2) 一般而言，门店绩效考核分为管理团队的绩效考核和普通员工的绩效考核，不同的对象绩效考核内容和方法都有差异性。管理团队一般采取关键指标KPI绩效考核法和年度能力素质绩效考核法；规模较小的门店管理团队即采用的是店长负责制门店，管理团队考核主要是对店长考核。员工考核多采取个人目标绩效考核法及季度能力素质绩效考核法。

(3) 对被评估者的表现达成双方一致的看法；使员工认识到自己的成就和缺点；指出员工有待改善的方面；制定绩效改进计划；协商下一个绩效管理周期的目标与绩效标准。

(4) 在实际工作中应注意避免以下错误：晕轮效应；群体定见；趋中趋势；第一印象；类己效应；近因效应；对比效应；过宽过严。

参考文献

[1] 元博.金牌店长这样当[M].北京:中国纺织出版社,2013.
[2] 张金霞.职业店长实物[M].北京:北京理工大学出版社,2013.
[3] 冯建军.金牌店长达标手册[M].北京:经济管理出版社,2013.
[4] 曹泽洲.连锁企业门店运营与管理[M].北京:清华大学出版社,北京交通大学出版社,2010.
[5] 李志波,党养性.连锁企业门店营运与管理[M].北京:清华大学出版社,北京交通大学出版社,2013.
[6] 谢致慧.卖场规划与管理[M].台北:五南图书出版股份有限公司,2008.
[7] 黄宪仁.连锁店操作手册[M].台北:宪业企管顾问有限公司,2009.
[8] 陈庆梁.零售管理:连锁店铺之理论实务与技术[M].台北:高立图书有限公司,2009.
[9] 胡政源.现代零售管理新论[M].台北:新文京开发出版股份有限公司,2008.
[10] 李卫华.连锁店铺开发与设计[M].北京:电子工业出版社,2009.
[11] 曹静.连锁店开发与设计[M].上海:上海立信会计出版社,2012.
[12] 甲田祐三.卖场设计151诀窍[M].于广涛,译.北京:科学出版社,2009.
[13] 胡启亮,霍文智.连锁企业门店营运管理[M].北京:科学出版社,2008.
[14] 张琼,霍瑞红.门店运营与管理[M].北京:中国人民大学出版社,2012
[15] 郑光财.连锁经营实务[M].北京:中国人民大学出版社,2012.
[16] 杨海,霍文智,肖春悦.商场服务技术与销售艺术[M].北京:中国人民大学出版社,2011.
[17] 马丽涛.连锁企业采购管理[M].北京:电子工业出版社,2009.
[18] 张瑞红.连锁超市供应商的评价与选择[D].马鞍山:安徽工业大学,2011.
[19] 朱鲁兵.采购供应商管理[J].品牌理论月刊,2011(4).
[20] 刘明.绿色供应链核心制造企业供应商选择与协调策略研究[D].成都:西南交通大学,2010.
[21] 赵越春,韦森.连锁经营管理概论[M].北京:科学出版社,2011.
[22] 姚昆遗,邹炜.超市经营管理实务[M].沈阳:辽宁科学技术出版社,2004.
[23] 陈俊宇.客户管理[M].广州:暨南大学出版社,2009.
[24] 程淑丽.客户管理咨询工具箱[M].北京:人民邮电出版社,2010.
[25] 洪冬星.客户服务管理体系设计全案[M].北京:人民邮电出版社,2012.
[26] 王永贵.服务营销[M].北京:北京师范大学出版社,2007.
[27] 孙玮琳.店长实务[M].北京:中国人民大学出版社,2012.
[28] 付亚和.绩效管理[M].上海:复旦大学出版社,2008.
[29] 武欣.绩效管理实务手册[M].北京:机械工业出版社,2005.
[30] 帕门特.关键绩效指标[M].北京:机械工业出版社,2012.